Java lernen

kurz & gut

Papier
plus+
PDF.

Java lernen

kurz & gut

Michael Inden

O'REILLY®

Michael Inden
michael_inden@hotmail.com

Lektorat: Dr. Benjamin Ziech
Copy-Editing: Ursula Zimpfer, Herrenberg
Satz: Michael Inden
Herstellung: Stefanie Weidner, Frank Heidt
Umschlaggestaltung: Karen Montgomery, Michael Oréal, *www.oreal.de*
Druck und Bindung: BELTZ Grafische Betriebe GmbH, Bad Langensalza

Bibliografische Information der Deutschen Nationalbibliothek
Die Deutsche Nationalbibliothek verzeichnet diese Publikation in der Deutschen Nationalbibliografie; detaillierte bibliografische Daten sind im Internet über *http://dnb.d-nb.de* abrufbar.

ISBN:
Print 978-3-96009-204-9
PDF 978-3-96010-708-8
ePub 978-3-96010-709-5
mobi 978-3-96010-710-1

1. Auflage 2024

Wieblinger Weg 17
69123 Heidelberg

Hinweis:
Dieses Buch wurde mit mineralölfreien Farben auf FSC®-zertifiziertem Papier aus nachhaltiger Waldwirtschaft gedruckt. Der Umwelt zuliebe verzichten wir zusätzlich auf die Einschweißfolie. Hergestellt in Deutschland.

Schreiben Sie uns:
Falls Sie Anregungen, Wünsche und Kommentare haben, lassen Sie es uns wissen: *kommentar@oreilly.de*.

5 4 3 2 1 0

Für unseren Sonnenschein und Wirbelwind Sophie Jelena.

Inhaltsverzeichnis

Vorwort

Zunächst einmal bedanke ich mich bei Ihnen, dass Sie sich für dieses Buch entschieden haben. Hierin finden Sie einen fundierten und interaktiven Einstieg in die Programmierung mit Java. Das Ganze startet bei den Grundlagen und basierend darauf wird Ihr Wissen immer weiter ausgebaut, sodass Sie nach der Lektüre bereit sind, eigene Experimente zu wagen, und bestenfalls Programmieren als neues Hobby lieben gelernt haben. Insbesondere die ungeheuren Möglichkeiten, kreativ zu werden und dabei immer wieder Neues zu entdecken, werden Sie bestimmt ähnlich faszinieren wie mich seit über 30 Jahren.

Zielgruppe

Dieses Buch richtet sich an Programmierneulinge und wendet sich somit insbesondere an

- **Schüler und Schülerinnen**, die ein paar Tipps und Hilfestellungen suchen, die das Nachvollziehen des Informatikunterrichts erleichtern,
- **Studierende**, die ergänzende Erklärungen zu denen aus den Vorlesungen suchen, um Gelerntes schneller anwenden zu können oder besser für die nächste Prüfung vorbereitet zu sein,
- und **alle Interessierten**, die einfach die wunderbare und vielfältige Welt der Programmierung mit Java kennenlernen möchten.

Voraussetzungen

Zum Einstieg sind Programmiererfahrungen keine zwingende Voraussetzung – natürlich schaden diese nicht. Selbst dann nicht, wenn Sie sich vielleicht eher mit Python, C#, TypeScript oder JavaScript beschäftigt haben. Für die Lektüre des Buchs ist es aber hilfreich, wenn Sie

- einigermaßen fit im Installieren von Programmen sind und
- wissen, was die Kommandozeile ist und sie grundlegend bedienen können.

Was vermittelt dieses Buch?

Sie als Leser erhalten in diesem Buch einen Einstieg in Java. Allerdings ist die trockene Theorie auf ein Minimum reduziert und wir legen immer mit kleinen Beispielen los. Deshalb ist es ein Buch zum Mitmachen. Ich ermutige Sie, parallel zum Lesen auch immer ein paar Dinge auszuprobieren, vielleicht sogar mal das eine oder andere abzuwandeln. Man lernt Programmieren einfach am besten, wenn man es praktiziert. Somit bietet es sich an, die abgebildeten Codeschnipsel abzutippen. Das kann in der Konsolenapplikation JShell erfolgen oder im Editor Ihrer Entwicklungsumgebung/IDE (Integrated Development Environment). Beide Varianten werden im Verlauf des Buchs genauer beschrieben.

Damit Sie nicht über einfache Probleme stolpern, führt das Buch jeweils behutsam und schrittweise in die jeweilige Thematik ein und gibt Ihnen immer auch ein paar Hinweise, auf was man achten oder was man vielleicht sogar vermeiden sollte. Dazu dienen diverse Hinweise mit Hintergrundinformationen.

Hinweis: Hintergrundinformation

In derart formatierten Kästen finden sich im späteren Verlauf des Buchs immer wieder einige wissenswerte Tipps und ergänzende Hinweise zum eigentlichen Text.

Aufbau dieses Buchs

Dieses Buch besteht aus jeweils in sich abgeschlossenen, aber aufeinander aufbauenden Kapiteln zu elementar wichtigen Bereichen der Programmiersprache Java. Für Ihren erfolgreichen Weg zur Java-Programmierung gliedert sich das Buch in die beiden Teile Einstieg und Aufstieg.

Im Teil »Einstieg« werden Grundlagen behandelt. Hier empfiehlt es sich, die Kapitel in der Reihenfolge des Buchs zu lesen, da mit jedem Kapitel neue Wissensbausteine und Themen hinzukommen, die im Anschluss vorausgesetzt und verwendet werden.

Dann folgt der Teil »Aufstieg«. Dort beschäftigen wir uns mit leicht fortgeschrittenen Themen. Hier können Sie zwar nach Lust und Laune eins der Kapitel zur Lektüre auswählen, aber auch hier bauen einige Themen aufeinander auf.

Einstieg

Kapitel 1 – Einführung Dieses Kapitel gibt einen Überblick über Javas mittlerweile über 25-jährige Geschichte. Zudem wird die Installationen von Java an sich und einer Entwicklungsumgebung/IDE sowie das Ausprobieren der Beispiele beschrieben.

Kapitel 2 – Schnelleinstieg Dieses Kapitel bietet einen Schnelleinstieg und stellt viele wesentliche Elemente von Java vor. Dabei wird behutsam Fahrt aufgenommen: Wir beginnen mit einer Ausgabe eines Textes, traditionell »Hello World«, und lernen dann, wie wir das mithilfe von Variablen variieren. Zudem schauen wir uns bedingte Ausführungen mit Fallunterscheidungen sowie Wiederholungen mit Schleifen an.

Kapitel 3 – Strings Variablen vom Typ `String` repräsentieren Zeichenketten und dienen zur Verwaltung von textuellen Informationen. Diese sind aus kaum einem Programm wegzudenken und werden in diesem Kapitel genauer behandelt.

Kapitel 4 – Arrays Ebenso wie Strings sind auch Arrays recht gebräuchliche Datenstrukturen und helfen dabei, mehrere gleichartige Dinge zu speichern, etwa eine Menge von Zahlen, Namen, Personen usw. Insbesondere bilden Arrays die Grundlage für viele andere Datenstrukturen. In diesem Kapitel lernen wir Arrays im Detail kennen.

Kapitel 5 – Klassen und Objektorientierung Immer wieder hört man, Java ist eine objektorientierte Sprache. Doch was bedeutet das? Zum Verständnis gibt dieses Kapitel einen Einblick in den objektorientierten Entwurf von Software. Dazu vermittle ich die grundlegenden Ideen von Zustand (Daten) in Kombination mit Verhalten (Funktionen auf diesen Daten) und wie man dies in Java formuliert.

Kapitel 6 – Collections Während Arrays ziemlich elementar sind, bieten die in Java integrierten Collections oder Containerklassen mehr Flexibilität und Komfort bei der Verwaltung von Daten. Insbesondere unterstützen die vordefinierten Listen, Mengen und Schlüssel-Wert-Abbildungen bei der Verwaltung anderer Objekte.

Kapitel 7 – Ergänzendes Wissen In diesem Kapitel werden Themen angesprochen, die zuvor aus didaktischen Gründen bewusst ausgelassen wurden, weil das Ganze sonst zu tief in die Details gegangen wäre und zu viel anderes Wissen vorausgesetzt hätte. Hier angelangt lohnt es sich, Ihre Java-Kenntnisse zu primitiven Typen, dem Ternary-Operator, Fallunterscheidungen mit `switch` usw. zu komplettieren.

Aufstieg

Kapitel 8 – Lambdas und Streams Dieses Kapitel stellt sowohl Lambda-Ausdrücke (kurz Lambdas) als auch das damit eng verbundene Stream-API vor. Beides sind essenzielle Bausteine von modernem Java und ermöglichen es, Lösungen oftmals elegant zu formulieren.

Kapitel 9 – Verarbeitung von Dateien Dieses Kapitel beschäftigt sich mit der Verarbeitung von Informationen aus Dateien. Dies ist für viele Anwendungen von großer Bedeutung, da Informationen oftmals nicht nur während der Programmlaufzeit von Interesse sind, sondern vor allem auch darüber hinaus – denken Sie etwa an die Highscore-Liste Ihres Lieblingsspiels.

Kapitel 10 – Fehlerbehandlung mit Exceptions Vielleicht kennen Sie es schon: Manchmal tritt ein Programmfehler auf und das Programm stürzt ab. Wichtige Daten gehen potenziell verloren. So etwas ist ärgerlich. Daher gehört auch die Behandlung von Fehlern zum guten Ton beim Programmieren. Dieses Kapitel führt in die Thematik ein.

Kapitel 11 – Datumsverarbeitung Während früher die Datumsverarbeitung eher stiefmütterlich in Java unterstützt wurde, bietet modernes Java eine Vielzahl praktischer Funktionalitäten zur Datumsverarbeitung, die in diesem Kapitel einführend dargestellt werden.

Kapitel 12 – Schlusswort Hier rekapitulieren wir kurz, was Sie durch die Lektüre dieses Buchs gelernt haben sollten und wie Sie möglicherweise weitermachen können.

Anhang

Anhang A – Schlüsselwörter im Überblick In Java existiert eine Reihe von Schlüsselwörtern, die reserviert sind und nicht als Bezeichner für Variablen, Methoden, Klassen oder anderes verwendet werden dürfen. Hier erhalten Sie einen Überblick.

Anhang B – Schnelleinstieg JShell In diesem Buch werden diverse Beispiele direkt auf der Konsole ausprobiert. Dabei hilft die interaktive Kommandozeilenapplikation JShell als REPL (Read-Eval-Print-Loop).

Anhang C – Grundlagen zur JVM In diesem Anhang vermittle ich Grundwissen zur JVM (Java Virtual Machine).

Sourcecode und ausführbare Programme

Beim Erlernen des Programmierens ist es hilfreich, Beispiele selbst auszuprobieren und abzutippen. Um Ihnen ein wenig Tipparbeit und Mühe zu ersparen, finden Sie viele der Beispiele als Programme in einem Eclipse-Projekt. Dieses steht unter `https://oreilly.de/produkt/java-lernen-kurz-gut/` zur Verfügung. Weitere Informationen zum genauen Vorgehen finden Sie auf der Download-Seite.

Verwendete Java-Version(en)

Viele Beispiele wurden auf Basis von Java 17 entwickelt und ausprobiert. Mittlerweile ist bereits Java 21 erschienen. Hilfreiche Features dieser Version setze ich passend ein. Für dieses Buch sind die brandaktuellen Java-Features zwar von Interesse, aber nicht von entscheidender Bedeutung, da es ja um die Grundlagen der Sprache geht.

Nach der Lektüre dieses Buchs sind Sie bestens gerüstet für modernes Java und können nach Lust und Laune eigene Experimente und Hobbyprojekte starten.

Konventionen

Verwendete Zeichensätze

Neben der vorliegenden Schriftart sind wichtige Textpassagen *kursiv* oder ***kursiv und fett*** markiert. Englische Fachbegriffe werden eingedeutscht großgeschrieben, etwa Event Handling. Zusammensetzungen aus englischen und deutschen (oder eingedeutschten) Begriffen werden mit Bindestrich verbunden, z. B. Plugin-Manager. Listings mit Sourcecode sind in der Schrift `Courier` gesetzt, um zu verdeutlichen, dass diese einen Ausschnitt aus einem Java-Programm darstellen. Auch im normalen Text wird für Klassen, Methoden, Konstanten und Parameter diese Schriftart genutzt.

Schreibweise von Methodenaufrufen

Im Text beschriebene Methodenaufrufe enthalten in der Regel die Typen der Übergabeparameter, etwa `substring(int, int)`. Sind die Parameter in einem Kontext nicht entscheidend, wird mitunter auf deren Angabe aus Gründen der besseren Lesbarkeit verzichtet.

Verwendete Abkürzungen

Im Buch verwende ich die in der nachfolgenden Tabelle aufgelisteten Abkürzungen. Weitere Abkürzungen werden im laufenden Text in Klammern nach ihrer ersten Definition aufgeführt und anschließend bei Bedarf genutzt.

Abkürzung	Bedeutung
API	Application Programming Interface
ASCII	American Standard Code for Information Interchange
IDE	Integrated Development Environment
JDK	Java Development Kit
JEP	JDK Enhancement Proposal
JLS	Java Language Specification
JRE	Java Runtime Environment
JVM	Java Virtual Machine

Gerne möchte ich noch den Begriff API (Application Programming Interface) kurz erklären: Dabei handelt es sich um die von einem Programm bereitgestellten Funktionalitäten in Form von Methoden.

Danksagung

Dieses Buch basiert auf meinem Buch »Einfach Java« [3], das in weiten Teilen leicht überarbeitet wurde und somit ein Facelift erfahren hat. Dazu wurden diverse Passagen und Beispiele ergänzt und derart modifiziert, dass sie noch besser verständlich sind. Auch potenziell missverständliche Formulierungen wurden korrigiert und sogar kleinere Teile entfernt, um dem Text mehr Stringenz zu verleihen und sich in die Kurz-und-gut-Serie einzupassen. Aufgrund der Basis »Einfach Java« möchte ich hier nochmals folgenden Leuten danken: Michael Kulla für das Aufdecken von Tippfehlern bis hin zu diversen inhaltlichen Hinweisen, Prof. Dr. Dominik Gruntz für eine Vielzahl an hilfreichen Anmerkungen, Jean-Claude Brantschen und Christian Heitzmann für ihre Kommentare und Tipps und schließlich Maria Herdt für einen kritischen Blick auf einige Kapitel.

Zudem geht ein Dankeschön an das Team des dpunkt.verlags (Dr. Michael Barabas, Dr. Benjamin Ziech, Julia Griebel und Stefanie Weidner) für die tolle Zusammenarbeit. Außerdem möchte ich mich bei Torsten Horn für die fundierte fachliche Durchsicht sowie bei Ursula Zimpfer für ihre Adleraugen beim Copy-Editing bedanken.

Abschließend geht ein lieber Dank an meine Frau Lilija für ihr Verständnis und die Unterstützung. Ihren ganz besonderen Anteil hat unser kleiner Sonnenschein Sophie Jelena dazu beigetragen, indem sie den Papa immer wieder zum Lachen gebracht hat.

Anregungen und Kritik

Trotz großer Sorgfalt und mehrfachen Korrekturlesens lassen sich missverständliche Formulierungen oder teilweise sogar Fehler leider nicht vollständig ausschließen. Falls Ihnen etwas Derartiges auffallen sollte, so zögern Sie bitte nicht, mir dies mitzuteilen. Gerne nehme ich auch Anregungen oder Verbesserungsvorschläge entgegen. Kontaktieren Sie mich bitte per Mail unter:

michael_inden@hotmail.com

Zürich, im Oktober 2023
Michael Inden

I Einstieg

1 Einführung

1.1 Java im Überblick

Die Programmierspache Java wurde Mitte der 1990er-Jahre von der Firma Sun entwickelt und später von Oracle übernommen. Mittlerweile hat Java zwar mehr als 25 Jahre auf dem Buckel, wird aber nicht altersschwach, sondern kontinuierlich gepflegt und besitzt ein extrem breitgefächertes und professionelles Angebot an externen Bibliotheken und Entwicklungstools. Insbesondere gibt es mit Eclipse, IntelliJ IDEA und NetBeans sowie Visual Studio Code mehrere hervorragende sogenannte IDEs (Integrated Development Environments) zum komfortablen Programmieren.

Java eignet sich zur Entwicklung unterschiedlichster Applikationen, etwa für Businessapplikationen, Webapplikationen und sogar (einfachere) Datenbanken. Es wird aber auch im Bereich Mobile in Form von Android-Apps oder gar im Bereich von Spielen, z. B. Minecraft, verwendet. Java ist also eine vielseitige Programmiersprache mit breitem Einsatzspektrum. Ein guter Grund, sich damit ein wenig zu beschäftigen.

Außerdem ist Programmieren ein wunderbares Hobby sowie ein faszinierender Beruf und es macht zudem noch jede Menge Spaß, fördert die Kreativität und den Gestaltungswillen.

Darüber hinaus ist Java laut TIOBE-Index[1] seit Jahren eine der populärsten Programmiersprachen. Eine wichtige Rolle spielte vermutlich lange die freie Verfügbarkeit, was zwischenzeitlich für die Originalvariante von Oracle nur noch für private, aber nicht für kommerzielle Zwecke galt. Mit Java 17 wurde das Releasemodell im September 2021 wieder auf eine freie Verfügbarkeit zurück geändert. Praktischerweise existieren einige

[1] `https://www.tiobe.com/tiobe-index/`

frei verwendbare Alternativen wie etwa das AdoptOpenJDK – das mittlerweile als Eclipse Adoptium weitergeführt wird: `https://projects.eclipse.org/projects/adoptium`. Zudem ist Java recht einfach zu erlernen (schwieriger als Python, aber deutlich leichter als C++) und bietet eine große Vielfalt an Tools, Bibliotheken und Literatur sowie Hilfestellungen wie Stack-Overflow im Internet. Weiterhin zeichnet sich Java durch seine gute Performance aus. Das Ganze ist die Folge von jahrelangen Optimierungen und Verbesserungen. Dadurch ist die Ausführung von Java beispielsweise nur geringfügig langsamer als die von C++, aber um Längen schneller als die Ausführung von Python. Schließlich ermöglicht Java je nach Einsatzzweck entweder einen imperativen Stil oder die objektorientierte sowie die funktionale Programmierung, sodass man geeignet wählen kann.

Wie Sie sehen, sprechen viele gute Gründe für einen Einstieg in die Programmierung mit Java. Das Wichtigste ist jedoch der Spaß am Programmieren, Tüfteln und Ausprobieren. Lassen Sie uns starten!

Bestandteile von Java-Programmen

Java als Programmiersprache besitzt wie eine natürliche Sprache auch eine Grammatik und feststehende Begriffe/Wörter. Man spricht dabei von Syntax und Schlüsselwörtern (vgl. Anhang A).

Java-Programme werden textuell verfasst. Das wird ***Sourcecode*** genannt. Schauen wir uns zum Einstieg ein einfaches Java-Programm an:

```
public class MyFirstJavaProgram
{
    public static void main(String[] args)
    {
        System.out.println("Hello World");
    }
}
```

Keine Sorge, Sie müssen das Ganze noch nicht vollständig verstehen, wir werden das alles Stück für Stück erlernen. Hier ist zunächst nur wichtig, dass Sie elementare Bestandteile von Java-Programmen grob einordnen können. Dazu gehören die ***Schlüsselwörter***, also Java-Befehle oder -Anweisungen, hier etwa `public`, `class`, `static` und `void`. Wie die Begriffe in einer Sprache tragen diese reservierten Wörter eine besondere Bedeutung, ganz analog etwa zu Auto, Haus, Tür usw. im Deutschen.

Ebenso wie im Deutschen können (oder besser sollten) die Begriffe nicht einfach wahllos miteinander verknüpft werden, um einen gültigen Satz zu formulieren. Das wird durch die Grammatik geregelt. Auch in Java existiert eine solche. Damit wird etwa festgelegt, dass es `static void`, aber nicht `void static` heißen muss. Man spricht hier auch von ***Syntax***.

Zudem sehen wir geschweifte Klammern. Diese kann man sich wie Absätze in einem Text vorstellen. In Java bündeln diese Klammern Anweisungen. Man spricht dann auch von Blöcken und Sichtbarkeitsbereichen.

Genug der Vielzahl an Informationen. Nachfolgend werden wir die Dinge schön gründlich und detailliert besprechen und didaktisch immer ein neues Themengebiet ergründen, bis wir schließlich einen guten Einstieg in die Java-Programmierung vollzogen haben werden.

Vorab sollten wir erst einmal Java und Eclipse installieren, um erste Schritte machen zu können und für unsere weitere Entdeckungsreise bereit zu sein.

1.2 Los geht's – Installation

Im ersten Teil dieses Buchs wird ein Hands-on-Ansatz verfolgt, bei dem wir Dinge in Form kleinerer Java-Codeschnipsel direkt ausprobieren. Sie benötigen hierfür keine tiefgreifenden Programmiererfahrungen.

Damit Sie die nachfolgend beschriebenen Java-Programme ausführen können, benötigen Sie ein sogenanntes JDK (Java Development Kit). Dort finden sich alle für den Moment benötigten Tools. Beginnen wir also mit der Installation von Java.

1.2.1 Java-Download

Java ist frei auf der folgenden Oracle-Webseite verfügbar: `https://www.oracle.com/java/technologies/downloads/`

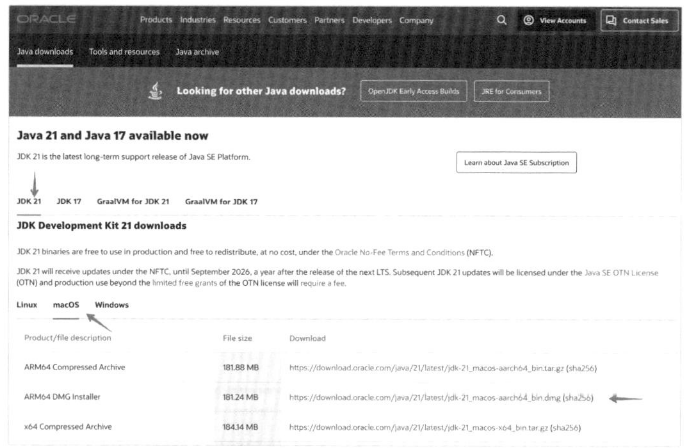

Abb. 1–1: Java-Download-Seite

Im unteren Bereich finden Sie verschiedene Links für unterschiedliche Betriebssysteme. Wählen Sie den für Sie passenden Link und laden die entsprechende Installationsdatei herunter.

1.2.2 Installation des JDKs

Zum Start der Installation doppelklicken Sie unter macOS auf die `.dmg`-Datei und folgen den Aufforderungen. Möglicherweise müssen Sie das Administrator-Passwort eingeben, um fortzufahren. Nach Abschluss der Installation können Sie die `.dmg`-Datei löschen, um Speicherplatz zu sparen.

Für Windows doppelklicken Sie bitte auf die `.exe`-Datei. Auch diese kann nach erfolgreicher Installation gelöscht werden. Führen Sie das heruntergeladene Installationsprogramm aus (z. B. `jdk-21_windows-x64_bin.exe`). Damit wird Java standardmäßig in das Verzeichnis `C:\Program Files\Java\jdk-21` installiert, wobei der Verzeichnisname von der gewählten Version abhängt. Akzeptieren Sie die Standardeinstellungen und befolgen Sie die Anweisungen während der Installation.

1.2.3 Installationsnacharbeiten

Damit Java bei Ihnen nach dem Download und der Installation in der Konsole korrekt funktioniert, sind ein paar Nacharbeiten nötig. Dazu sollten wir es zur leichteren Handhabung in den Pfad aufnehmen. Dies wird im Anschluss für die Betriebssysteme Windows und macOS beschrieben. Falls Sie ein Unix-Derivat nutzen, dann finden Sie ausführlichere Informationen auf dieser Seite: `https://www.java.com/de/download/help/download_options.html`. Für Windows und Mac gibt es dort auch noch einige ergänzende Informationen.

Nacharbeiten für Windows

Das Installationsverzeichnis sollte in die Umgebungsvariable `PATH` aufgenommen werden. Diese können Sie unter »Umgebungsvariablen« ändern. Drücken Sie die Win-Taste und geben Sie dann »umgeb« ein, bis »Systemumgebungsvariablen bearbeiten« erscheint. Mit Enter öffnet sich der Dialog »Systemvariablen«. Klicken Sie auf den Button »Bearbeiten« zum Öffnen eines Bearbeitungsdialogs. Fügen Sie in der Liste das Installationsverzeichnis gefolgt von `bin`, etwa `C:\Program Files\Java\jdk-21\bin`, hinzu. Legen Sie eine Umgebungsvariable namens `JAVA_HOME` an, die auf das Installationsverzeichnis verweist:

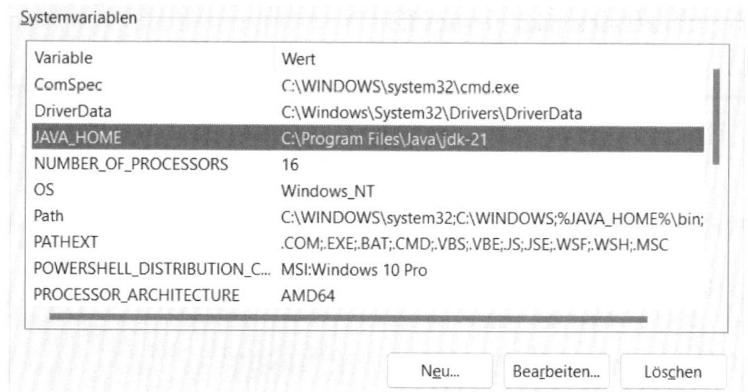

Abb. 1–2: Umgebungsvariablen bearbeiten

Ergänzen Sie die Variable `PATH` wie nachfolgend gezeigt um den Eintrag `%JAVA_HOME%\bin`. Außerdem sollte der Eintrag möglichst ganz oben stehen:

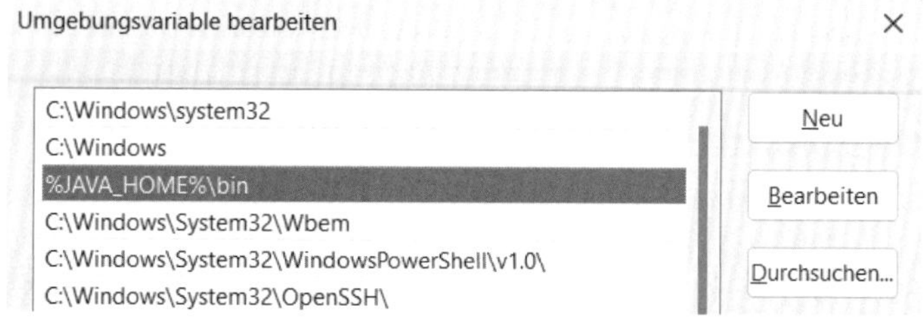

Abb. 1–3: Umgebungsvariablen ordnen

Beachten Sie bitte noch Folgendes: Bestätigen Sie die gesamten Dialoge immer mit OK, sodass die Variablen gesetzt sind. Eventuell geöffnete Eingabeaufforderungen müssen geschlossen und neu geöffnet werden, um die geänderten Variablen wirksam werden zu lassen.

Nacharbeiten für macOS

Auch unter macOS empfiehlt es sich, einen Verweis auf Java im Pfad in der jeweiligen Shell (dem Terminal) passend zu setzen bzw. in das Startskript Ihrer Shell einzutragen, etwa `~/.bash_profile` oder neuer `~/.zshrc`:

```
export JAVA_HOME=/Library/Java/JavaVirtualMachines/jdk-21.jdk/
      Contents/Home
export PATH=$JAVA_HOME/bin:$PATH
```

1.2.4 Java-Installation prüfen

Nach dem Ausführen der obigen Schritte sollte Java auf Ihrem Rechner installiert und von der Konsole startbar sein und Sie damit bereit für die nächsten Schritte.

Öffnen Sie eine Konsole und geben Sie das Kommando `java --version` ein – im folgenden Text nutze ich immer $ zur Kennzeichnung von Eingaben auf der Konsole, also dem Terminal bei macOS bzw. der Windows-Eingabeaufforderung. Wenn die Ausgabe ähnlich zu dieser erfolgt, dann haben Sie Java erfolgreich installiert.

```
$ java --version
java 21 2023-09-19 LTS
Java(TM) SE Runtime Environment (build 21+35-LTS-2513)
Java HotSpot(TM) 64-Bit Server VM (build 21+35-LTS-2513, mixed mode
      , sharing)
```

JShell prüfen

Prüfen Sie der Vollständigkeit halber bitte auch noch den Aufruf sowie das Beenden des Tools JShell, das wir für den ersten Teil des Buchs intensiv nutzen werden:

```
$ jshell
|  Willkommen bei JShell - Version 21
|  Geben Sie für eine Einführung Folgendes ein: /help intro

jshell> /exit
|  Auf Wiedersehen
```

Wenn die Programme bzw. Tools starten und Sie ähnliche Meldungen erhalten (möglicherweise mit kleinen Abweichungen bei den Versionsangaben), so können wir uns auf die Entdeckungsreise zur Java-Programmierung machen.

1.3 Entwicklungsumgebungen

Wenn Sie nach den ersten Gehversuchen mit Java damit beginnen, auch umfangreichere Java-Programme zu schreiben (also viel Sourcecode zu bearbeiten), dann empfiehlt sich der Einsatz einer IDE anstelle von Texteditoren oder anstatt rein auf der Konsole in der JShell zu arbeiten. Für kleine Experimente und zum Einstieg ist aber gerade die JShell ein wunderbares Hilfsmittel (zumindest in modernen Java-Versionen).

Zwar kann man für Änderungen an Java-Programmen einen Texteditor nutzen, aber dieser bietet nicht die Annehmlichkeiten einer IDE: In IDEs laufen viele Dinge und Analysen automatisch und im Hintergrund ab, wodurch gewisse Softwaredefekte direkt noch während des Modifizierens von Sourcecode (auch Editieren genannt) erkannt und angezeigt werden, etwa in einer To-do-/Task-Liste. IDEs bereiten zudem vielfältige Informationen auf. Weiterhin werden Annehmlichkeiten wie Quick Fixes zur Korrektur kleinerer Probleme sowie automatische Transformationen und Änderungen von Sourcecode, sogenannte ***Refactorings***, unterstützt.

Für Java existieren verschiedene IDEs. Sowohl Eclipse als auch NetBeans sind kostenlos. In den letzten Jahren wird auch das frei verfügbare Visual Studio Code von Microsoft immer populärer. Schließlich gibt es IntelliJ IDEA als kostenlose Community Edition sowie als kostenpflichtige Ultimate Edition. Alle IDEs haben ihre speziellen Vorzüge, aber auch (kleinere) Schwächen.

Für dieses Buch werden wir Eclipse nutzen. Wenn Sie bereits etwas Erfahrung haben, dann sind Sie natürlich frei, sich die anderen IDEs anzuschauen und auszuprobieren. Vieles geht über persönliche Präferenzen. Entscheiden Sie also später selbst und besuchen Sie dazu folgende Internetadressen:

- `https://www.eclipse.org/`
- `https://www.jetbrains.com/idea/`
- `https://netbeans.apache.org/`
- `https://code.visualstudio.com/`

1.3.1 Installation von Eclipse

Öffnen Sie in Ihrem Browser die Seite `www.eclipse.org`. Diese präsentiert sich ähnlich zu Abbildung 1–4. Dort finden Sie oben rechts einen Download-Button, den Sie bitte drücken.

Abb. 1–4: Eclipse-Hauptseite zum Download

Dadurch wird die Download-Seite geöffnet, wie es Abbildung 1–5 zeigt. Dort sehen Sie verschiedene Möglichkeiten, bitte klicken Sie auf »Download Packages«.

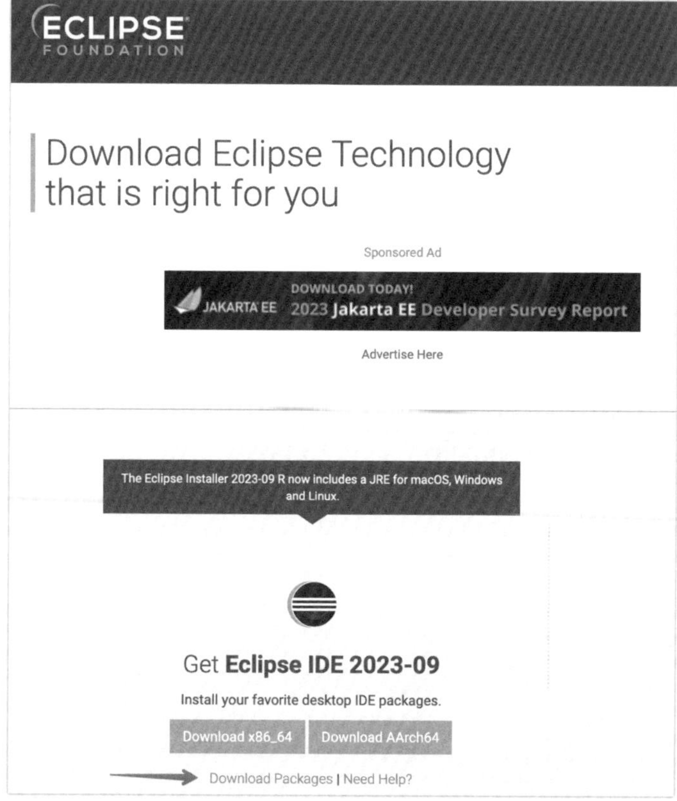

Abb. 1–5: Eclipse-Installation »Download Packages«

Nun sollte sich die Seite mit den verfügbaren Packages öffnen. Diese sieht ähnlich zu Abbildung 1–6 aus. Dort wählen Sie abhängig von Ihrem Betriebssystem die passende Version und klicken diese zum Download an.

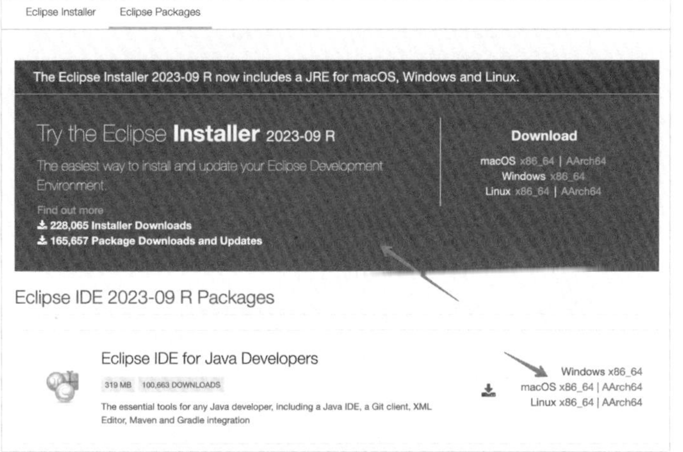

Abb. 1–6: Betriebssystemspezifische Eclipse-Versionen

Nachdem der Download abgeschlossen ist, entpacken oder starten Sie bitte das heruntergeladene ZIP, DMG oder die Datei im jeweiligen Linux-Format. Im Fall von Windows müssen Sie das entpackte Archiv noch in Ihren Programme-Ordner kopieren.

Auf der gezeigten Webseite wird der Eclipse Installer in einem Kasten angepriesen. Dieser ist sicher eine gute Alternative.

1.3.2 Eclipse starten

Nach den beschriebenen Installationsschritten sollte Ihnen nun Eclipse als Programm im Start-Menü bzw. der Programmauswahl zur Verfügung stehen. Starten Sie es bitte, etwa durch einen Doppelklick auf das Programm-Icon.

Bei macOS erhalten Sie gegebenenfalls einen Warnhinweis, dass es sich um ein aus dem Internet heruntergeladenes Programm handelt. Dies können Sie ignorieren und durch einen Klick auf Öffnen fortfahren.

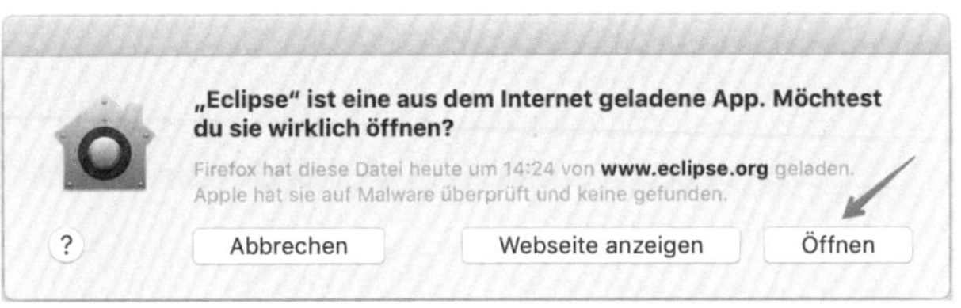

Abb. 1–7: Warnmeldung (macOS)

Als Nächstes wird ein Dialog angezeigt, um das Hauptverzeichnis für Ihre Projekte festzulegen. Sie können hier den Standard akzeptieren und ein Klick auf »Launch« startet dann Eclipse.

Eclipse IDE Launcher
Select a directory as workspace
Eclipse IDE uses the workspace directory to store its preferences and development artifacts.
Workspace: /Users/michaeli/eclipse-workspace Browse...
Use this as the default and do not ask again
Cancel Launch

Abb. 1–8: Hauptverzeichnis festlegen (exemplarisch für den Rechner des Autors)

Nun öffnet sich der Startbildschirm von Eclipse, der sich je nach Version leicht unterschiedlich präsentiert.

Möglicherweise erscheint folgendes Bild, wobei Sie mit einem Klick auf »Hide« dann auf dem Hauptbildschirm landen.

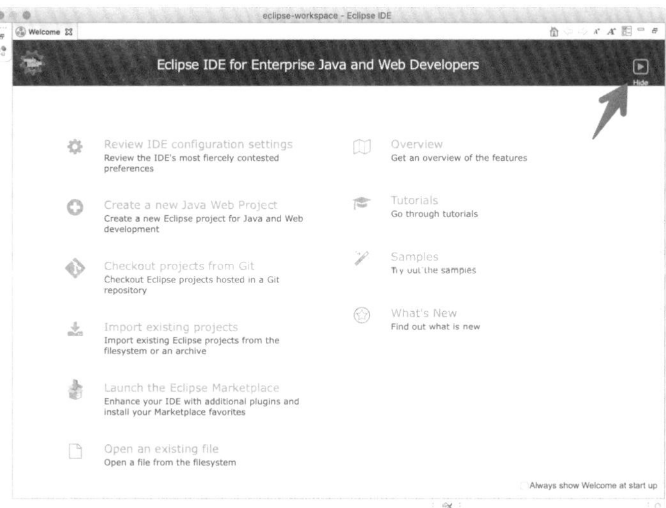

Abb. 1–9: Startbildschirm von Eclipse

Begrifflichkeiten

Ein ***Projekt*** bündelt verschiedene Dateien, insbesondere solche mit Java-Kommandos, aber auch Texte oder Bilder usw. ***Java-Dateien***, also solche Dateien, die Java-Kommandos enthalten beispielsweise Variablendefinitionen, Methoden und weitere Anweisungen, enden im Dateisystem standardmäßig mit `.java` und definieren eine zum Dateinamen gleichnamige ***Klasse*** ohne die Endung `.java`.

Keine Sorge, Sie müssen noch nicht alles im Detail verstehen. Es baut sich aber ein erstes Verständnis auf, das sich dann weiter vertieft, wenn Sie die nachfolgend beschriebenen Schritte häufiger ausführen.

Der Hauptbildschirm präsentiert Ihnen verschiedene Möglichkeiten, um neue Projekte anzulegen oder bestehende zu importieren.

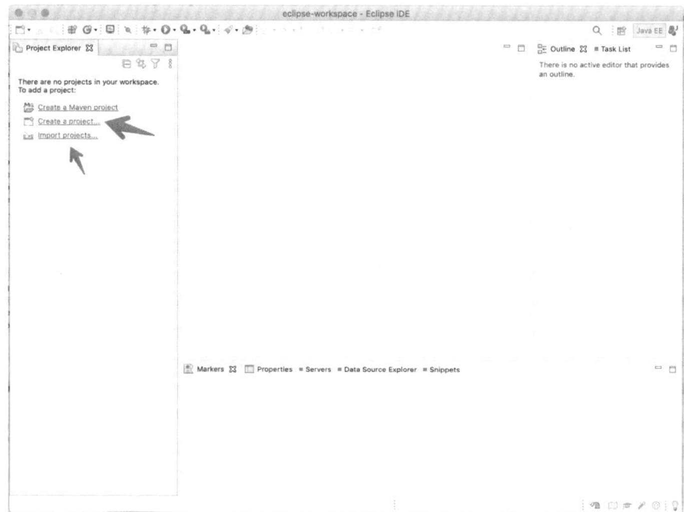

Abb. 1–10: Hauptbildschirm von Eclipse

Das Importieren wird separat in der Beschreibung zum Download der Sourcen zu diesem Buch thematisiert. Wir schauen uns nachfolgend das Anlegen eines Projekts mitsamt einer einfachen Klasse sowie deren Start an.

1.3.3 Erstes Projekt in Eclipse

Nun wollen wir uns dem Anlegen eines Projekts und einer ersten Klasse widmen, um die Abläufe exemplarisch einmal durchgespielt zu haben, die für spätere Aktionen notwendig sind. Generell können Sie viele der hier gezeigten Aktionen auch zum Nachvollziehen der für die JShell gezeigten Programmschnipsel nutzen – dann als Teil einer Klasse und deren `main()`-Methode.

Beginnen wir mit dem Anlegen eines Java-Projekts. Dazu dient ein Wizard, also eine geführte Abfolge von Dialogen. Zunächst wählen wir »Java Project« und klicken dann auf »Next«.

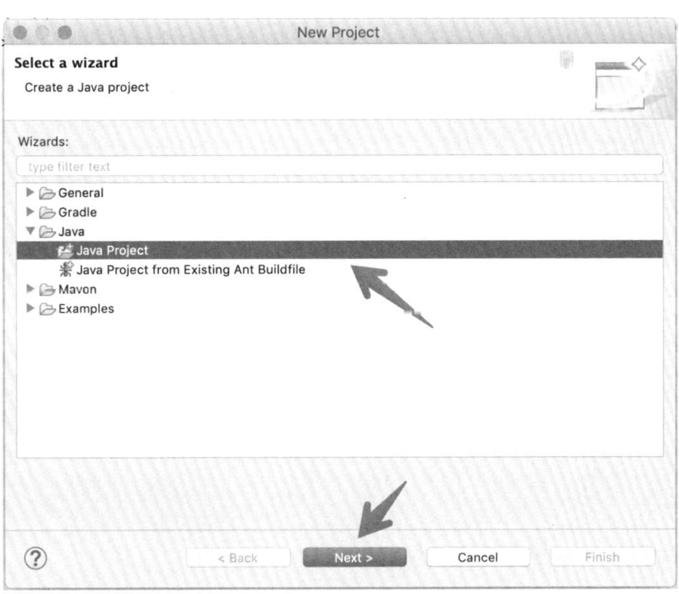

Abb. 1–11: Anlegen eines neuen Java-Projekts

Damit landen wir auf der nächsten Seite zum Anlegen eines Java-Projekts mitsamt der Eingabe des Namens sowie der Auswahl der passenden Java-Version – beides durch Pfeile gekennzeichnet.

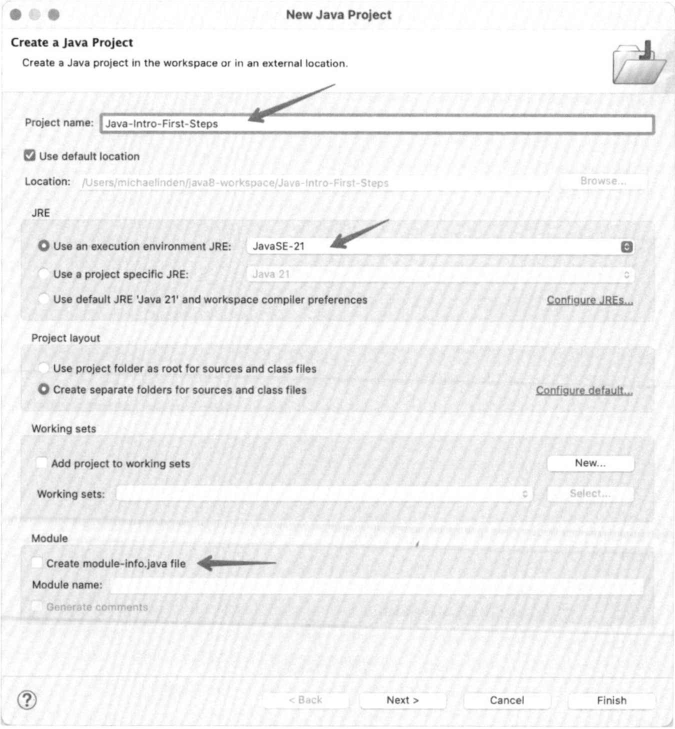

Abb. 1–12: Dialog »New Java Project«

Es erscheint abschließend die Frage, ob die Java-Perspektive geöffnet werden soll. Das ist praktisch, um gleich die nächsten Schritte ausführen zu können.

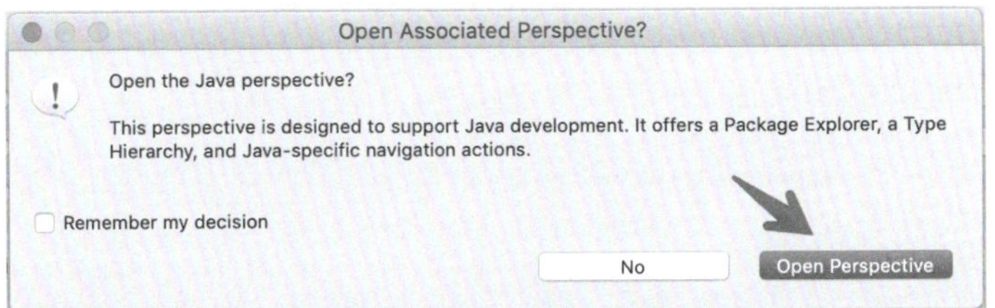

Abb. 1–13: Frage nach Öffnen der Java-Perspektive

1.3.4 Erste Klasse in Eclipse

Unser erstes Java-Projekt ist jetzt angelegt und ist bereit, um mit Klassen in Form von Java-Dateien mit Leben gefüllt zu werden. Ausgangspunkt zum Anlegen einer Klasse ist die Baumdarstellung auf der rechten Seite im Package Explorer. Dort öffnen wir ein Kontextmenü und wählen den Eintrag `New > Class`.

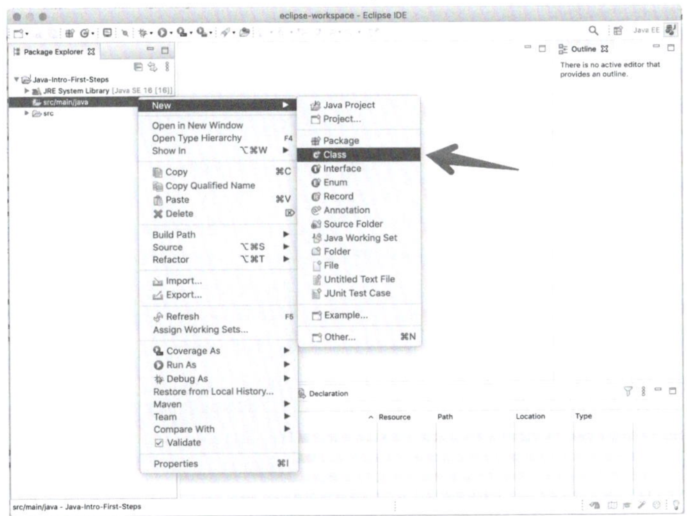

Abb. 1–14: Kontextmenü zum Anlegen einer Klasse

Durch Auswahl im Kontextmenü öffnet sich folgender Dialog zum Erzeugen einer Klasse.

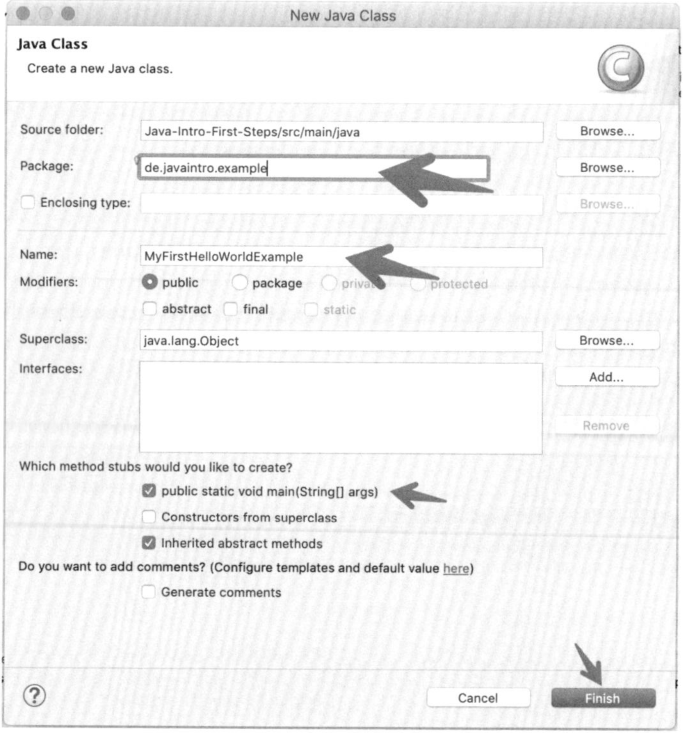

Abb. 1–15: Dialog »New Java Class«

Im Dialog muss man das gewünschte Package sowie den Klassennamen eingeben. Bei Bedarf kann man das Erzeugen einer `main()`-Methode per Checkbox aktivieren. Ein Klick auf »Finish« erzeugt schließlich eine neue Klasse.

Nachdem das Grundgerüst steht, können Sie den Sourcecode aus den Beispielen im Editor einfügen bzw. abtippen.

```
package de.javaintro.example;

public class MyFirstHelloWorldExample {

    public static void main(String[] args) {
        // TODO Auto-generated method stub

    }

}
```

Abb. 1–16: Sourcecode editieren

Sicherlich wollen Sie das so entstandene Java-Programm in Aktion erleben. Dazu benötigt es bekanntermaßen eine `main()`-Methode. Mithilfe des Kontextmenüs oder des grünen Knopfs mit weißem Play-Pfeil kann man dann die Ausführung starten.

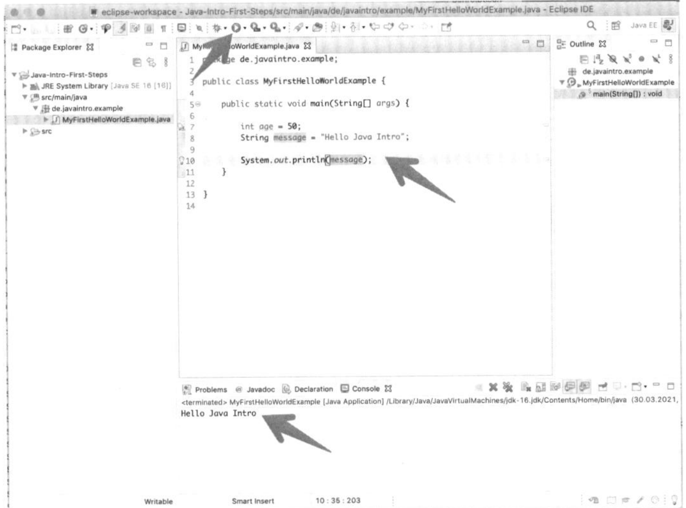

Abb. 1–17: Programm ausführen

1.4 Ausprobieren der Beispiele

Vielfach können Sie die abgebildeten Sourcecode-Schnipsel einfach in der JShell oder mithilfe eines Texteditors bzw. besser noch einer IDE eingeben. Je nach Situation empfiehlt sich die eine oder andere Art mehr. Damit diese Formen leichter und direkt von Ihnen erkannt werden können, markiere ich die Eingaben in die JShell besonders.

JShell

Zum schnellen Ausprobieren können Sie die Java-Anweisungen einfach in der JShell eintippen. Das ist normalerweise dadurch angedeutet, dass die einzugebenden Zeilen folgendermaßen mit `jshell>` markiert sind:

```
jshell> System.out.println("Hello JShell")

jshell> int multiply(int a, int b) {
   ...>     return a * b;
   ...> }
|  created method multiply(int,int)
```

Auch spezielle Java-Funktionalitäten lassen sich einbinden:

```
jshell> import java.time.Duration

jshell> import java.time.temporal.ChronoUnit

jshell> Duration.of(20L, ChronoUnit.DAYS).isNegative()
$11 ==> false

jshell> Duration.of(-20L, ChronoUnit.DAYS).isNegative()
$12 ==> true
```

Dieses Vorgehen praktiziere ich bis maximal ca. 10 bis 20 Zeilen. Danach empfiehlt es sich, die Zeilen mithilfe eines Texteditors einzugeben oder besser mithilfe einer IDE.

Hinweis Manchmal möchte ich konzeptionell etwas verdeutlichen und verzichte dann auf die zuvor gezeigte exakte Darstellung in der JShell, weil die Anweisungen durch den Mix von Protokollierung mit `jshell>` und den Zwischenergebnissen unübersichtlich würden. Daher greife ich auf eine verkürzte Darstellung zurück:

```
int clicksPerMinute = 1234567

// Gut verständliche Namen
int minutesPerHour = 60
int daysPerYear = 365
int maxTableRows = 25
```

Derartige Anweisungen sollten dann in die JShell eingegeben oder aber in eine `main()`-Methode eingebettet werden.

Texteditor + Direct Compilation

Werden die Programme länger, so wird das Editieren mit der JShell mühsam. Hier kann ein Texteditor Abhilfe schaffen. Programme sind dann ohne `jshell>` in etwa wie folgt abgebildet:

```
import java.time.Duration;
import java.time.temporal.ChronoUnit;

public class DurationIntroExample
{
    public static void main(String[] args)
    {
        System.out.println(Duration.of(20L,
                                 ChronoUnit.DAYS).isNegative());
        System.out.println(Duration.of(-12L,
                                 ChronoUnit.DAYS).isNegative());
    }
}
```

Diese Zeilen müssen dann exakt so abgetippt und als Java-Datei mit dem exakt gleichen Namen wie die Klasse inklusive der Endung `.java`, also hier als `DurationIntroExample.java`, abgespeichert werden.

Ausführung mit Direct Compilation Damit Sie die Anweisungen ausführen können, verwenden wir eine Direct Compilation genannte Funktionalität, die es erlaubt, einzelne Java-Dateien durch Aufruf von `java` starten zu können (sofern sich dort keine Fehler eingeschlichen haben, die Ihnen Java aber ansonsten brühwarm auf der Konsole mitteilt).

Betrachten wir das exemplarisch für das obige einfache, aus einer Klasse bestehende Beispielprogramm:

```
$ java DurationIntroExample.java
```

Dann erhalten wir diese Ausgabe:

```
false
true
```

IDE

Wie bereits angedeutet, ist eine IDE die empfehlenswerte Variante, den Sourcecode zu pflegen, insbesondere, wenn dieser umfangreicher wird. Vor allem das Markieren von Syntaxfehlern hilft enorm, möglichst schnell Erfolge zu erzielen. Zudem funktioniert ein Texteditor mit Direct Compilation nur für einzelne Java-Dateien, aber nicht mehr für Programme, die auf mehrere Dateien aufgeteilt sind.

Wenn Sie mit einer IDE arbeiten, dann können Sie wie im vorherigen Unterkapitel beschrieben ein Projekt sowie einzelne Java-Dateien inklusive `main()`-Methode anlegen lassen. Programme, die ohne `jshell>` in etwa wie folgt abgebildet sind, sollten Sie bevorzugt in einer IDE eingeben (und nur selten auf die zuvor gezeigte Variante mit Texteditor zurückgreifen):

```
import java.time.Duration;
import java.time.temporal.ChronoUnit;

public class DurationIntroExample
{
    public static void main(String[] args)
    {
        System.out.println(Duration.of(20L,
                                ChronoUnit.DAYS).isNegative());
        System.out.println(Duration.of(-12L,
                                ChronoUnit.DAYS).isNegative());
    }
}
```

2 Schnelleinstieg

2.1 Hallo Welt (Hello World)

Wir beginnen den Einstieg in Java mit einem simplen Programm, nämlich wie traditionell in den allermeisten Büchern zum Programmierenlernen mit HelloWorld, der Ausgabe eines Grußes auf der Konsole. Das haben wir schon in etwas komplizierter Form in der Einleitung gesehen. Wir wollen es weiter vereinfachen und damit unsere Entdeckungsreise starten.

Java bietet mit der JShell einen interaktiven Kommandozeileninterpreter, auch Read-Eval-Print-Loop (REPL) genannt. Das erleichtert das schrittweise Erlernen von Java, weil wir nicht gleich zu Beginn eine Vielzahl an Konzepten verstehen oder zumindest hinnehmen müssen. Als weiterer Vorteil wird uns eine Menge Tipparbeit erspart.

Die interaktive JShell erlaubt es uns, kleinere Java-Codeschnipsel auszuprobieren. Der Start erfolgt mit dem Kommando `jshell`:

```
$ jshell
|  Willkommen bei JShell - Version 21
|  Geben Sie für eine Einführung Folgendes ein: /help intro

jshell>
```

Neben dem Hinweis auf die Version zeigt der Prompt `jshell>` an, dass wir nun Java-Befehle eingeben können. Probieren wir es gleich einmal aus:

```
jshell> System.out.println("Hello World from JShell!")
Hello World from JShell!
```

Herzlichen Glückwunsch zur ersten Ausgabe mit Java!

Wir verwenden dabei die später in Kapitel 5 vorgestellten Klassen und Methoden. Hier wird über `System.out` eine Ausprägung der Klasse `java.io.PrintStream` referenziert. Diese ermöglicht Ausgaben auf der Konsole. Funktionalität wird durch sogenannte Methoden, eine Folge von Befehlen, bereitgestellt, in diesem Fall durch die Methode mit dem Namen `println()`, der man in runden Klammern einen Text eingerahmt von doppelten Anführungszeichen übergibt. Aber keine Sorge, Sie müssen noch nicht alle Details verstehen – wir werden diese im Verlaufe dieses Buchs ausführlich besprechen. Jetzt geht es zunächst um die ersten Schritte und ein initiales Gespür. Laden Sie die Begleitsourcen herunter oder tippen Sie die einfachen Beispiele ab, und wenn Sie sich sicher fühlen, dann variieren Sie auch gerne ein wenig.

Wir haben bereits einen netten Gruß auf der Konsole ausgeben können. Das war schon ein guter Anfang. Allerdings wäre es etwas eintönig, nur Texte ohne Variation auszugeben. Um den Gruß anzupassen, lernen wir nun Variablen kennen.

2.2 Variablen und Datentypen

Stellen wir uns vor, wir wollten einige Eigenschaften einer Person mit Java verwalten, etwa Name, Alter, Gewicht, Wohnort, Familienstand usw. Dabei helfen uns sogenannte Variablen. Diese dienen zum Speichern und Verwalten von Werten. Dabei gibt es unterschiedliche Typen (auch Datentypen genannt), etwa für Texte, Zahlen und Wahrheitswerte. Wir schauen uns dies zunächst einmal einführend an und erweitern dann unser Wissen Schritt für Schritt, beispielsweise um ergänzende Infos zu Wertebereichen oder Aktionen mit den Variablen. Zum Einstieg betrachten und nutzen wir folgende Typen:

- `String` – Speichert textuelle Informationen, z. B. "Hallo". In Java werden diese in doppelte Anführungszeichen eingeschlossen und Strings genannt.

- `char` – Speichert einzelne Zeichen, wie z. B. 'a' oder 'B'. Solche Zeichenwerte sind von einfachen Anführungszeichen eingeschlossen.
- `int` und `long` – Speichern Ganzzahlen, wie 123 oder -4711. Für `int` geht der Wertebereich von etwa -2 Milliarden bis 2 Milliarden, für `long` ist er noch viel größer.
- `float` und `double` – Speichern Gleitkommazahlen (mit Vor- und Nachkommastellen), wie 72,71 oder -1,357. Achtung: Weil Java dem amerikanischen Sprachraum entstammt, werden als Dezimaltrenner Punkte statt Kommata verwendet. Somit muss es im Java-Programm `72.71` und `-1.357` heißen. Der Typ `float` besitzt eine geringere Genauigkeit und kann somit weniger Nachkommastellen als der Typ `double` verwalten.
- `boolean` – Speichert Wahrheitswerte als wahr oder falsch. In Java sind diese durch `true` oder `false` repräsentiert.

2.2.1 Definition von Variablen

In Java erzeugen wir eine Variable, indem wir zunächst den Typ, dann einen Namen sowie eine Wertzuweisung nach folgendem Muster (Syntax genannt) angeben:

```
typ variablenname = wert;
```

Man spricht in diesem Zusammenhang von der Definition. Eine solche Definition wie auch andere Anweisungen müssen in Java normalerweise mit einem Semikolon beendet werden. In der JShell ist dies oft optional und man kann das Ganze wie folgt schreiben:

```
typ variablenname = wert
```

Lassen Sie uns etwas experimentieren:

```
jshell> int theAnswer = 41
theAnswer ==> 41

jshell> theAnswer = 42
theAnswer ==> 42

jshell> int oneMillion = 1_000_000
oneMillion ==> 1000000

jshell> double PI = 3.1415
PI ==> 3.1415
```

Die JShell bestätigt jede Definition einer Variablen mit einer Ausgabe, wobei zunächst der Variablenname, dann ==> und schließlich der Wert folgt. Für das Beispiel mit einer Million sehen wir die Angabe von Unterstrichen, die sich zur Separierung, hier von Tausendersegmenten, eignet – allerdings nur bei der Angabe, nicht bei der internen Repräsentation.

Den aktuellen Wert einer Variablen können wir durch Eingabe das Namens abfragen bzw. auslesen:

```
jshell> theAnswer
theAnswer ==> 42
```

Wie oben für `theAnswer` angedeutet, kann einer Variablen durchaus mehrmals im Programmverlauf an unterschiedlichen Stellen ein anderer Wert zugewiesen werden. Denken Sie etwa an einen Punktestand in einem Spiel, einen Temperaturverlauf pro Tag und eine Variable `temperature` oder aber an die Modellierung der Tageszeit von morgens, mittags, nachmittags, abends und nachts. Für derart in sich abgeschlossene Wertebereiche existieren Aufzählungen, die wir in Abschnitt 7.4 kennenlernen werden.

Eine solche Variable wird auch bei dem kürzest möglichen Hello-World-Programm automatisch als unbenannte Variable `$1` erzeugt:

```
jshell> "Shortest hello world ever"
$1 ==> "Shortest hello world ever"
```

Besonderer Typ `String`

Wie Zahlen kann man auch Strings mit + verbinden. Man spricht hier von Konkatenation. Als Folge entsteht ein neuer String.

```
jshell> String vorname = "Michael"
vorname ==> "Michael"

jshell> String name = vorname + " " + "Inden"
name ==> "Michael Inden"
```

Wie gezeigt, sind problemlos mehrere Konkatenationen möglich, ebenso eine Verknüpfung von Zahlen mit einem String:

```
jshell> int value = 4711
value ==> 4711

jshell> "Wert: " + value
$3 ==> "Wert: 4711"
```

Der Typ `String` unterscheidet sich von den anderen vorgestellten Typen dadurch, dass er neben + noch einige weitere spezifische Funktionalitäten bereitstellt. Dies werden wir uns genauer in Kapitel 3 anschauen.

Besonderheit beim Typ `char`

Der Typ `char` repräsentiert ein einzelnes Zeichen:

```
jshell> char character = 'A'
character ==> 'A'
```

Interessanterweise lassen sich mathematische Aktionen wie + und - ausführen, allerdings entsteht dann ein Zahlenwert vom Typ `int`. Mithilfe eines später vorgestellten sogenannten ***Casts*** kann man durch die Angabe von `(char)` vor einem Ausdruck diesen wieder in ein Zeichen wandeln (vgl. Abschnitt 7.2.2):

```
jshell> character + 5
$34 ==> 70

jshell> (char)(character + 5)
$35 ==> 'F'
```

Wie gezeigt, kann man sich dann per Addition vorwärts durch das Alphabet bewegen. Eine Subtraktion ist ebenfalls möglich, um eine Anzahl an Buchstaben in Richtung A zu springen.

Kurzschreibweise var

Als Kurzschreibweise zur Definition von Variablen gibt es die sogenannte Local Variable Type Inference mit dem reservierten Wort `var`. Was bedeutet das genauer?

Zuvor haben wir zur Definition von Variablen folgende Syntax genutzt:

```
typ variablenname = wert
```

Statt einer konkreten Typangabe können wir kürzer `var` schreiben, um vor allem bei längeren Typangaben etwas Tipparbeit zu sparen.

```
var variablenname = wert
```

Java selbst ist so schlau, festzustellen, was der genaue Typ ist. Insbesondere bei längeren Typnamen wird der Sourcecode durch Nutzung von `var` etwas kürzer und eventuell auch lesbarer:

```
jshell> var theAnswer = 42
theAnswer ==> 42

jshell> var PI = 3.1415;
PI ==> 3.1415

jshell> var name = "Michael"
name ==> "Michael"
```

Eine derart definierte Variable hat dann genau den von Java ermittelten Typ, also ist `theAnswer` vom Typ `int` und `name` vom Typ `String`.

An dem Beispiel möchte ich noch einmal explizit auf zwei Dinge eingehen: Zum einen ist es in der JShell oftmals möglich, auf ein Semikolon am Ende der Anweisungen zu verzichten. Hier wird zur Demonstration nur bei der Definition von `PI` (π)

ein solches verwendet, nicht aber für die beiden anderen Definitionen. Zum anderen kann man zwar `var` statt `int` nutzen, aber dies ist nicht sinnvoll, da es genauso viele Zeichen sind und man somit nichts gewinnt.

Konsolenausgeben – `System.out.println()`

Einleitend hatten wir schon `System.out.println()` genutzt, um Texte auf der Konsole ausgeben zu können. Das lässt sich auch mit Variablen kombinieren:

```
jshell> var name = "Michael"
name ==> "Michael"

jshell> System.out.println("Hello " + name)
Hello Michael
```

Auf ein Detail möchte ich nochmals hinweisen: Bei `println()` handelt es sich um eine in Java integrierte sogenannte Methode. Diese dienen dazu, gewisse Aktionen standardisiert bereitzustellen. Methoden schauen wir uns in Abschnitt 2.5 genauer an.

Besonderheit Deklaration

Manchmal weiß man zwar bereits, dass man das Ergebnis einer Berechnung in einer Variablen speichern möchte, hat diese Berechnung aber noch nicht ausgeführt. Für solche Fälle ist es möglich, Variablen ohne Wertzuweisung zu notieren, man spricht dabei von Deklarieren. Die Wertzuweisung erfolgt somit nicht direkt, sondern erst später im Ablauf – hier durch eine Konsolenausgabe als zwischenzeitliche Aktion angedeutet:

```
jshell> int age
age ==> 0

jshell> System.out.println("Something in between!")
Something in between!

jshell> age = 15
age ==> 15
```

Oftmals ist die bereits besprochene Definition, also die Kombination aus Deklaration und direkter Wertzuweisung, zu bevorzugen, da sich dies klarer liest und Fehlverwendungen vorbeugt. Außerdem kann man bei einer Deklaration `var` nicht verwenden, weil kein Wert angegeben wird und somit der Typ nicht ermittelt werden kann.

Konstanten – finale Variablen

Mithilfe des Schlüsselworts `final` vor der Definition einer Variablen machen wir diese unveränderlich und erzeugen somit eine Konstante:

```
final double PI = 3.1415
PI = 3.14;  // error: cannot assign a value to a final variable
```

Keine Konstanten in der JShell

Bitte beachten Sie, dass die JShell `final` nicht so unterstützt wie ein Java-Programm. Zwar kann man `final` angeben, aber es entsteht keine Konstante, sondern eine Variable. Dadurch ist eine zweite Zuweisung in der JShell möglich und verändert einfach den Wert:

```
jshell> final double PI = 3.1415
PI ==> 3.1415

jshell> PI = 3
PI ==> 3.0
```

2.2.2 Bezeichner (Variablennamen)

Ohne es explizit zu erwähnen, haben wir uns in den Beispielen bei der Benennung von Variablen an ein paar Regeln gehalten. Zunächst einmal muss jede Variable (und auch die später vorgestellten Methoden und Klassen) durch einen eindeutigen Namen, auch Identifier oder Bezeichner genannt, gekennzeichnet werden.

Bei der Benennung sollte man Folgendes beachten:

- Namen sollten mit einem Buchstaben beginnen[1] – Ziffern sind als erstes Zeichen eines Variablennamens nicht erlaubt.
- Namen können danach aus einem beliebigen Mix aus Buchstaben (auch Umlauten), Ziffern, $ und _ bestehen, dürfen aber keine Leerzeichen enthalten.
- Bestehen Namen aus mehreren Wörtern, dann ist es guter Stil, die sogenannte CamelCase-Schreibweise zu verwenden. Bei dieser beginnt das erste Wort mit einem Kleinbuchstaben und danach startet jedes neue Wort mit einem Großbuchstaben, etwa `arrivalTime`, `estimatedDuration`, `shortDescription`.
- Die Groß- und Kleinschreibung von Namen spielt eine Rolle: `arrivalTime` und `arrivaltime` bezeichnen unterschiedliche Variablen.
- Namen dürfen nicht mit den in Java vordefinierten und in Anhang A aufgelisteten Schlüsselwörtern übereinstimmen, demzufolge sind z. B. `public`, `class` oder `int` keine gültigen Namen für Variablen. Die Begriffe `PublicTransport`, `classic` oder `Winter` hingegen sind erlaubt.

Übrigens spielt es für Java keine Rolle, ob Sie sehr kurze (`i`, `m`, `p`), kryptische (`dpy`, `mtr`) oder aber gut gewählte Namen (`daysPerYear`, `maxTableRows`) nutzen. Für Sie und das Verständnis beim Nachvollziehen eines Java-Programms macht das aber einen himmelweiten Unterschied. Natürlich sind kurze Variablennamen wie etwa `x` und `y` zur Bezeichnung von Koordinaten vollkommen verständlich, aber was sagt beispielsweise ein einzelner Buchstabe `m` aus?

[1] Namen dürfen auch mit $ oder _ beginnen, jedoch ist das eher für fortgeschrittene Themen nützlich. Da wir in diesem Buch auf Verständlichkeit setzen, werden wir das nicht nutzen.

Betrachten wir zur Verdeutlichung ein Beispiel:

```
// Gut verständliche Namen
int minutesPerHour = 60
int daysPerYear = 365
int maxTableRows = 25

// NAJA, oft schwieriger verständlich, was die Abkürzungen bedeuten
int m = 60;
int dpy = 365
int mtr = 25

// ACHTUNG: ziemlich schwierig unterscheidbar
String arrivalTime = "16:50"
double arrivaltime = 16.50
```

Die letzten beiden Variablendefinitionen sind ungünstig, da sie kaum zu unterscheiden sind. Besäßen diese denselben Typ, so käme es leicht zu Fehlverwendungen.

Im Listing sehen wir Kommentare. Damit kann man erklärende Zusatzinformationen hinterlegen. In diesem Fall werden mit // einzeilige Kommentare eingeleitet. Alles, was nach dem // bis zum Ende der Zeile folgt, wird bei der Ausführung von Java ignoriert. Weitere Varianten von Kommentaren lernen wir in Abschnitt 2.7 kennen.

2.3 Operatoren im Überblick

Operatoren dienen dazu, Operationen zwischen Variablen und / oder Werten auszuführen. Selbst eine banale Addition ist ein Beispiel, nämlich für den Operator +:

```
jshell> int sum1 = 200 + 50;
sum1 ==> 250

jshell> int sum2 = sum1 + 500;
sum2 ==> 750

jshell> int sum3 = sum2 + 750;
sum3 ==> 1500
```

Generell bietet Java folgende Arten von Operatoren:

- Arithmetische Operatoren
- Zuweisungsoperatoren
- Vergleichsoperatoren
- Logische Operatoren
- Bit-Operatoren – Da diese nur für ganz spezielle fortgeschrittene Anwendungsfälle von Relevanz sind, werden sie in diesem Buch nicht weiter behandelt.

2.3.1 Arithmetische Operatoren

Arithmetische Operatoren sind uns größtenteils bereits aus der Schule bekannt. Diese beschreiben neben den Grundrechenarten Addition, Subtraktion, Multiplikation und Division noch die Modulo-Berechnung. Die folgende Tabelle bietet einen Überblick.

Tab. 2–1: Arithmetische Operatoren

Operator	Name	Beschreibung und Beispiel
+	Addition	Addiert zwei Werte x + y, z. B. 2 + 5 = 7
-	Subtraktion	Subtrahiert zwei Werte x - y, z. B. 9 - 2 = 7
*	Multiplikation	Multipliziert zwei Werte x * y , z. B. 2 * 7 = 14
/	Division	Dividiert zwei Werte x / y, z. B. 14 / 7 = 2
%	Modulo	Berechnet den Rest der Division zweier Werte x % y, z. B. 9 % 7 = 2

Beispiele für Grundrechenarten

Betrachten wir ein paar einfache Beispiele für diese Operationen, exemplarisch für den Typ `int` – natürlich lassen sich diese Grundrechenarten für alle Zahlentypen ausführen:

```
jshell> int sum = 7 + 2
sum ==> 9

jshell> int minus = 9 - 7
minus ==> 2

jshell> int multiply = 7 * 2
multiply ==> 14

jshell> int divide = 42 / 6
divide ==> 7

jshell> int divide2 = 10 / 7
divide2 ==> 1

jshell> int allFour = 1 + 6 * 7 - 7 / 6
allFour ==> 42
```

Das Ergebnis der letzten beiden Berechnungen könnte überraschen. Überlegen wir kurz, um es zu verstehen: In Java gelten genau wie in der Mathematik die Vorrangregeln, also Punkt- vor Strichrechnung, und es kommt zu folgender Auswertung $1 + (6 * 7) - (7/6)$, die zudem noch zeigt, dass bei Ganzzahlen die Division keinen Rest liefert:

```
jshell> allFour = 1 + 42 - 1
allFour ==> 42
```

Standardmäßig werden Multiplikation und Division vor Addition oder Subtraktion ausgeführt. Die Reihenfolge kann man durch passende Klammerung steuern:

```
jshell> int allFour = ((1 + 6) * 7 - 7) / 6
allFour ==> 7
```

Modulo-Operator

Schauen wir uns für einige Zahlen die Modulo-Berechnung an, die den Divisionsrest ermittelt:

```
jshell> 5 % 1
$1 ==> 0

jshell> 5 % 2
$2 ==> 1

jshell> 5 % 3
$3 ==> 2

jshell> 5 % 4
$4 ==> 1

jshell> 5 % 5
$5 ==> 0
```

Anstelle der hier gewählten Kurzform können wir natürlich auch erst Zahlen einer Variablen zuweisen und danach dann die Operation ausführen:

```
jshell> int five = 5
five ==> 5

jshell> int nine = 9
nine ==> 9

jshell> int remainder = nine % five
remainder ==> 4
```

Übrigens ...

Der Modulo-Operator arbeitet auch auf Gleitkommazahlen:

```
jshell> 5.5 % 2.5
$36 ==> 0.5
```

Zunächst mag man sich wundern, wozu das nützlich sein könnte. Wenn wir jedoch beispielsweise ermitteln möchten, wie häufig eine Viertelstunde, also 15 Minuten, ohne Rest in eine Fahrtzeit von 6,5 Stunden passt und mit welchem Rest, dann kann eine Kombination aus Division und Modulo-Operator gute Dienste leisten. Im Beispiel mit einer Dreiviertelstunde sieht man, dass es einen Verschnitt von 30 Minuten gibt:

```
jshell> 6.5 / 0.25
$10 ==> 26.0

jshell> 6.5 % 0.25
$11 ==> 0.0

jshell> 6.5 % 0.75
$12 ==> 0.5
```

Spezialfälle für das Inkrement bzw. Dekrement

Es gibt zwei Spezialfälle für das Inkrement bzw. Dekrement, die jeweils als Prä- und Postvariante existieren. Um den Wert einer Variablen `i` um 1 zu erhöhen, schreiben wir also `++i` oder `i++` anstatt `i + 1`:

```
jshell> int i = 0
i ==> 0

jshell> int j = ++i
j ==> 1

jshell> int k = i++
k ==> 1

jshell> int k = (i++)
k ==> 2
```

Aber Achtung, dabei gibt es eine Besonderheit. Wieso erhalten wir dort für `k` trotz der Erhöhung erneut den Wert 1 als Ergebnis? Das liegt daran, dass `i++` zunächst den Originalwert von `i` zurückgibt und danach die Erhöhung erfolgt. Das war der Grund, warum wir im letzten Aufruf zur Korrektur eine Klammerung genutzt haben.

Neben den gerade gezeigten Varianten `++i` oder `i++` gibt es auch noch das Gegenstück mit `--i` oder `i--` anstatt `i - 1`.

Spezialfall: Division durch 0

Bei der Division existiert der Spezialfall der Teilung durch 0. Das ist in der Mathematik nicht erlaubt bzw. liefert den Wert ∞ (unendlich). Mit diesem Wert kann man aber nicht mehr weiter rechnen. Auch Java verbietet eine derartige Division und reagiert für Ganzzahlen darauf mit dem Auslösen einer `ArithmeticException`:

```
jshell> 7 / 0
|  Ausnahme java.lang.ArithmeticException: / by zero
|        at (#2:1)

jshell> 0 / 0
|  Ausnahme java.lang.ArithmeticException: / by zero
|        at (#3:1)
```

Auf Fehlerbehandlungen und Exceptions im Speziellen gehe ich später in Kapitel 10 ein. Hier reicht zunächst das Wissen, dass nach einer solchen Fehlersituation die Ausführung eines Java-Programms gestoppt wird, sofern der Fehler nicht geeignet behandelt wird. In der JShell hingegen können Sie nach einem solchen Fehler problemlos weiterarbeiten und Kommandos eintippen, wie oben nach der Berechnung 7/0 dann mit 0/0 geschehen.

Besonderheit bei Gleitkommazahlen

Interessanterweise gibt es für Gleitkommazahlen spezielle Konstanten, wenn man durch 0 teilt – im Normalfall erhält man dann den Wert `Infinity` für nahezu jede mathematisch verbotene Division durch 0. Im Speziellen steht das `NaN` für Not a Number, wenn man 0 durch 0 teilt.

```
jshell> 7.0 / 0.0
$15 ==> Infinity

jshell> 0.0 / 0.0
$16 ==> NaN
```

2.3.2 Zuweisungsoperatoren

Bei den Zuweisungsoperatoren denkt man vermutlich zunächst an den Operator =, den wir nun schon einige Male genutzt haben und der sich ziemlich natürlich erschließt: Er weist einer Variablen, hier `clicksPerMinute`, den rechts hinter dem = stehenden Wert, in diesem Fall `1234567`, zu:

```
int clicksPerMinute = 1234567
```

Nehmen wir die Variable `x` und die Wertzuweisung von 100 als Beispiel:

```
jshell> int x = 100
x ==> 100
```

Um einen Wert, etwa 10, hinzuzufügen, können wir Folgendes schreiben:

```
jshell> x = x + 10
x ==> 110
```

Manchmal möchte man die Addition eines Werts kompakter notieren. Dazu existiert als Kurzform der Additionszuweisungsoperator +=:

```
jshell> x += 10
$118 ==> 120

jshell> x
x ==> 120
```

Neben += gibt es die praxisrelevanten Varianten -=, *=, /= und %=, die vorab in der folgenden Tabelle aufgeführt sind und danach demonstriert werden.

Tab. 2–2: Zuweisungsoperatoren

Operator	Name	Beschreibung
+=	Addition	Addiert zwei Werte: `x += y` ⇒ `x = x + y`
-=	Subtraktion	Subtrahiert zwei Werte: `x -= y` ⇒ `x = x - y`
*=	Multiplikation	Multipliziert zwei Werte: `x *= y` ⇒ `x = x * y`
/=	Division	Dividiert zwei Werte: `x /= y` ⇒ `x = x / y`
%=	Modulo	Berechnet den Rest der Division zweier Werte: `x %= y` ⇒ `x = x % y`

Schauen wir uns wieder eine Abfolge von Aktionen zur Verdeutlichung an – die JShell erzeugt dabei neben der Zuweisung an `counter` zusätzlich noch temporäre Variablen:

```
jshell> int counter = 0
counter ==> 0

jshell> counter += 100
$97 ==> 100

jshell> counter -= 10
$98 ==> 90

jshell> counter /= 9
$99 ==> 10

jshell> counter *= 7
$100 ==> 70

jshell> counter %= 9
$101 ==> 7

jshell> counter
counter ==> 7
```

Weitere, weniger gebräuchliche Operatoren

Es gibt über die vorgestellten Operatoren hinaus noch die Kurzformen &=, |=,^=, >>= und <<=, die aber eher selten in der Praxis benötigt werden und daher hier nicht weiter besprochen werden.

2.3.3 Vergleichsoperatoren

Aus der Mathematik kennen wir diverse Operatoren, um Werte miteinander zu vergleichen. Man möchte etwa als wahr oder falsch abbilden können, ob zwei Werte gleich oder größer gleich sind. Analog funktioniert das auch in Java. Hier liefern derartige Aussagen einen Wahrheitswert, also den Wert `true` oder `false` vom Typ `boolean`.

Tab. 2–3: Vergleichsoperatoren

Operator	Name	Beschreibung
==	gleich	`x == y`
!=	ungleich	`x != y`
>	größer	`x > y`
>=	größer gleich	`x >= y`
<	kleiner	`x < y`
<=	kleiner gleich	`x <= y`

Schauen wir uns einige Aktionen zur Verdeutlichung an:

```
jshell> 7 == 8
$123 ==> false

jshell> 7 != 8
$124 ==> true

jshell> 7 < 8
$125 ==> true

jshell> 7 <= 8
$126 ==> true

jshell> 7 > 8
$127 ==> false

jshell> 7 >= 8
$128 ==> false
```

Die JShell erzeugt dabei temporäre Variablen vom Typ `boolean`. Wir können das aber selbstverständlich auch explizit machen und basierend auf den Ergebnissen gewisse Aktionen ausführen. Dazu werden wir in Kürze Fallunterscheidungen und bedingte Ausführungen kennenlernen und einsetzen.

```
jshell> int age = 18
age ==> 18

jshell> boolean youngerThan30 = age < 30
youngerThan30 ==> true
```

2.3.4 Logische Operatoren

Um einfache Bedingungen zu prüfen, haben wir gerade schon die Vergleichsoperatoren kennengelernt. Oftmals muss aber nicht nur eine, sondern es müssen mehrere Bedingungen erfüllt sein, oder eine aus mehreren. Mitunter muss die Bedingung invertiert werden: Aus größer gleich 18 (`>= 18`) wird dann kleiner 18 (`< 18`). Mithilfe der logischen Operatoren kann man diese Aktionen in Java formulieren. Die Operatoren `&&` (AND) und `||` (OR) operieren auf zwei booleschen Werten (`boolean`), der Operator `!` (NOT) auf einem.

Tab. 2–4: Logische Operatoren

Operator	Name	Beschreibung
`&&`	AND	`true`, wenn beide Bedingungen erfüllt sind
`||`	OR	`true`, wenn mindestens eine der Bedingungen erfüllt ist
`!`	NOT	`true`, wenn die Bedingung nicht erfüllt ist

Schauen wir uns wieder eine Abfolge von Aktionen zur Verdeutlichung an. Zunächst definieren wir zwei `int`-Variablen, eine für Altersangaben und eine für einen Punktestand, und kombinieren dann einige Abfragen – dabei sehen wir, dass bei `&&` beide Bedingungen erfüllt sein (den Wert `true` besitzen) müssen, damit `true` geliefert wird, und bei `||` zumindest eine der beiden:

```
jshell> int age = 27
age ==> 27

jshell> int points = 127
points ==> 127

jshell> age > 20 && points > 100
$134 ==> true
```

```
jshell> age > 20 && points > 200
$135 ==> false

jshell> age > 30 || points > 100
$136 ==> true

jshell> age > 20 || points > 200
$137 ==> true

jshell> age > 30 || points > 200
$138 ==> false

jshell> !(points > 500)
$139 ==> true
```

Auf ein Detail möchte ich noch eingehen, nämlich die Klammerung bei der Negation. Diese ist erforderlich, weil man ja die Prüfung, also einen booleschen Ausdruck, negieren möchte. Würde man das `!` direkt an die Variable schreiben, also `!points`, so wäre das syntaktisch nicht erlaubt, da der Operator `!` für `int`-Werte nicht definiert ist. Dadurch erhielten wir folgende Fehlermeldung, die das zuvor Gesagte bestätigt:

```
jshell> !points > 500
|  Error:
|  bad operand type int for unary operator '!'
|  !points > 500
|  ^-----^
```

Mehrere Verknüpfungen

Es lassen sich nicht nur einzelne Werte miteinander verknüpfen, sondern auch ganze Ausdrücke, z. B. zur Prüfung der Möglichkeit, ein weiteres Bier in einer Bar zu bestellen. Dies soll gegeben sein, wenn das Alter auf jeden Fall >= 18 ist und man noch genug Bares hat oder der Sitznachbar die Runde übernimmt:

```
boolean oneMoreBeer = (age >= 18) &&
                      (credit > 0 || paidByNeighbour);
```

2.4 Fallunterscheidungen

Unsere bisherigen kleinen Java-Experimente liefen alle von oben nach unten ab. In der Praxis muss man aber immer mal wieder gewisse Bedingungen prüfen, etwa ob eine Person älter als 18 Jahre ist oder ob die Bestellmenge größer als 100 ist und ein Rabatt gewährt wird. Zur Formulierung von Bedingungen haben wir gerade verschiedene Operatoren kennengelernt. Um abhängig von deren Auswertung einige Programmzeilen bedingt auszuführen, dient die `if`-Anweisung. Abhängig vom positiven Ausgang der Auswertung werden die nachfolgenden Anweisungen ausgeführt. Um diese bedingt auszuführenden Anweisungen von den restlichen Anweisungen abzugrenzen, bedient man sich sogenannter Blöcke, die wir nun vorab kurz kennenlernen, bevor wir dann mit Fallunterscheidungen konkret weitermachen.

Wissenswertes zu Blöcken

Blöcke enthalten eine Folge von Anweisungen, die mit geschweiften Klammern eingerahmt sind und somit den Beginn und das Ende eines Blocks festlegen:

```
jshell> {   // Start of Block
   ...>     int insideOfABlock = 17
   ...>     int second = 2 * 2
   ...>     System.out.println("Inside of a block");
   ...> }   // End of Block
|  Error:
|  ';' expected
|      int insideOfABlock = 17
|                             ^
|  Error:
|  ';' expected
|      int second = 2
```

Als Besonderheit erkennen wir, dass die Anweisungen innerhalb eines Blocks selbst in der JShell zwingend mit einem Semikolon abgeschlossen werden müssen. Dies gilt grundsätzlich für die später beschriebenen Java-Programme.

Korrigieren wir die zwei fehlenden Semikolons nach den Variablendefinitionen, so wird der Block als Ganzes ausgeführt:

```
jshell> {   // Start of Block
   ...>     int insideOfABlock = 17;
   ...>     int second = 2 * 2;
   ...>     System.out.println("Inside of a block");
   ...> }   // End of Block
Inside of a block
```

Was haben wir gelernt? In einem Block können wir Variablen definieren sowie Berechnungen und Befehle ausführen. Interessant wird dies in Kombination mit einer bedingten Ausführung mit dem Schlüsselwort `if`, was wir nun kennenlernen.

Zuvor sei noch erwähnt, dass die Variablen außerhalb bzw. nach dem Block nicht mehr sichtbar sind.

Bedingte Ausführung mit `if`

Wir haben nun genug Vorwissen gesammelt, um eine bedingte Ausführung mehrerer Java-Anweisungen (genauer in Form eines Blocks) formulieren zu können. Dazu verwenden wir das Schlüsselwort `if`, eine Bedingung und einen Block mit den Anweisungen nach folgendem Muster:

```
jshell> if (condition)
   ...> {
   ...>     // Anweisungen
   ...> }
```

Nur wenn die Bedingung zu `true` ausgewertet wird, werden die Anweisungen innerhalb des Blocks abgearbeitet. Betrachten wir ein einfaches Beispiel, das prüft, ob die Multiplikation von $6*7$ den Wert 42 ergibt, und in dem Fall eine Nachricht ausgibt:

```
jshell> if (6 * 7 == 42)
   ...> {
   ...>     System.out.println("We found the answer!");
   ...> }
We found the answer!
```

Machen wir es etwas praxisrelevanter und prüfen eine Altersangabe:

```
jshell> int age = 27
age ==> 27

jshell> if (age >= 18)
   ...> {
   ...>     System.out.println("You are allowed to drive a car!");
   ...>     System.out.println("... because you are 18 or older");
   ...> }
You are allowed to drive a car!
... because you are 18 or older
```

Anhand der Ausgaben auf der Konsole erkennen wir, dass der Block ausgeführt wurde. Das ist der Fall, weil die Variable `age` den Wert 27 besitzt und damit der Vergleich `if (age >= 18)` zu `true` ausgewertet wird.

Besonderheit einzelne Anweisung Manchmal soll lediglich eine einzelne Anweisung ausgeführt werden, dann kann man auf die Klammerung verzichten. Nachfolgend zeige ich das für eine Prüfung auf das Alter und lediglich eine Ausgabe:

```
jshell> if (age >= 18)
   ...>     System.out.println("You are allowed to drive a car")
You are allowed to drive a car
```

`if` und `else` in Kombination

Oftmals möchte man nicht nur eine Bedingung mit `if` prüfen, sondern auch auf deren Nichterfüllung reagieren können, etwa um auf die Situation hinweisen zu können, beispielsweise mit dem Text »`You are too young to drive`«. Zur Verdeutlichung modifizieren wir die Prüfung und nutzen eine Wertzuweisung statt einer Konsolenausgabe:

```
jshell> String result = ""
result ==> ""

jshell> if (age >= 18)
   ...> {
   ...>     result = "allowed";
   ...> } else
   ...> {
   ...>     result = "NOT ALLOWED";
   ...> }
```

Besonderheit JShell

Bitte beachten Sie, dass man das else in der JShell direkt nach der schließenden Klammer schreiben muss, damit die Zeilen darüber nicht direkt ausgewertet werden. In einem Java-Programm innerhalb einer IDE ist das nicht nötig.

Kurzschreibweise: ?-Operator Wir sehen, dass diese Art der Abfrage etwas lang ist. Für derart einfache Fallunterscheidungen existiert eine Kurzschreibweise, die sich ***ternärer Operator*** oder ***?-Operator*** nennt (vgl. Abschnitt 7.3). Bei diesem wird zunächst die Bedingung angegeben. Dann folgen nach dem ? der Positiv- und der Negativfall durch : getrennt:

```
condition ? positiveCase : negativeCase
```

Das erlaubt es, eine Zuweisung oder Aktion etwas kürzer schreiben zu können:

```
jshell> String result = (age >= 18) ? "allowed" : "NOT ALLOWED"
result ==> "allowed"
```

`if`, `else if` und `else` in Kombination

Mitunter benötigt man ergänzend zu `if` weitere Prüfungen. Im folgenden Beispiel wollen wir abhängig von einer Uhrzeit einen entsprechenden Gruß aufbereiten, also etwa »Good morning«, wenn es noch nicht 12 Uhr ist, oder aber »Good evening« ab 18 Uhr, aber vor 22 Uhr. Das können wir wie folgt mit `if`, `else if` und `else` in Kombination umsetzen:

```
jshell> int hour = 15
hour ==> 15

jshell> if (hour < 12) {
   ...>     System.out.println("Good morning");
   ...> } else if (hour < 18) {
   ...>     System.out.println("Good afternoon");
   ...> } else if (hour < 22) {
   ...>     System.out.println("Good evening");
   ...> } else {
   ...>     System.out.println("Good night");
   ...> }
Good afternoon
```

Im Beispiel ist die Uhrzeit 15 nicht kleiner als 12, sodass die erste Bedingung `false` ist. Dagegen ist die zweite Bedingung `true`, sodass »`Good afternoon`« ausgegeben wird. Wäre die Uhrzeit nach 18 Uhr und vor 22 Uhr, erhielten wir »`Good evening`« und ansonsten resultiert die Auswertung in »`Good night`« als Ausgabe.

Rekapitulation

Insgesamt bietet Java die folgenden bedingten Anweisungen:

- Verwenden Sie `if`, um einen Block anzugeben, der ausgeführt werden soll, wenn die Auswertung einer bestimmten Bedingung den Wert `true` ergibt.
- Mit `else` geben Sie einen Block an, der ausgeführt werden soll, wenn die gleiche Bedingung zu `false` ausgewertet wird.

- Verwenden Sie `else if`, um eine weitere alternative Bedingung anzugeben, die getestet wird, wenn die Auswertung der vorherigen Bedingung (aus dem `if` oder `else if`) den Wert `false` ergibt.

2.5 Methoden

Wir haben schon einiges an Basiswissen zusammengetragen. Nehmen wir einmal an, wir wollten in unserem Programm immer wieder ähnliche Abfragen ausführen. Obwohl es problemlos möglich ist, wiederholt die gleichen Zeilen zu schreiben, wird dies doch unübersichtlich und schwierig zu ändern. Das gilt verstärkt, wenn die Funktionalität ein paar Vergleiche oder andere Anweisungen enthält:

```
if (age >= 18)
    System.out.println("Altersbeschränkung erfüllt");
else
    System.out.println("Altersbeschränkung nicht erfüllt");

// weitere Aktionen

if (age >= 18)
    System.out.println("Altersbeschränkung erfüllt");
else
    System.out.println("Altersbeschränkung nicht erfüllt");
```

Wir sehen die wiederholten Prüfungen mit `if` und die Aktionen. Angenehm und praktisch ist es, derartige Funktionalitäten unter einem Namen zu bündeln. Dazu existieren Methoden.

Methoden definieren

Eine Methode ist ein benanntes Stück Sourcecode, eine Folge von Anweisungen, die nur dann abgearbeitet werden, wenn die Methode aufgerufen wird. An diese können Sie Eingabedaten, sogenannte Parameter, übergeben. Methoden werden verwendet, um bestimmte Aktionen auszuführen und dies auf wiederverwendbare Art und Weise. Das Ganze besitzt folgende Syntax:

```
rückgabetyp methodenName(typ1 parameter1, typ2 parameter2, ...)
{
    Anweisungen
}
```

Sie definieren eine Methode also einmal und verwenden die dadurch bereitgestellten Aktionen viele Male überall dort im Java-Programm, wo dies benötigt wird.

Methoden aufrufen

Um eine Methode und damit die dort enthaltenen Anweisungen auszuführen, nutzen wir deren Namen, eine öffnende runde Klammer, optional eine kommaseparierte Liste von Parametern und zum Abschluss eine schließende runde Klammer. Für zwei Parameter sieht das wie folgt aus:

```
methodenName(parameterWert1, parameterWert2)
```

Klingt noch etwas abstrakt, im Anschluss machen wir das Ganze konkreter.

2.5.1 Methoden aus dem JDK nutzen

Praktischerweise existiert bereits viel nützliche Funktionalität in Java: Strings besitzen etwa die vordefinierte Methode `repeat()`, mit der sich n Wiederholungen erstellen lassen.

Schauen wir uns dies einmal für die Ausgabe einer 5-Sterne-Bewertung an. Dazu nutzen wir eine `int`-Variable mit dem Wert 5 sowie einen Text mit dem Wert "*", den wir entsprechend häufig wiederholen und dann ausgeben. Um die Methode namens `repeat` auszuführen, nutzen wir deren Namen, also `repeat`, dann eine öffnende runde Klammer, gefolgt von einem Parameter vom Typ `int` mit dem Wert 5 und zum Abschluss eine schließende runde Klammer. Zudem rufen wir die Längenermittlung auf, die keine Parameter besitzt:

```
jshell> int count = 5

jshell> var fiveStars = "*".repeat(count)
fiveStars ==> "*****"

jshell> fiveStars.length()
$9 ==> 5
```

Nochmals zur Erinnerung: Im Beispiel sehen wir mit

```
fiveStars.length()
```

die sogenannte Punktnotation, die Zugriff auf Methoden von Typen ermöglicht und hier die Methode `length()` ausführt, die in der Klasse `String` definiert ist. Was es im Detail mit Klassen auf sich hat, erfahren Sie in Kapitel 5.

2.5.2 Eigene Methoden definieren

Natürlich wird man nicht nur die Funktionalitäten aus dem JDK aufrufen, sondern auch eigene Methoden bereitstellen wollen.

Betrachten wir als Beispiel einen einfachen Taschenrechner. Schauen wir uns exemplarisch die Methoden zur Addition und Multiplikation an:

```
jshell> int add(int value1, int value2)
   ...> {
   ...>       return value1 + value2;
   ...> }
|  created method add(int,int)

jshell> int mult(int value1, int value2)
   ...> {
   ...>       return value1 * value2;
   ...> }
|  created method mult(int,int)
```

Genauso wäre es möglich, die in den vorher gezeigten Altersprüfungen genutzte Abfrage als verständliche Methode bereitzustellen:

```
boolean isAdult(int age)
{
    return age >= 18;
}
```

Basierend darauf können wir sogar die vier Zeilen der Altersprüfung aus der Einleitung

```
if (age >= 18)
    System.out.println("Altersbeschränkung erfüllt");
else
    System.out.println("Altersbeschränkung nicht erfüllt");
```

in folgende Methode `checkAge()` auslagern. Weil diese keine Rückgabe besitzt, notieren wir hier `void` – dazu gleich mehr.

```
void checkAge(int age)
{
    if (isAdult(age))
        System.out.println("Altersbeschränkung erfüllt");
    else
        System.out.println("Altersbeschränkung nicht erfüllt");
}
```

Damit lässt sich das Ausgangsbeispiel enorm vereinfachen:

```
checkAge(age);

// weitere Aktionen

checkAge(age);
```

Insgesamt erlauben es uns Methoden, wiederkehrende Anweisungen als Funktionalität zu bündeln und über den Namen anzusprechen, statt die Sourcecode-Zeilen im Programm wiederholen zu müssen. Um beim Aufruf Informationen übergeben zu können, werden Parameter verwendet.

Spezialfall: Keine Rückgabe

Aufgerufene Funktionalität dient oftmals dazu, eine Berechnung auszuführen, die ein Ergebnis zurückliefert, etwa für eine Addition. Dazu wird das Schlüsselwort `return` genutzt.

Manchmal, z. B. wie bei der Methode `System.out.println()`, erhalten wir keine Rückgabe, weil keine Berechnung, sondern nur eine Aktion erfolgt. Dann notiert man statt eines Rückgabetyps das Schlüsselwort `void`:

```
void greet(String name)
{
    System.out.println("Hello " + name);
}
```

Kombination mit Bedingungen

Im folgenden Beispiel wollen wir als wiederverwendbare Funktionalität die Berechnung des Minimums von drei `int`-Zahlen ermitteln, zu deren Repräsentation wir `x`, `y` und `z` als Parameternamen verwenden.[2]

```
jshell> int minOf3(int x, int y, int z)
   ...> {
   ...>     if (x < y)
   ...>     {
   ...>         if (x < z)
   ...>             return x;
   ...>         else
   ...>             return z;
   ...>     }
   ...>     else
   ...>     {
   ...>         if (y < z)
   ...>             return y;
   ...>         else
   ...>             return z;
   ...>     }
   ...> }
|  created method minOf3(int,int,int)
```

Mal ganz ehrlich: Sind Sie allein beim Betrachten sicher, dass sich dort kein Flüchtigkeitsfehler eingeschlichen hat? Zumin-

[2] Alternativ hätte man auch die etwas besser lesbaren Namen `value1`, `value2` und `value3` verwenden können. Da wir uns hier im mathematischen Kontext bewegen, scheinen mir die Einbuchstabenvariablen gleichfalls adäquat.

dest der Programmablauf (Kontrollfluss) ist ein wenig unübersichtlich. Einfacher geht das Ganze, wenn man vordefinierte Bausteine verwendet, was wir uns im Anschluss anschauen.

Probieren wir das für verschiedene Wertekombinationen aus:

```
jshell> minOf3(1, 2, 3)
$139 ==> 1

jshell> minOf3(11, 2, 3)
$140 ==> 2

jshell> minOf3(11, 22, 3)
$141 ==> 3
```

Methoden als wiederverwendbare Bausteine

Wir könnten beispielsweise mit folgender Implementierung der Methode `min()` zur Berechnung des Minimums für zwei Zahlen starten:

```
jshell> int min(int x, int y)
   ...> {
   ...>     if (x < y)
   ...>         return x;
   ...>     else
   ...>         return y;
   ...> }
|  created method min(int,int)
```

Tatsächlich könnte man das mit dem `?`-Operator noch kürzer schreiben:

```
jshell> int minShort(int x, int y)
   ...> {
   ...>     return x < y ? x : y;
   ...> }
|  created method minShort(int,int)
```

Wenn man diese Bausteine besitzt, kann man die ursprüngliche Methode `minOf3()` und das komplizierte `if`-Gebilde folgendermaßen vereinfachen:

```
jshell> int minOf3(int x, int y, int z)
   ...> {
   ...>     return min(x, min(y, z));
   ...> }
|  created method minOf3(int,int,int)
```

Überprüfen wir kurz, ob die gleichen Werte wie zuvor geliefert werden:

```
jshell> minOf3(1, 2, 3)
$13 ==> 1

jshell> minOf3(11, 2, 3)
$14 ==> 2

jshell> minOf3(11, 22, 3)
$15 ==> 3
```

Perfekt, funktional ist das gleichwertig, aber es war durch den Einsatz der Methoden viel weniger Aufwand und ist deutlich kürzer. Auch die Verständlichkeit ist um Längen besser, da wir nicht mehrfach verschachtelte `if`-Gebilde nachvollziehen müssen.

2.5.3 Nützliche Beispiele aus dem JDK

Wir haben bereits `System.out.println()` kennengelernt. Betrachten wir, was man beispielsweise für mathematische Funktionalitäten im JDK sonst noch so findet:

- `Math.max(x,y)` – Die Methode liefert das Maximum, also den größeren der beiden Werte `x` und `y`.
- `Math.min(x,y)` – Die Methode ermittelt das Minimum, also den kleineren der beiden Werte `x` und `y`.
- `Math.sqrt(x)` – Die Methode berechnet die Quadratwurzel von `x`.
- `Math.abs(x)` – Die Methode gibt den Absolutwert von `x` zurück: Falls `x` negativ ist, dann ist das der positive Wert.

- `Math.random()` – Die Methode gibt eine Zufallszahl zwischen 0,0 (inklusive) und 1,0 (exklusive) zurück: Um mehr Kontrolle über die Zufallszahl zu bekommen, z. B. wenn Sie nur eine Zufallszahl zwischen 0 (inklusive) und 100 (exklusive) benötigen, können Sie die folgende Formel verwenden:

```
double randomNum = Math.random() * 100
```

Vorteile durch den Einsatz der JDK-Methoden Mit den Methoden des JDKs können wir die Implementierung von `minOf3JdkBased()` wie folgt vereinfachen – wir müssen nicht erneut eine `min()`-Methode schreiben, sondern nutzen die des JDKs:

```
jshell> int minOf3JdkBased(int x, int y, int z)
   ...> {
   ...>     return Math.min(x, Math.min(y, z));
   ...> }
|  created method minOf3JdkBased(int,int,int)
```

Nochmals zur Erinnerung: Im Beispiel sehen wir die sogenannte Punktnotation, die Zugriff auf die Methoden, hier des Typs `Math`, ermöglicht. In Kapitel 5 gehe ich auf die objektorientierte Programmierung genauer ein.

Hier mag der Vorteil der Wiederverwendung möglicherweise noch nicht ganz so klar werden, da es sehr einfach war, eine `min()`-Methode zu implementieren. Je komplexer die Funktionalität jedoch wird, desto eher schleichen sich auch Fehler ein. Praktischerweise sind die Bausteine des JDKs jedoch gründlich getestet.

Basisbausteine

Es ist immer eine gute Idee, sich ein wenig im JDK umzuschauen, weil dort eine Vielzahl an nützlichen Funktionalitäten bereits vordefiniert ist. Das Thema »Applikationsbausteine« behandle ich vertieft in meinem Buch »Der Weg zum Java-Profi« [1].

Zufallswerte aus einem Bereich Zum Vertiefen unseres Wissens schauen wir uns als weiteres Beispiel die Berechnung von Zufallszahlen an. Vorher habe ich bereits eine Formel angegeben, wie man dies für einen Bereich mit vorgegebener Obergrenze machen kann. Das implementieren wir als Methode:

```
jshell> double randomRange(int maxExclusive)
   ...> {
   ...>     return Math.random() * maxExclusive;
   ...> }
|  created method randomRange(int)
```

Probieren wir diese Methode gleich einmal aus:

```
jshell> randomRange(10)
$17 ==> 0.40907519471921616

jshell> randomRange(10)
$18 ==> 7.8671137280744965

jshell> randomRange(10)
$19 ==> 2.241366091654805
```

Das war doch schon ein guter Erfolg. Vermutlich wäre es wünschenswert, wenn wir noch einen unteren Grenzwert angeben könnten. Das ermöglicht es, Zufallswerte aus einem Wertebereich, etwa von 1 bis 6 oder von 10 bis 50, zu erzeugen, ohne dafür die Berechnungen immer wieder im Sourcecode wiederholen zu müssen.

```
jshell> double randomRange(int base, int maxExclusive)
   ...> {
   ...>     int maxRange = maxExclusive - base;
   ...>     return base + Math.random() * maxRange;
   ...> }
|  created method randomRange(int,int)

jshell> randomRange(10, 50)
$31 ==> 14.183272071963291

jshell> randomRange(10, 50)
$32 ==> 36.9231027104077

jshell> randomRange(10, 50)
$33 ==> 26.603175748284563
```

Erneut erahnen wir die Vorteile von Methoden, um allgemeingültige oder zumindest für eigene Programme praktische Funktionalität zu definieren. Wenn man Methoden gründlich testet, dann erhöht sich die Stabilität und Qualität.

Zufallswerte mit Typumwandlung (Cast) Gelegentlich wären ganze Zahlen als Ergebnis besser passend, also Zahlen ohne Nachkommastellen, z. B. zur Simulation eines Würfels die Zahlen von 1 bis 6. Wir können hier mit einem Trick arbeiten: In Java gibt es das sogenannte ***Casting***, was wir später in Abschnitt 7.2.2 noch genauer betrachten. In aller Kürze: Mit der Angabe `(typ)` kann man versuchen, einen Wert in den in Klammern angegeben Typ umzuwandeln – auf potenzielle Fehler wird hingewiesen. Gleich dazu mehr.

Nachfolgend nutzen wir den Cast mit `(int)`, um eine Gleitkommazahl in eine Ganzzahl zu verwandeln, wodurch die Nachkommastellen wie gewünscht abgeschnitten werden. Somit wird aus `3.1415` der Wert `3`:

```
jshell> (int) 3.1415
$34 ==> 3
```

Casts ändern vor allem den Typ. Hierbei war das Abschneiden der Nachkommastellen ein gewünschter Nebeneffekt. Genauso lässt sich eine präzise Gleitkommazahl (`double`) in eine solche mit weniger Nachkommastellen (`float`) wandeln:

```
jshell> (float) 7.480744858507817
$35 ==> 7.480745
```

Beschränkung beim Casting Sofern die Typen zueinander passen, erlaubt Casting eine Typumwandlung. Allerdings lässt sich aus einem String mithilfe eines Casts keine Zahl erzeugen:

```
jshell> (int) "7271"
|  Fehler:
|  Inkompatible Typen: java.lang.String kann nicht in int
      konvertiert werden
|  (int) "7271"
|        ^----^
```

Beispiel Das erworbene Wissen nutzen wir nun, um den Rückgabetyp der zuvor erstellten Methode `randomRange()` auf Ganzzahlen anzupassen. Zudem wollen wir den Endwert nun auch in den Wertebereich aufnehmen, weil dies etwa zur Simulation eines Würfels oder von Lottozahlen hilfreich ist. Dazu ändern wir den Rückgabewert, fügen einen Cast geeignet ein und erstellen ansonsten eine nahezu identische Methode wie folgt:

```
jshell> int randomRangeInt(int base, int maxInclusive)
   ...> {
   ...>     int maxRange = maxInclusive + 1 - base;
   ...>     return base + (int)Math.random() * maxRange;
   ...> }
|  created method randomRangeInt(int,int)
```

Probieren wir die gerade erstellte Methode aus:

```
jshell> randomRangeInt(10, 50)
$37 ==> 10

jshell> randomRangeInt(10, 50)
$38 ==> 10

jshell> randomRangeInt(10, 50)
$39 ==> 10
```

Merkwürdig, wieso wird denn immer der Wert 10 geliefert? Eigentlich sieht die Berechnung doch gut aus. Bei näherem Hinschauen sieht man, dass eine Klammerung um die Multiplikation fehlt. So, wie es oben steht, `(int)Math.random()`, wird der Rückgabewert in einen `int` verwandelt. Da aber `Math.random()` nur Werte im Bereich von 0,0 bis 1,0 (exklusiv) liefert, erhalten wir mit `(int)Math.random()` dann immer den Wert 0. Fügen wir zur Korrektur also passend noch eine Klammerung ein:

```
jshell> int randomRangeInt(int base, int maxInclusive)
   ...> {
   ...>     int maxRange = maxInclusive + 1 - base;
   ...>     return base + (int)(Math.random() * maxRange);
   ...> }
|  modified method randomRangeInt(int,int)
```

Nun liefern auch wiederholte Aufrufe eine zufällige Folge von Ganzzahlen aus dem gewünschten Bereich – zum Schluss einmal für einen Würfel gezeigt:

```
jshell> randomRangeInt(10, 50)
$10 ==> 26

jshell> randomRangeInt(10, 50)
$11 ==> 33

jshell> randomRangeInt(10, 50)
$12 ==> 46

jshell> randomRangeInt(1, 6)
$13 ==> 5
```

2.5.4 Signatur einer Methode

Verbleibt noch ein Detail zur Theorie, nämlich die Signatur einer Methode. Diese umfasst die Bestandteile Name, Parameterliste (Anzahl, Reihenfolge und Typen der Parameter) und optional angegebene Exceptions – mehr dazu im Anschluss.

Betrachten wir folgende Methode `open()`:

```
boolean open(final String filename, final int retries) throws
        IOException
{
    // ...
```

In Java gehören weder die Implementierung noch der Rückgabewert noch die Namen der Parameter und die `final`-Schlüsselwörter zur Signatur, sondern nur Folgendes:

```
open (String, int) throws IOException
```

Var Args – variable Anzahl an Argumenten

Mitunter ist es hilfreich, eine beliebige Anzahl an Werten an eine Methode übergeben zu können. Dafür bietet Java die sogenannten Var Args als Kurzform für Variable Arguments. Dazu werden hinter dem Typ drei Punkte, etwa `int...`, notiert. Das bedeutet, dass man als Aufrufer beliebig viele Werte übergeben kann:

```
jshell> String varArgsSum(String info, int... values)
   ...> {
   ...>     int sum = 0;
   ...>     for (int value : values)
   ...>         sum += value;
   ...>
   ...>     return info + sum;
   ...> }
|  created method varArgsSum(String,int...)

jshell> varArgsSum("Summe ist: ", 1, 2, 3, 4, 5, 6, 7)
$15 ==> "Summe ist: 28"

jshell> varArgsSum("Summe ist: ", new int[] { 1, 2, 3, 4 } )
$16 ==> "Summe ist: 10"
```

Am Beispiel sieht man, dass neben den Var Args weitere Parameter möglich sind. Allerdings muss der Var Args-Parameter am Ende stehen. Zur Auswertung nutzen wir hier schon eine for-each-Schleife, die die jeweiligen Werte abläuft und in Abschnitt 2.9.2 vorgestellt wird. Bei der Wertübergabe kann man entweder eine kommaseparierte Auflistung oder ein passendes Array (vgl. Abschnitt 2.8 und Kapitel 4) übergeben.

2.6 Fehlerbehandlung und Exceptions

Während der Abarbeitung von Java-Programmen kann es zu Fehlersituationen kommen. Zu deren Beschreibung dienen sogenannte Exceptions. Sie werden intern ausgelöst, wenn beispielsweise eine Position in einem String nicht existiert, auf die man zugreifen möchte, oder wenn eine mathematische Berechnung ungültig ist:

```
jshell> "Ungültiger Index".charAt(42)
|  Exception java.lang.StringIndexOutOfBoundsException: String
       index out of range: 42
|        at StringLatin1.charAt (StringLatin1.java:48)
|        at String.charAt (String.java:1512)
|        at (#1:1)

jshell> 42 / 0
|  Exception java.lang.ArithmeticException: / by zero
|        at (#2:1)
```

Die beiden Aktionen führen (selbstverständlich) zu Problemen. Das resultiert in einer Protokollierung der Aufrufe bis zur fehlerhaften Programmstelle und produziert einen sogenannten Stacktrace. Dort sehen wir, dass es zu einer in Java vordefinierten `StringIndexOutOfBoundsException` kommt, im zweiten Fall der ungültigen Division durch 0 dann zu einer `ArithmeticException`

Fehlerbehandlung mit Exceptions ist ein fortgeschrittenes Thema, das später ausführlicher in Kapitel 10 beschrieben wird. Zum Einstieg reicht erst einmal das Wissen, dass nach einer solchen Fehlersituation ohne spezielle Behandlung die Abarbeitung eines Java-Programms gestoppt wird, in der JShell lassen sich aber weitere Kommandos auch nach Auftreten von Exceptions ausführen.

2.7 Kommentare

In den vorangegangenen Beispielen haben wir mitunter bereits Kommentare genutzt. Hier möchte ich ein paar Varianten davon zeigen:

```
jshell> int age = 11  // Kommentar: age = 42 wird nicht ausgeführt

jshell> String value = /* Zwischen-Kommentar */ "WERT"
value ==> "WERT"

jshell> /* Blockkommentar
   ...> * Zeile 2
   ...> * Zeile 3
   ...> */

jshell> /**
   ...>  * Javadoc-Kommentar-Stil
   ...>  */
```

Je größer und komplexer Programme werden, desto weniger sind diese wie die bisher präsentierten Beispiele ohne Erklärung verständlich. Zur Dokumentation und als Hilfestellung für andere Programmierer, die sich Ihre Klassen anschauen, kann man Kommentare in Java-Programmen hinterlegen. Diese werden nicht ausgeführt, sondern dienen nur als Erläuterung.

Dabei gibt es folgende Varianten:

- // – Einzeilige Kommentare beginnen mit zwei Schrägstrichen (//). Jeder Text zwischen // und dem Ende der Zeile wird nicht ausgeführt.
- /* ... */ – Mehrzeilige Kommentare beginnen mit /* und enden mit */. Jeglicher Text zwischen /* und */ wird von Java ignoriert (nicht ausgeführt). Im Speziellen kann diese Form auch innerhalb einer Zeile genutzt werden.
- /** .. */ – Diese Schreibweise definiert Javadoc-Kommentare zur Generierung einer ausführlichen Dokumentation – das wird im Folgenden nicht weiter betrachtet. Auf Javadoc gehe ich etwas genauer in meinem Buch »Der Weg zum Java-Profi« [1] ein.

2.8 Arrays als Built-in-Datentypen

Sollen mehrere Werte, etwa Namen, Städte, Zahlen usw., verwaltet werden, dann sind sogenannte Arrays eine mögliche Wahl.[3] Arrays sind als rudimentäre Datencontainer direkt in die Sprache Java integriert, also Built-in. Sie erlauben es, Datenbestände mit fixen Werten zu modellieren. Derartiges kennen wir aus dem realen Leben, etwa Einkaufslisten, To-do-Listen, Wunschlisten und die guten Vorsätze für das neue Jahr :-)

In Java können Arrays mehrere Werte speichern, die zudem eine Reihenfolge besitzen und auch Duplikate enthalten können. Arrays werden in eckigen Klammern in Form einer kommaseparierten Aufzählung von Werten wie folgt definiert:

```
typname[] variablenName = { Wert1, Wert2, ..., WertN };
```

Nutzen wir dieses Wissen für eine Angabe von einigen Namen, wobei das Semikolon in der JShell optional ist und hier weggelassen wird:

```
jshell> String[] names = { "Tim", "Michael", "Tom", "Michael" }
names ==> String[4] { "Tim", "Michael", "Tom", "Michael" }
```

Alternativ kann man ein Array mit Zahlen und folgender Abwandlung in der Typangabe erzeugen:

```
jshell> int[] primes = new int[] { 2, 3, 5, 7, 11, 13 }
primes ==> int[6] { 2, 3, 5, 7, 11, 13 }
```

Für Arrays erfolgt der lesende und schreibende Zugriff über die Angabe eines Index in eckigen Klammern – die vorderste Position besitzt den Wert 0. Zunächst lesen wir positionsbasiert:

```
jshell> primes[3]
$2 ==> 7

jshell> primes[5]
$3 ==> 13
```

---

[3] Allerdings eignen sich die in Kapitel 6 vorgestellten Listen sogar noch besser.

Nun wollen wir ein wenig in den Namensdaten ändern und führen positionsbasierte Zuweisungen aus:

```
jshell> names[1] = ">>Mike<<"
$5 ==> ">>Mike<<"

jshell> names[2] = ">>Tommy<<"
$6 ==> ">>Tommy<<"

jshell> names
names ==> String[4] { "Tim", ">>Mike<<", ">>Tommy<<", "Michael" }
```

Die Anzahl an Elementen ermittelt man durch Aufruf von `length` in Kombination mit dem Array-Namen, getrennt durch einen Punkt:

```
jshell> names.length
$8 ==> 4
```

Die Ausgabe von Arrays thematisiere ich in Kapitel 4. Für eine Variante zur Ausgabe und zum Durchlaufen mehrerer Werte lernen wir im Anschluss Schleifen kennen.

Als Letztes sei noch darauf hingewiesen, dass Arrays in ihrer Größe unveränderlich sind, sodass sich nachträglich keine Werte hinzufügen lassen. Diese Einschränkung kann in der Praxis recht störend sein. Denken Sie etwa an eine Einkaufsliste, die nur fünf Dinge erlauben würde und auf der dann kein Platz mehr für Milch wäre. Für derartige Fälle bieten sich Listen (vgl. Abschnitt 6.1.1) an, die flexibel wachsen und auch schrumpfen können und darüber hinaus noch eine Vielzahl an Vorteilen mit sich bringen. Später mehr dazu.

2.9 Schleifen

Mitunter sollen gleiche oder ähnliche Anweisungen oder gar ein bestimmter Teil des Sourcecodes mehrmals ausgeführt werden. Dabei können Schleifen nützlich sein.

Schauen wir vorab auf die Motivation dahinter und nehmen an, dass wir alle ungeraden Zahlen im Bereich von 1 bis 11 ausgeben sollen. Eine mögliche Lösung besteht darin, die Zahlen jeweils mit `System.out.println()` einzeln auszugeben:

```
System.out.println(1);
System.out.println(3);
System.out.println(5);
System.out.println(7);
System.out.println(9);
System.out.println(11);
```

Ganz offensichtlich ist das bereits recht lang und wenig elegant. Schlimmer noch: Wenn wir den Wertebereich vergrößern oder andere Startwerte nutzen wollten, dann hätten wir viel anzupassen.

2.9.1 Die `for`-Schleife

Wenn Sie eine Folge von Anweisungen, also einen Block, eine gewisse Anzahl mal ausführen wollen, so ist die `for`-Schleife mit folgender Syntax oftmals eine gute Wahl:

```
for (AnweisungOderVariablenDeklaration; BoolescherAusdruck;
        Ausdruck)
{
    // auszuführender Block, Schleifenkörper oder -rumpf genannt
}
```

- `AnweisungOderVariablenDeklaration` wird (einmalig) vor der Abarbeitung des Blocks ausgeführt.
- `BoolescherAusdruck` definiert die Bedingung für die Ausführung des Blocks.
- `Ausdruck` wird (jedes Mal) ausgeführt, nachdem der Block ausgeführt wurde.

Einfacher und verständlicher kann man es wie folgt schreiben:

```
for (init; check; change)
{
    // auszuführender Block, Schleifenkörper oder -rumpf genannt
}
```

Probieren wir es wieder in der JShell aus:

```
jshell> for (int i = 0; i < 3; i++)
   ...> {
   ...>     System.out.println("Durchlauf: " + i);
   ...> }
Durchlauf: 0
Durchlauf: 1
Durchlauf: 2
```

Was passiert dabei im Detail?

Zunächst wird einmal »`init`« vor dem Beginn der Schleife ausgeführt und in diesem Fall dort die Variable `i` mit dem Wert 0 (`int i = 0`) definiert. Mithilfe von »`check`« (`i < 3`) wird durch eine Bedingung festgelegt, wie häufig die Schleife ausgeführt werden soll (hier: `i` muss kleiner als 3 sein). Sofern die Bedingung gilt, beginnt die Schleife von vorne, ansonsten wird die Schleife beendet. In »`change`« sollte man eine Modifikation des Schleifenzählers vornehmen, damit die Schleife beendet wird. Hier wird der Wert der Variablen `i` durch die Anweisung `i++` jedes Mal um eins erhöht, nachdem der Block in der Schleife, auch ***Schleifenkörper*** oder ***Schleifenrumpf*** genannt, durchlaufen wurde.

Umsetzung für unser Beispiel Mit dem bislang gesammelten Wissen zu Schleifen, aber auch zu Methoden und dem Modulo-Operator, können wir die Aufgabenstellung aus der Einleitung viel kürzer und prägnanter wie folgt lösen:

```
jshell> for (int i = 1; i <= 11; i++)
   ...>     if (i % 2 != 0)
   ...>         System.out.println(i)
1
3
5
7
9
11
```

Variieren der Schrittweite

Für gewisse Anwendungsfälle soll der Schleifenzähler nicht um den Wert 1 erhöht werden, sondern man benötigt mehr Flexibilität, etwa um in 5er-, 10er- oder 100er-Schritten hochzuzählen. Nachfolgend wird die Grenze auf 10 erhöht und eine Schrittweite 3 verwendet – genauso ist es denkbar und einfach möglich, mit `i += 2` oder `i += 10` in 2er- oder 10er-Schritten voranzuschreiten:

```
jshell> for (int i = 0; i < 10; i += 3)
   ...> {
   ...>     System.out.println("Durchlauf: " + i);
   ...> }
Durchlauf: 0
Durchlauf: 3
Durchlauf: 6
Durchlauf: 9
```

Umsetzung für unser Beispiel Mithilfe einer fixen Schrittweite von 2 können wir uns die Modulo-Prüfung sparen, da wir ausgehend vom Wert 1 bis 11 mit dieser Schrittweite laufen, wodurch die Umsetzung noch kürzer und eleganter wird:

```
jshell> for (int i = 1; i <= 11; i += 2)
   ...>     System.out.println(i)
1
3
5
7
9
11
```

Negative Schrittweite

Mitunter benötigt man auch das Herunterzählen, etwa von 10 auf 0 oder von 3 auf 1. Letzteres implementieren wir durch Umkehren der Bereichsangaben, also die größere Zahl zuerst, und negativer Schrittweite in Form der Kurzschreibweise des Herunterzählens folgendermaßen:

```
jshell> for (int i = 3; i > 0; i--)
   ...>     System.out.println(i)
3
2
1
```

Praxisbeispiel

Nehmen wir an, wir wollten die Zahlen von 0 bis 9 hintereinander und getrennt durch jeweils ein Minuszeichen ausgeben, wobei nach der letzten Ziffer kein Minuszeichen mehr ausgegeben werden soll:

```
0-1-2-3-4-5-6-7-8-9
```

Wir haben folgendes Problem: Bislang kennen wir lediglich die Methode `System.out.println()`, die nach einer Werteausgabe immer einen Zeilenumbruch einfügt. Soll dies nicht geschehen, so bietet Java die Methode `System.out.print()` an, die Werte jeweils direkt hintereinander ausgibt. Oftmals ruft man dann zum Abschluss noch `System.out.println()` auf, um lediglich einen Zeilenumbruch zu forcieren.

Kommen wir zur eigentlichen Aufgabe zurück. Wir nutzen eine `for`-Schleife in Kombination mit `System.out.print(i)`. Abhängig vom aktuellen Wert der Schleifenvariablen fügen wir dann mithilfe einer Fallunterscheidung in Form von `if` und `else` noch das Minuszeichen an oder eben zum Schluss den Zeilenumbruch:

```
jshell> for (int i = 0; i < 10; i++)
   ...> {
   ...>     System.out.print(i);
   ...>     if (i < 9)
   ...>         System.out.print("-");
   ...>     else
   ...>         System.out.println();
   ...> }
0-1-2-3-4-5-6-7-8-9
```

Verschachtelte Schleifen

Wir wollen nun verschachtele Schleifen kennenlernen. Dafür greifen wir mit dem kleinen Einmaleins auf ein Beispiel zurück, das Sie sicher noch aus der Schule kennen.

Hierbei sind sämtliche Multiplikationen der Zahlen von 1 bis 10 abzubilden. Als Hilfestellung kann man sich eine Tabelle mit Java generieren lassen. Dazu müssen zwei Schleifen ineinander geschachtelt werden. Zudem verwenden wir ein Tabulatorzeichen (`\t`), damit die Werte schön ausgerichtet sind:

```
jshell> for (int i = 1; i <= 10; i++)
   ...> {
   ...>     for (int j = 1; j <= 10; j++)
   ...>     {
   ...>         int result = i * j;
   ...>         System.out.print(result + "\t");
   ...>     }
   ...>     System.out.println();
   ...> }
1   2   3   4   5   6   7   8   9   10
2   4   6   8   10  12  14  16  18  20
3   6   9   12  15  18  21  24  27  30
4   8   12  16  20  24  28  32  36  40
5   10  15  20  25  30  35  40  45  50
6   12  18  24  30  36  42  48  54  60
7   14  21  28  35  42  49  56  63  70
8   16  24  32  40  48  56  64  72  80
9   18  27  36  45  54  63  72  81  90
10  20  30  40  50  60  70  80  90  100
```

Nun wollen wir es grafisch ein wenig schöner aufbereiten und nutzen dazu das bisher gesammelte Wissen sowie den Trick einer formatierten Ausgabe mit `printf()`, die dann später in Abschnitt 3.1.3 erklärt wird. Zudem sehen wir das Wiederholen von Zeichen mit `repeat()`. Das wird in Abschnitt 3.1.1 behandelt.

```
jshell> System.out.print("Wert | ");
   ...> for (int x = 1; x <= 10; x++)
   ...> {
   ...>     System.out.printf("%,4d ", x);
   ...> }
   ...> System.out.println();
   ...> System.out.println("-".repeat(56));
   ...>
   ...> for (int i = 1; i <= 10; i++)
   ...> {
   ...>     System.out.printf("%,4d | ", i);
   ...>
   ...>     for (int j = 1; j <= 10; j++)
   ...>     {
   ...>         int result = i * j;
   ...>         System.out.printf("%,4d ", result);
   ...>     }
   ...>     System.out.println();
   ...> }
   ...>
   ...>
```

Wir erhalten folgende Darstellung:

```
Wert |    1    2    3    4    5    6    7    8    9   10
--------------------------------------------------------
   1 |    1    2    3    4    5    6    7    8    9   10
   2 |    2    4    6    8   10   12   14   16   18   20
   3 |    3    6    9   12   15   18   21   24   27   30
   4 |    4    8   12   16   20   24   28   32   36   40
   5 |    5   10   15   20   25   30   35   40   45   50
   6 |    6   12   18   24   30   36   42   48   54   60
   7 |    7   14   21   28   35   42   49   56   63   70
   8 |    8   16   24   32   40   48   56   64   72   80
   9 |    9   18   27   36   45   54   63   72   81   90
  10 |   10   20   30   40   50   60   70   80   90  100
```

2.9.2 Die for-each-Schleife

Das Hantieren mit Indexwerten birgt Fehler. Möchte man nur eine vordefinierte Wertemenge durchlaufen (man spricht auch von iterieren), so kann man alternativ zur `for`-Schleife auch die for-each-Schleife nutzen, bei der auf die Definition einer Indexvariablen zugunsten einer Variablen und einer Angabe der zu durchlaufenden Werte verzichtet wird:

```
for (typ variablenName : values)
{
    // auszuführender Block
}
```

Praktischerweise kann man dort für `values` sowohl Arrays und Listen, die Sie später in den Kapiteln 4 und 6 noch genauer kennenlernen werden (als auch selbst definierte Klassen mit dem speziellen Typ `Iterable` als Basis), verwenden.

Nachfolgend definieren wir mit `String[]` ein Array als eine Sammlung von Daten, hier eine Auflistung von Namen:

```
jshell> String[] names = { "Barbara", "Lilija", "Maria", "Sophie" }
names ==> String[4] { "Barbara", "Lilija", "Maria", "Sophie" }
```

Sehen wir uns das Durchlaufen mit der for-each-Schleife an:

```
jshell> for (String currentName : names)
   ...> {
   ...>     System.out.println(currentName);
   ...> }
Barbara
Lilija
Maria
Sophie
```

Was passiert dabei im Detail?

Für jeden Wert in `names` wird dieser zunächst der Variablen `currentName` zugewiesen. Im Anschluss werden dann die Aktionen des Schleifenrumpfs, hier die Konsolenausgabe mit

`System.out.println()`, ausgeführt. Das wiederholt sich, bis alle Werte aus `names` verarbeitet wurden.

Anmerkung

Der Vergleich von `for`-Schleife und der for-each-Schleife zeigt, dass die for-each-Variante einfacher zu formulieren ist, keinen Zähler benötigt und dadurch lesbarer ist. Allerdings hat man dann auch keinen Zugriff mehr auf den Index.

2.9.3 Die `while`-Schleife

Die `while`-Schleife durchläuft einen Block so lange, wie eine angegebene Bedingung erfüllt ist. Im Gegensatz zur `for`-Schleife müssen die Initialisierungsarbeiten explizit vorab erfolgen. Gleiches gilt innerhalb des Blocks der Schleife (dem Schleifenkörper) auch für das Hochzählen bzw. Modifizieren der Schleifenvariablen, um die Bedingung später einmal zu `false` auszuwerten und dadurch die Schleife tatsächlich (irgendwann) zu beenden.

```
while (Bedingung)
{
    // auszuführender Block
}
```

Schauen wir uns dies konkret an einem Beispiel an:

```
jshell> int i = 0
i ==> 0

jshell> while (i < 5)
   ...> {
   ...>     System.out.println(i);
   ...>     i++;
   ...> }
0
1
2
3
4
```

Nochmals als Hinweis: Vergessen Sie nicht, die in der Bedingung verwendete Variable zu verändern, also je nach Bedingung zu erhöhen oder zu verringern, sonst wird die Schleife nie beendet!

Was passiert dabei im Detail?

Als Erstes definieren wir eine Schleifenvariable namens `i` mit dem Wert 0. Danach wird in `while` die Einhaltung der Bedingung (hier `i < 5`) geprüft. Solange dies gegeben ist, werden die Anweisungen des sogenannten Schleifenrumpfes ausgeführt. Darin erfolgt eine Konsolenausgabe und danach wird der Wert von `i` um 1 erhöht.

Analogie zur `for`-Schleife

Tatsächlich sind die `while`- und die `for`-Schleife gleich mächtig. Man kann eine `for`-Schleife der folgenden Art

```
for (init; check; change)
{
    body;
}
```

durch eine `while`-Schleife abbilden:

```
init;
while (check)
{
   body;
   change;
}
```

Fallstricke

Vergessen Sie nicht, die in der Bedingung verwendete Variable zu verändern, sonst wird die Schleife nie beendet! Vermeiden Sie dabei, die Erhöhung oder Verringerung mit den anderen Aktionen zu vermischen, wie etwa folgendermaßen: `System.out.println(i++);`

Wieso? Weil man dadurch das Hochzählen deutlich schlechter erkennt und es bei komplexerem Code leicht zu Fehlern kommt, indem jemand am Schleifenende nochmals ein `i++` einfügt, weil er das in den Anweisungen versteckte Hochzählen übersieht.

2.9.4 Die do-while-Schleife

Die `do-while`-Schleife ist eine Variante der `while`-Schleife. Als Abwandlung wird hierbei der Block auf jeden Fall zunächst einmal ausgeführt. Im Anschluss wird die Bedingung geprüft und falls deren Auswertung `true` ergibt, wird die Ausführung des Schleifenkörpers, also der Anweisungen zwischen `do` und `while`, wiederholt. Dies geschieht so lange, wie die Bedingung den Wert `true` ergibt bzw. bis ein Abbruch erfolgt, wenn die Bedingung zu `false` ausgewertet wird. Es gilt folgende Syntax:

```
do
{
    // auszuführender Block
}
// Achten Sie darauf, dass am Ende von while ein Semikolon steht!
while (Bedingung);
```

Das folgende Beispiel verwendet eine `do-while`-Schleife. Bitte beachten Sie ausdrücklich, dass die Schleife immer mindestens einmal ausgeführt wird, auch wenn die Bedingung zu `false` ausgewertet wird. Das ist der Fall, weil der Block des Schleifenkörpers mindestens einmal durchlaufen wird, bevor die Bedingung getestet wird:

```
jshell> int i = 0;
i ==> 0

jshell> do
   ...> {
   ...>     System.out.println("i: " + i);
   ...>     i++;
   ...> }
   ...> while (i < 5);
i: 0
i: 1
i: 2
i: 3
i: 4
```

2.10 Rekapitulation

Nachdem wir etliche Java-Beispiele ausgeführt haben, wollen wir nun das Verständnis für die einzelnen Anweisungen festigen:

- Bei der Beschreibung von Funktionalität kommen verschiedene sogenannte Schlüsselwörter zum Einsatz, etwa `for`, `int` und `void`. Diese feststehenden Begriffe und Wörter müssen speziell angeordnet werden, ähnlich wie Deutsch besitzt auch Java eine Grammatik.
- Neben Schlüsselwörtern gibt es unter anderem noch Definitionen und Anweisungen.
- Anweisungen werden innerhalb geschweifter Klammern notiert. Diese markieren den Beginn und das Ende eines sogenannten Blocks (einer Folge von Anweisungen). Solche Anweisungen finden wir immer bei der Definition von Methoden, die zum Bereitstellen von Funktionalität dienen.
- Am Ende einer Anweisung steht – mit einigen Ausnahmen in der JShell – immer ein Semikolon.

Java-Dateien und Programme

Bislang haben wir lediglich ein paar Anweisungen innerhalb des Java-Kommandozeileninterpreters, der JShell, ausgeführt. Dieser ist wunderbar für erste Experimente geeignet. Aber wie gehen wir damit um, wenn wir die erstellten Funktionalitäten später nochmals wiederverwenden möchten? Dazu hatten wir Methoden kennengelernt. Jedoch gibt es mit unserer bisherigen Arbeitsweise ein kleines Problem: In dem Moment, wo wir die JShell wieder beenden, sind unsere ganzen Mühen futsch. Alle Variablen und Methoden sind verloren. Das wäre sehr schade, wenn wir beispielsweise eine nützliche Sammlung mathematischer Funktionalitäten oder ein kleines Spiel implementiert hätten.

Wollen wir eine Funktionalität auch später bereitstellen können, so müssen wir diese in einer Datei speichern. Dateien mit Java-Anweisungen nennt man ***Java-Programme***. Diese müssen die Endung `.java` besitzen. Wenn die Funktionalitäten umfangreicher werden, bietet es sich an, gewisse Teile auf verschiedene Dateien aufzuteilen und semantisch zu gruppieren. Ebenso kann die Motivation sein, praktische Funktionalitäten nicht immer wieder zu kopieren, sondern einmal als Datei bereitzustellen.

Die Thematik greife ich in Kapitel 5 im Kontext von Klassen wieder auf. Dort lernen Sie dann alle Grundlagen, die für das Verständnis wichtig sind. Ergänzende Details liefert Anhang C.

2.11 Dokumentation des JDKs

Bevor wir uns mit einigen weiteren Details und Bestandteilen des JDKs beschäftigen, möchte ich auf die umfangreiche Onlinehilfe zum JDK verweisen. Einen allgemeineren Einstieg bietet die Übersichtsseite `https://docs.oracle.com/en/java/javase/21/docs/api/`. Von dieser können Sie dann passend zu den gewünschten Informationen navigieren. Haben Sie konkrete Fragen zu einer Klasse, etwa `String`, so finden Sie diverse Erläuterungen zu genau dieser Klasse auf der Seite `https://docs.oracle.com/en/java/javase/21/docs/api/java.base/lang/String.html`. Mittlerweile bietet die Onlinehilfe auch eine Suche in der oberen rechten Ecke. In Abbildung 2–1 ist das korrespondierende Eingabefeld mit einem Pfeil markiert.

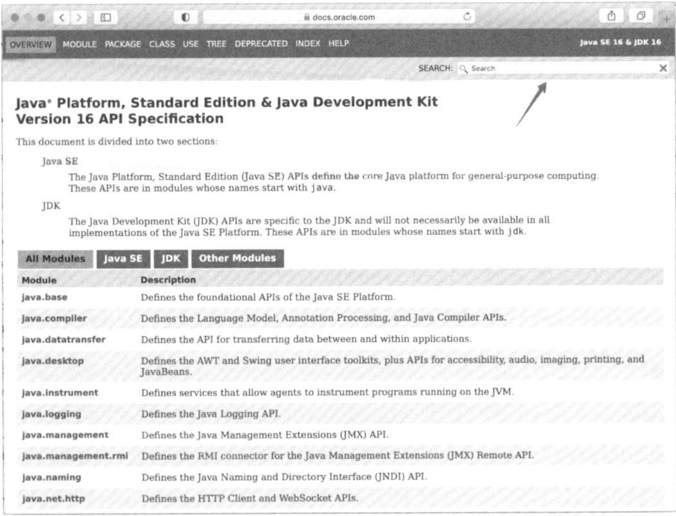

Abb. 2–1: Darstellung der Onlinehilfe mit Suche

3 Strings

Wir haben schon ein paar Mal Strings verwendet, ohne viel darüber nachzudenken. Als kurze Erinnerung: Variablen vom Typ `String` modellieren Zeichenketten und dienen zur Verwaltung von textuellen Informationen. In diesem Kapitel schauen wir uns die Thematik genauer an.

3.1 Schnelleinstieg

Strings bestehen aus einer Folge einzelner Zeichen und lassen sich als Zeichenkette in doppelten Anführungszeichen erzeugen:

```
jshell> String info = "Please don't touch!"
info ==> "Please don't touch!"
```

3.1.1 Gebräuchliche Stringaktionen

Stringkonkatenation – '+'

Ein gebräuchlicher Anwendungsfall ist das Zusammenfügen von Strings, auch Konkatenieren genannt. Dazu dient bekanntlich der Operator '+'. Nachfolgend definieren wir den Vor- und Nachnamen des Autors als Strings und kombinieren diese beiden Namensbestandteile mit einem Leerzeichen:

```
jshell> String firstName = "Michael"
firstName ==> "Michael"

jshell> String lastName = "Inden"
lastName ==> "Inden"

jshell> System.out.println(firstName + " " + lastName)
Michael Inden
```

Für Strings existiert zum Konkatenieren alternativ noch eine Methode namens concat(), mit der man funktionell das Gleiche erreicht, allerdings leidet die Lesbarkeit, wie dies nachfolgendes Beispiel deutlich zeigt:

```
jshell> String fullName = firstName.concat(" ").concat(lastName)
fullName ==> "Michael Inden"
```

Besonderheiten Beim Erstellen von Texten aus einzelnen Teilbausteinen ist der Operator '+' ziemlich nützlich. Allerdings sollte man dabei ein paar Besonderheiten kennen. Betrachten wir eine Problematik für einen Text, der Auskunft über die Länge einer Nachricht geben soll. Dazu wird einem textuellen Hinweis die Summe aus zwei Zahlen hinzugefügt, um die Gesamtlänge einer Nachricht bereitzustellen.

Das folgende Listing zeigt einen ersten Versuch, die Summe der Zahlen anzufügen:

```
jshell> int payloadLength = 42
payloadLength ==> 42

jshell> "Msg-Length: " + payloadLength + 10
$2 ==> "Msg-Length: 4210"
```

Das Ergebnis könnte Sie vielleicht überraschen: Es wird zunächst das erste '+' ausgeführt. Dabei wird die Zahl in einen String verwandelt und dann zum ursprünglichen String hinzugefügt. Das wiederholt sich ebenso für die zweite Zahl. Dadurch erhalten wir das zunächst verwirrende oder zumindest überraschende Ergebnis `Msg-Length: 4210`.

Das liegt daran, dass wir hier Strings konkatenieren und keine mathematischen Operationen ausführen. Zur Korrektur, also um die Summe der Zahlen dem String hinzuzufügen, müssen wir den Ausdruck klammern und Folgendes schreiben:

```
jshell> "Msg-Length: " + (payloadLength + 10)
$9 ==> "Msg-Length: 52"
```

Als Nächstes könnten wir statt der Addition zwei Zahlenwerte subtrahieren und zum String hinzufügen wollen. Das funktioniert nicht: Wie gerade schon erkannt, erfolgt die Abarbeitung von links nach rechts. Zudem ist der Operator '-' für Strings nicht definiert. Versuchen wir es trotzdem:

```
jshell> "Msg-Length: " + payloadLength - 10
|  Error:
|  bad operand types for binary operator '-'
|    first type:  java.lang.String
|    second type: int
|  "Msg-Length: " + payloadLength - 10
|  ^---------------------------------------^
```

Erneut bringt eine Klammerung das korrekte Ergebnis:

```
jshell> "Msg-Length: " + (42 - 10)
$10 ==> "Msg-Length: 32"
```

Groß- und Kleinschreibung – `toUpperCase()` und `toLowerCase()`

In der Praxis benötigt man immer einmal wieder eine Umwandlung von Groß- in Kleinbuchstaben oder andersherum. Dabei helfen die Methoden `toUpperCase()` und `toLowerCase()`. Als Beispiel wandeln wir einen Text vollständig in Großbuchstaben um und danach in Kleinbuchstaben.

```
jshell> String message = "IMPORTANT: Please consult the doctor"
message ==> "IMPORTANT: Please consult the doctor"

jshell> message.toUpperCase()
$26 ==> "IMPORTANT: PLEASE CONSULT THE DOCTOR"

jshell> message.toLowerCase()
$27 ==> "important: please consult the doctor"
```

Besonderheiten: Keine Modifikation erlaubt Bitte beachten Sie, dass Strings in Java unveränderlich sind und eine Modifikation daher nicht möglich ist. Obwohl es im obigen Beispiel so scheint, kommt es nicht zu Modifikationen, sondern tatsächlich wird ein neuer String mit verändertem Inhalt erzeugt. Nachfolgend ist dies für einen Aufruf von `toUpperCase()` gezeigt. Der ursprüngliche Inhalt ist danach unverändert:

```
jshell> String hint = "Immutable String"
hint ==> "Immutable String"

jshell> String result = hint.toUpperCase()
result ==> "IMMUTABLE STRING"

jshell> hint
hint ==> "Immutable String"
```

Leerzeichen entfernen – `strip()` und `trim()`

Mitunter sollen am Anfang oder Ende oder an beiden Seiten eines Textes unerwünschte Leerzeichen entfernt werden. Dazu dienen die Methoden `strip()` sowie `stripLeading()` und `stripTrailing()`. In älteren Java-Programmen findet man noch Aufrufe der Methode `trim()`, die ähnlich wie `strip()` wirkt, aber einige Unicode-Zeichen nicht korrekt verarbeitet.

```
jshell> String valueWithBlanks = "  blanks at start and end  "
valueWithBlanks ==> "  blanks at start and end  "

jshell> valueWithBlanks.strip()
$78 ==> "blanks at start and end"

jshell> valueWithBlanks.stripLeading()
$79 ==> "blanks at start and end  "

jshell> String result = valueWithBlanks.stripTrailing()
result ==> "  blanks at start and end"

jshell> valueWithBlanks
valueWithBlanks ==> "  blanks at start and end  "
```

Beachten Sie bitte wiederum, dass durch die Methodenaufrufe der ursprüngliche String nicht verändert wird, sondern ein neuer String mit verändertem Inhalt als Ergebnis entsteht. Dies folgt aus den Ausgaben, insbesondere der letzten, die einen unveränderten Inhalt der Variablen `valueWithBlanks` zeigt.

Länge ermitteln – length()

Die Gesamtlänge eines Strings ist des Öfteren eine wichtige Information. Die Anzahl der Zeichen liefert ein Aufruf von length():

```
jshell> String content = "This is a short message"
content ==> "This is a short message"

jshell> content.length()
$155 ==> 23
```

Auf leeren String prüfen – isEmpty() und isBlank()

Mithilfe der Methode length() lässt sich prüfen, ob ein String leer ist, indem die Länge mit dem Wert 0 verglichen wird:

```
jshell> "".length() == 0
$1 ==> true
```

Das ist jedoch nicht so gut lesbar und wird eher als schlechter Stil angesehen. Zur Prüfung auf einen Leerstring empfehlen sich die Methoden isEmpty() und isBlank(). Nachfolgend werden diese für einen leeren String, einen String mit Leerzeichen und einem Tabulatorzeichen (\t) aufgerufen:

```
jshell> "".isEmpty()
$2 ==> true

jshell> "".isBlank()
$3 ==> true

jshell> " \t".isEmpty()
$4 ==> false

jshell> " \t".isBlank()
$5 ==> true

jshell> " \t".strip().isEmpty()
$6 ==> true
```

Worin besteht der Unterschied zwischen den beiden Methoden? Im vorletzten Beispiel sieht man, dass isBlank() auch

Strings nur mit Whitespace (hier Leerzeichen und Tabulator) als leer ansieht. Die Methode `isEmpty()` prüft dagegen auf einen leeren String, also einen ohne Zeichen. Der letzte Aufruf zeigt folgenden Zusammenhang: Wenn `str.isBlank()` den Wert `true` (oder den Wert `false`) liefert, dann gilt dies auch für `str.strip().isEmpty()`. Mathematisch gilt:

$$str.isBlank() \iff str.strip().isEmpty()$$

Auf einzelne Zeichen zugreifen – `charAt()`

Auf die einzelnen Buchstaben eines Strings kann man positionsbasiert, indiziert genannt, mit `charAt()` zugreifen, wobei der erste Buchstabe den Index 0 besitzt und der Index von 0 bis Textlänge - 1 gültig ist. Nachfolgend lesen wir die ersten zwei Zeichen des Strings »`This is a short message`« aus:

```
jshell> String content = "This is a short message"
content ==> "This is a short message"

jshell> content.charAt(0)
$156 ==> 'T'

jshell> content.charAt(1)
$157 ==> 'h'
```

Was passiert, wenn ich an falscher Stelle zugreife? Beim Adressieren von Positionen über den Index kann man schnell einmal Fehler machen und um eine Position danebenliegen. Außerdem sollten wir uns anschauen, was passiert, wenn wir mit einer Position zugreifen, die deutlich über die Länge hinausgeht und somit dafür keine Zeichen existieren, etwa wie folgt mit einem Index von 7271:

```
jshell> content.charAt(7271)
|  Ausnahme java.lang.StringIndexOutOfBoundsException: Index 7271
      out of bounds for length 23
|        at Preconditions$1.apply (Preconditions.java:55)
|        at Preconditions$1.apply (Preconditions.java:52)
|        at Preconditions$4.apply (Preconditions.java:213)
|        at Preconditions$4.apply (Preconditions.java:210)
```

```
|         at Preconditions.outOfBounds (Preconditions.java:98)
|         at Preconditions.outOfBoundsCheckIndex (Preconditions.java
       :106)
|         at Preconditions.checkIndex (Preconditions.java:302)
|         at String.checkIndex (String.java:4828)
|         at StringLatin1.charAt (StringLatin1.java:46)
|         at String.charAt (String.java:1555)
|         at (#2:1)
```

Ein Zugriff außerhalb des gültigen Indexbereichs (0 bis zur Länge des Strings – 1) führt zu einer `StringIndexOutOfBoundsException`, die einen fehlerhaften Index ausdrückt. Auf Exceptions gehe ich später in Kapitel 10 ein. Hier reicht das Wissen, dass nach einer solchen Fehlersituation (ohne weitere Behandlung) die Ausführung eines Java-Programms gestoppt wird. In der JShell können Sie nach dem Auftreten von Exceptions problemlos weitere Aktionen ausführen.

Keine Modifikation erlaubt Bitte beachten Sie, dass es keine korrespondierende Methode `setCharAt()` gibt, um Zeichen in einem String zu modifizieren. Wie schon erwähnt, sind Strings in Java unveränderlich. Eine Möglichkeit, um Strings dennoch zeichenbasiert ändern zu können, zeige ich Ihnen später.

Teilbereiche extrahieren – `substring()`

Für einige Anwendungsfälle ist ein Zugriff auf einen Teilbereich eines Textes, gegeben durch eine Anfangs- und optional eine Endposition, erforderlich. Dazu bietet sich die Methode `substring()` an. Dieser übergibt man entweder die Start- (inklusiv) und Endposition (exklusiv) oder aber nur den Start, wodurch dann der Text ab dieser Position bis zum Ende als neuer String geliefert wird:

```
jshell> String info = "Dies ist ein String. Rest ABC"
info ==> "Dies ist ein String. Rest ABC"

jshell> info.substring(9, 19)
$103 ==> "ein String"

jshell> info.substring(19)
$104 ==> ". Rest ABC"
```

Strings wiederholen – `repeat()`

Manchmal ist es notwendig, einen Text n-mal zu wiederholen. Das ist problemlos mithilfe einer `for`-Schleife möglich, jedoch existiert die Methode `repeat()`, womit die Aufgabe erleichtert wird:

```
jshell> String greeting = "MOIN"
greeting ==> "MOIN"

jshell> greeting.repeat(2)
$109 ==> "MOINMOIN"
```

Besondere Zeichen in Strings – Escaping

Strings können in Java nicht nur normale Buchstaben, sondern alle Unicode-Zeichen enthalten. Diese kann man entweder direkt angeben oder in Form einer sogenannten Escape-Sequenz, eingeleitet durch ein `\u`:

```
jshell> String unicode = "\u00A9 => © // \u00BB => »"
unicode ==> "© => © // » => »"
```

Darüber hinaus gibt es noch eine ganze Reihe von Steuersequenzen:

- `\t` – Tabulator
- `\b` – Backspace
- `\n` – neue Zeile
- `\r` – Wagenrücklauf
- `\"` – Doppelte Anführungszeichen
- `\\` – Backslash

Wann benötigt man diese? Nehmen wir etwa an, wir wollten in einem String auch Anführungszeichen hinterlegen oder in einer Pfadangabe verschiedene Backslashes – immer dann muss man die obigen Steuersequenzen nutzen und man spricht dann von ***Escaping***.

Anführungszeichen in Strings Betrachten wir zunächst einen String, dessen textueller Inhalt auch wieder Anführungszeichen enthalten soll. Recht offensichtlich kann man das nicht wie folgt schreiben:

```
shell> String wrongQuotes = "original: "cite""
|  Fehler:
|  ';' erwartet
|  String wrongQuotes = "original: "cite"";
|
```

Zur Korrektur nutzt man ein Escaping:

```
jshell> String quotes = "original: \"cite\""
quotes ==> "original: \"cite\""

jshell> quotes
quotes ==> "original: \"cite\""

jshell> System.out.println(quotes)
original: "cite"
```

Interessant ist, dass das tatsächliche Ergebnis nur durch die Ausgabe mit `System.out.println()` angezeigt wird.

Pfadangaben in Strings Ganz besonders deutlich wird der Mehrwert des Escapings, wenn man sich eine Pfadangabe wie die folgende vorstellt: `C:\test\newpictures\barbara`.

Probieren wir es einfach mal ein wenig naiv aus – alle drei Sonderzeichen schlagen hier durch: ein Tabulator, ein Zeilenumbruch und ein Backspace:

```
jshell> String wrongPath = "C:\test\newpictures\barbara"
wrongPath ==> "C:\test\newpictures\barbara"

jshell> System.out.println(wrongPath)
C:	est
ewpicturearbara
```

Korrigieren wir die Angaben wieder durch Esacping und schauen, was passiert:

```
jshell> String path = "C:\\test\\newpictures\\barbara"
path ==> "C:\\test\\newpictures\\barbara"

jshell> System.out.println(path)
C:\test\newpictures\barbara
```

3.1.2 Suchen und Ersetzen

Suchen und Enthaltensein – `indexOf()`, `lastIndexOf()` und `contains()`

Ab und an möchte man feststellen, ob ein gewisser Text oder Buchstabe in einem String enthalten ist. Mithilfe der Methode `indexOf()` erhält man die entsprechende Position bzw. den Wert -1 für »nicht gefunden«. Eine Prüfung vom Ende des Strings ermöglicht die Methode `lastIndexOf()`:

```
jshell> String maintext = "This is a secret message. " +
   ...>                   "Please do not distribute";
maintext ==> "This is a secret message. Please do not distribute"

jshell> maintext.indexOf("This")
$166 ==> 0

jshell> maintext.indexOf("Please")
$167 ==> 26

jshell> maintext.indexOf('o')
$168 ==> 34

jshell> maintext.lastIndexOf('o')
$169 ==> 37
```

Soll lediglich geschaut werden, ob der gesuchte Teilstring enthalten ist, bietet sich die Methode `contains()` an:

```
jshell> maintext.contains("not")
$170 ==> true

jshell> maintext.contains("MICHAEL")
$171 ==> false
```

Im Beispiel sehen wir noch ein Detail, nämlich die unterschiedlichen Anführungszeichen. Mit einfachen Anführungszeichen entsteht immer ein einzelnes Zeichen vom Typ `char`. Benutzen wir doppelte Anführungszeichen, so ist dies immer ein String. Dieser kann aber auch genau ein Zeichen lang sein:

```
jshell> char oneSingleCharacter = 'A'
oneSingleCharacter ==> 'A'

jshell> String stringWithOneChar = "A"
stringWithOneChar ==> "A"
```

Weitersuchen Auf eine praktische Besonderheit möchte ich im Zusammenhang mit `indexOf()` noch eingehen. Zunächst einmal sei angemerkt, dass die Methode `indexOf()` immer nur nach dem ersten Vorkommen sucht. Somit liefern auch wiederholte Aufrufe keine weitere Fundstelle – andere Vorkommen lassen sich so nicht finden.

Praktischerweise gibt es eine Variante der Methode, der man eine Startposition übergeben kann. Auf diese Weise lässt sich problemlos die Funktionalität »Suchen und Weitersuchen« realisieren, indem man immer nach der Fundstelle weitersucht. Dazu übergibt man einfach die gelieferte Position + 1 wie folgt:

```
jshell> info = "one second, one hour and one day"
info ==> "one second, one hour and one day"

jshell> info.indexOf("one")
$43 ==> 0

jshell> info.indexOf("one", 1)
$44 ==> 12

jshell> info.indexOf("one", 13)
$45 ==> 25
```

Ersetzen von Inhalten – `replace()`

Neben dem Suchen und dem Test auf Enthaltensein möchte man manchmal Teile eines Strings ersetzen. Dabei ist die Methode `replace()` hilfreich. Diese ersetzt eine gewünschte Zeichenfolge durch die als zweiten Parameter übergebene Zeichenfolge, hier wird aus »MOIN MOIN« dann »GRÜEZI GRÜEZI«:

```
jshell> String greeting = "MOIN MOIN"
greeting ==> "MOIN MOIN"

jshell> greeting.replace("MOIN", "GRÜEZI")
$9 ==> "GRÜEZI GRÜEZI"

jshell> greeting
greeting ==> "MOIN MOIN"
```

Weil Strings unveränderlich sind, ist das Ergebnis wieder ein neuer String mit dem veränderten Inhalt und `greeting` bleibt unverändert.

Komplexeres Ersetzen von Inhalten – `replaceAll()`

Ergänzend zu `replace()` gibt es die Methode `replaceAll()`, die als Suchzeichenfolge einen regulären Ausdruck nutzt – um beispielsweise Texte, die mit einem A beginnen, gefolgt von einem beliebigen Buchstaben und einem C oder D, durch einen Leerstring zu ersetzen. Für dieses Buch reicht es, zu wissen, dass der '.' im regulären Ausdruck einen Platzhalter für ein einzelnes, beliebiges Zeichen darstellt und dass man eine Menge von Alternativen in eckigen Klammern angeben kann.[1]

```
jshell> "ABCABC_MUSIC_ABCAWARD".replaceAll("A.[CD]", "")
$171 ==> "_MUSIC_AW"
```

Gibt man bei `replaceAll()` lediglich den Text an, so wirkt wieder die exakte Übereinstimmung des Musters – hier um alle Vorkommen von "`ABC`" durch "`--`" zu ersetzen:

```
jshell> "ABCABC_MUSIC_ABCAWARD".replaceAll("ABC", "--")
$170 ==> "----_MUSIC_--AWARD"
```

[1] Weitere Details finden Sie in meinem Buch »Der Weg zum Java-Profi« [1].

3.1.3 Informationen extrahieren und formatieren

Informationen extrahieren – `split()`

Immer mal wieder enthält ein Text mehrere Informationsbestandteile, etwa eine Uhrzeitangabe mit Stunden, Minuten und Sekunden jeweils durch ':' getrennt:

```
jshell> String timestamp = "11:22:33"
timestamp ==> "11:22:33"
```

Unser Ziel ist es, die Einzelbestandteile als Zahlen zu ermitteln. Wie kann man dazu vorgehen? Um die Informationen aufzuspalten und auszulesen, bietet sich die Methode `split()` an:

```
jshell> String[] parts = timestamp.split(":")
parts ==> String[3] { "11", "22", "33" }
```

Dieser übergibt man im einfachsten Falle ein Trennzeichen (tatsächlich ist es ein regulärer Ausdruck, wie dies im Hinweiskasten thematisiert wird) und erhält als Ergebnis eine Abfolge (genauer: ein Array) von Strings – Arrays werden wir in Kapitel 4 genauer kennenlernen.

Auch die Werte eines Datums im ISO-Format lassen sich so extrahieren:

```
jshell> String datestamp = "2023-05-08"
datestamp ==> "2023-05-08"

jshell> datestamp.split("-")
$12 ==> String[3] { "2023", "05", "08" }
```

Besonderheiten

Das Extrahieren von Informationen mit `split(":")` scheint einfach zu sein. Versuchen wir uns an der Extraktion der Werte einer Datumsangabe im deutschen Format:

```
jshell> String dateInfo = "23.11.2020"
dateInfo ==> "23.11.2020"
```

Probieren wir das mit `split()` wie zuvor aus:

```
jshell> String[] dateParts = dateInfo.split(".")
dateParts ==> String[0] {  }
```

Merkwürdig, wieso ist das Ergebnis leer? Das liegt daran, dass man `split()` einen regulären Ausdruck übergibt. Wenn also alle Zeichen (`"."`) als Trennzeichen behandelt werden, verbleiben keine Nutzzeichen. Um wirklich den Punkt als Zeichen zu verwenden, müssen wir diesem einen \ voranstellen. Man spricht auch von Escapen. Weil der \ wiederum in Java-Strings ein besonderes Zeichen ist, müssen wir dies ebenfalls escapen und wiederum einen \ voranstellen:

```
jshell> String[] dateParts = dateInfo.split("\\.")
dateParts ==> String[3] { "23", "11", "2020" }
```

Formatierte Ausgabe – `format()`

Um Daten, ob nun textuelle Informationen oder Zahlen, auszugeben, kann man dies im einfachsten Fall durch eine Angabe in `System.out.println()` erreichen. Allerdings ist man dort bezüglich der Formatierung ein wenig eingeschränkt. Oftmals ist mehr Flexibilität wünschenswert.

Sollen Zahlen und Texte formatiert aufbereitet werden, so kann die Methode `format()` eine gute Hilfe sein. Als ersten Parameter übergibt man einen Text mit verschiedenen Platzhaltern. Mit den weiteren Parametern gibt man die entsprechenden Werte für diese Platzhalter an. Beim Aufruf werden diese dann mit den übergebenen Werten befüllt.

Das mag kompliziert klingen, beginnen wir zum leichteren Verständnis also besser mit einem Beispiel:

```
jshell> String.format("Integer-Value: %d", 42)
$48 ==> "Integer-Value: 42"
```

Mit dem Formatbezeichner `%d` können Sie als Argument einen beliebigen ganzzahligen Typ verwenden. Es gibt eine Vielzahl weiterer Platzhalter. Nachfolgend sind einige für Strings, Zahlen und auch Datumsangaben gezeigt. Die gesamte Liste ist so ausführlich, dass sich ein Blick in die Onlinedokumentation lohnt. Außerdem weicht die Formatierung gegebenenfalls, abhängig von ihrem Land, spezifiziert durch die Klasse `java.util.Locale`, also Deutschland, Schweiz usw., geringfügig ab.

```
jshell> import java.time.*

jshell> String.format("%s is %d years old. Birthday: %tD",
   ...>                  "Michael", 50, LocalDate.of(1971, 2, 7))
$172 ==> "Michael is 50 years old. Birthday: 02/07/71"
```

Auf einige Besonderheiten möchte ich eingehen: Es ist möglich, in den Platzhaltern auch Formatierungsangaben zu spezifizieren, etwa um die Länge einer Ganzzahl mit `%<Anzahl>d` zu beschränken sowie für Gleitkommazahlen die Anzahl an Nachkommastellen mit `%.<Anzahl>f`. Nachfolgend sehen wir eine Begrenzung auf 10 Stellen bei einem astronomisch guten Gehalt und zwei Nachkommastellen für PI.

```
jshell> String.format("%s's salary is |%10d| a year. PI=%.2f",
   ...>                  "Tom", 123_456_789, Math.PI)
$174 ==> "Tom's salary is | 123456789| a year. PI=3.14"
```

Anstatt einen String zunächst über `String.format()` zur Ausgabe formatiert aufzubereiten

```
jshell> String michasBirthday = String.format("%s's birthday: %tD",
        "Michael", LocalDate.of(1971, 2, 7))
michasBirthday ==> "Michael's birthday: 02/07/71"
```

und mit System.out.println() auszugeben, gibt es als kürzere, direktere Variante den Aufruf von System.out.printf(). Dabei muss man jedoch noch einen Zeilentrenner mit %n oder \n angeben – sofern ein Zeilenumbruch erwünscht ist:

```
jshell> System.out.printf("%s's birthday: %tD%n", "Michael",
        LocalDate.of(1971, 2, 7))
Michael's birthday: 02/07/71
```

3.2 Nächste Schritte

Bevor wir uns mit weiteren Details der Verarbeitung von Strings beschäftigen, möchte ich auf die umfangreiche Onlinehilfe zum JDK verweisen – zur Klasse String finden Sie diese auf der Seite https://docs.oracle.com/en/java/javase/17/docs/api/java.base/java/lang/String.html.

3.2.1 Mehrzeilige Strings (Text Blocks)

Seit JDK 15 unterstützt Java mehrzeilige Strings, auch Text Blocks genannt. Zuvor war es mühselig und aufwendig, da Zeilentrenner sowie gegebenenfalls Anführungszeichen zu escapen waren, wie es folgendes Beispiel andeutet:

```
jshell> var multiLineOldStyle = "This is line 1\n" +
   ...>                         "Second line with \"quotes\"\n" +
   ...>                         "Last line with 'single quotes'\n"
multiLineOldStyle ==> "This is line 1\nSecond line with \"quotes\"\
        nLast line with 'single quotes'\n"
```

Mehrzeilige Strings erleichtern dies und werden durch drei Anführungszeichen eingeleitet und abgeschlossen:

```
jshell> String multiLineString = """
   ...> This is line 1
   ...> Second line with "quotes"
   ...> Last line with 'single quotes'
   ...> """
multiLineString ==> "This is line 1\nSecond line with \"quotes\"\
        nLast line with 'single quotes'\n"
```

Lassen wir uns den Text in der JShell ausgeben:

```
jshell> System.out.println(multiLineString)
This is line 1
Second line with "quotes"
Last line with 'single quotes'
```

Nach der mehrzeiligen Definition kann man wie für Strings die Länge bestimmen, Bausteine ersetzen usw.

```
jshell> String multiLine2 = """
   ...> Zeile 1
   ...> Zeile 2 BLA BLA BLA
   ...> Zeile 3 und Ende"""
multiLine2 ==> "Zeile 1\nZeile 2 BLA BLA BLA\nZeile 3 und Ende"

jshell> multiLine2.length()
$190 ==> 44

jshell> multiLine2.replace("BLA", "JA")
$191 ==> "Zeile 1\nZeile 2 JA JA JA\nZeile 3 und Ende"
```

Das liegt daran, dass ein solcher mehrzeiliger String nach der Definition zu einem normalen String wird und damit alle zuvor beschriebenen Aktionen auch unterstützt werden.

Besonderheit Platzhalter Außerdem kann man Platzhalter definieren und durch Aufruf von `formatted()` mit Werten befüllen – diese Methode entspricht in ihrer Handhabung exakt der Methode `String.format()`:

```
var placeholders = """
    Michael %s hat am "%tF"
    %d Bücher in '%s' gekauft.
    """.formatted("Inden", LocalDate.of(2020, 1, 20), 7, "Kiel");
```

Durch diese Anweisungen wird folgende Ausgabe produziert:

```
Michael Inden hat am "2020-01-20"
7 Bücher in 'Kiel' gekauft.
```

3.2.2 Strings und char[]

Umwandlung in ein char[] – toCharArray()

Mitunter ist es praktisch, den Inhalt eines Strings mit der Methode toCharArray() in eine geordnete Menge (ein Array) von Einzelzeichen vom Typ char, zu überführen. Arrays werden wir in Kapitel 4 genauer besprechen, zunächst reicht das in Abschnitt 2.8 aufgebaute Verständnis aus, dass es sich dabei um eine über die Position geordnete Abfolge von Elementen, hier Zeichen, handelt.

Schauen wir uns ein Beispiel an:

```
jshell> char[] chars = "To-Array".toCharArray()
chars ==> char[8] { 'T', 'o', '-', 'A', 'r', 'r', 'a', 'y' }
```

In dem so erzeugten Array können wir indiziert zugreifen und auch Änderungen vornehmen, etwa die vorderen zwei Positionen mit einem X besetzen:

```
jshell> chars[0] = 'X'
$27 ==> 'X'

jshell> chars[1] = 'X'
$28 ==> 'X'

jshell> chars
chars ==> char[8] { 'X', 'X', '-', 'A', 'r', 'r', 'a', 'y' }
```

Die Idee wollen wir für einen gegebenen Text aufgreifen und fortführen, um nach jedem Zeichen einen Unterstrich in der Ausgabe zu ergänzen:

```
jshell> String title = "Einfach Java"
title ==> "Einfach Java"

jshell> for (char ch :  title.toCharArray())
   ...>     System.out.print(ch + "_");
E_i_n_f_a_c_h_ _J_a_v_a_
```

In diesem Beispiel nutzen wir mit print() eine Abwandlung der Methode println(). Hierbei werden die Zeichen einfach ohne Zeilenumbruch hintereinander ausgegeben.

Veränderungen ausführen Zuvor erwähnte ich, dass es praktisch ist, einen String in ein `char[]` zu wandeln. Warum? Das gilt immer dann, wenn man an gewissen Stellen den String ändern möchte. Strings erlauben das durch ihre Unveränderlichkeit nicht. Wollten wir nun aber beispielsweise jedes dritte Zeichen großschreiben (oder für Sie als kleine Fingerübung durch ein Leerzeichen ersetzen), dann ist dies auf Basis eines `char[]` möglich. Die gewünschten Modifikationen müssen dazu auf einzelnen Zeichen erfolgen. Danach soll dann das `char[]` im Allgemeinen wieder in einen String gewandelt werden. Das lernen wir im Anschluss kennen.

Wir erstellen eine passende Methode zur Modifikation innerhalb eines `char[]`:

```
jshell> void modifyEvery3rdToUpper(char[] values)
   ...> {
   ...>     for (int i = 0; i < values.length; i+=3)
   ...>     {
   ...>         char current = values[i];
   ...>         values[i] = Character.toUpperCase(current);
   ...>     }
   ...> }
|  created method modifyEvery3rdToUpper(char[])
```

Nehmen wir die ersten Buchstaben des Alphabets als Basis und rufen die Methode dafür auf. Wie erwartet ist als Folge jeder dritte Buchstaben großgeschrieben, also AbcDefG...

```
jshell> char[] asCharArray = "abcdefgh".toCharArray()
asCharArray ==> char[26] { 'a', 'b', 'c', 'd', 'e', 'f', 'g', 'h' }

jshell> modifyEvery3rdToUpper(asCharArray)

jshell> Arrays.toString(asCharArray)
$13 ==> "[A, b, c, D, e, f, G, h]"
```

String aus `char[]` erzeugen – `String(char[])`

Wenn man für Änderungen an einem String diesen zunächst in ein korrespondierendes `char[]` umgewandelt hat, dann möchte man später auch aus einem solchen (wieder) einen

String erzeugen. Dazu dient ein Aufruf des Konstruktors String(char[]).

Als Beispiel sehen wir einen Gruß in Form eines char[], der dann in einen String gewandelt wird:

```
jshell> char[] greet = { 'H', 'i', ' ', 'S', 'o', 'p', 'h', 'i', 'e
       '}
greet ==> char[9] { 'H', 'i', ' ', 'S', 'o', 'p', 'h', 'i', 'e' }

jshell> String fromCharArray = new String(greet)
fromCharArray ==> "Hi Sophie"
```

String aus chars erzeugen

Mitunter hat man einzelne Zeichen, etwa mithilfe von charAt(), aus einem String ermittelt oder diese wurden als Variablen vom Typ char definiert:

```
jshell> char o = "HALLO".charAt(4)
o ==> 'O'

jshell> char k = 'K';
k ==> 'K'
```

Möchte man diese nun wieder zu einem String für eine weitere Verarbeitung zusammensetzen, so könnte man folgende Konkatenation schreiben, die jedoch in einem Fehler resultiert, da char nicht automatisch in einen String gewandelt werden kann:

```
jshell> String ok = o + k;
|  Error:
|  incompatible types: int cannot be converted to java.lang.String
|  String ok = o + k;
|              ^---^
```

Abhilfe schafft der Trick, mit einem Leerstring zu starten und dort einzelne Zeichen hinzu zu addieren:

```
jshell> String ok = "" + o + k;
ok ==> "OK"
```

4 Arrays

In diesem Kapitel lernen wir Arrays im Detail kennen. Sie bilden die Grundlage für viele andere Datenstrukturen. Arrays werden dazu verwendet, mehrere Dinge gleichen Typs zu speichern, etwa eine Menge von Namen, Personen oder Städten. Etwas unpraktisch wäre es, müsste man jeweils eine eigene Variable für jedes Element definieren. Betrachten wir ein Beispiel:

```
String firstname1 = "Tim";
String firstname2 = "Tom";
String firstname3 = "Peter";
```

Wie wir dies mithilfe eines Arrays realisieren, lernen wir im Anschluss kennen.

4.1 Schnelleinstieg

4.1.1 Gebräuchliche Aktionen

Definition eines Arrays

Genau wie andere Variablen besitzen Arrays zunächst einmal einen Typ, allerdings gefolgt von eckigen Klammern und dem gewünschten Namen (Bezeichner). Eine Deklaration eines Arrays von Strings mit Vornamen sieht folgendermaßen aus:

```
String[] firstnames
```

Um das Ganze mit Leben bzw. Werten zu füllen, nutzen wir eine Initialisierung unter Angabe der Werte, hier Namen, in geschweiften Klammern:

```
jshell> String[] firstnames = { "Tim", "Tom", "Peter", "Mike" }
firstnames ==> String[4] { "Tim", "Tom", "Peter", "Mike" }
```

Das geht natürlich ebenfalls für Zahlen, hier für einige Primzahlen und Fibonacci-Zahlen gezeigt:

```
jshell> int[] firstPrimes = { 2, 3, 5, 7, 11, 13, 17 }
firstPrimes ==> int[7] { 2, 3, 5, 7, 11, 13, 17 }

jshell> int[] firstFibonacci = { 1, 1, 2, 3, 5, 8, 13 }
firstFibonacci ==> int[7] { 1, 1, 2, 3, 5, 8, 13 }
```

Abweichende Notation

Obwohl die bislang gezeigte Definition vermutlich am weitesten verbreitet ist, kann man die eckigen Klammern auch hinter den Namen des Arrays (Bezeichner) schreiben:

```
jshell> String firstnames[] = { "Tim", "Tom", "Peter", "Mike" }
firstnames ==> String[4] { "Tim", "Tom", "Peter", "Mike" }
```

Nach meinem Geschmack ist die zuvor gezeigte Variante mit den Klammern nach dem Typ intuitiver. Die Angabe nach dem Variablennamen suggeriert, man würde ein Array von Vornamen und eben nicht ein `String[]` erzeugen.

Zugriff auf Elemente – `[i]`

Auf ein Array-Element greift man zu, indem man sich auf die Position bezieht. Diese wird in eckigen Klammern und 0-basiert angegeben. Folgende Anweisung greift auf den Wert des ersten (Index 0) und des letzten Elements (Index 3) im Array `firstnames` zu:

```
jshell> String[] firstnames = { "Tim", "Tom", "Peter", "Mike" }
firstnames ==> String[4] { "Tim", "Tom", "Peter", "Mike" }

jshell> firstnames[0]
$42 ==> "Tim"

jshell> firstnames[3]
$43 ==> "Mike"
```

Was passiert, wenn ich an falscher Stelle zugreife? Array-Zugriffe über die Position haben so ihre Tücken. Deswegen sollten wir uns fragen, was eigentlich passiert, wenn wir mit einer Position zugreifen, für die keine Daten existieren, etwa wie folgt mit negativem Index oder einem Wert jenseits der oberen Grenze, hier 7:

```
jshell> firstnames[-1]
|  Exception java.lang.ArrayIndexOutOfBoundsException: Index -1 out
        of bounds for length 4

jshell> firstnames[7]
|  Exception java.lang.ArrayIndexOutOfBoundsException: Index 7 out
       of bounds for length 4
```

In beiden Fällen kann kein Wert geliefert werden, was durch eine `ArrayIndexOutOfBoundsException` ausgedrückt wird. Auf Fehlerbehandlungen und Exceptions im Speziellen gehe ich später in Kapitel 10 ein. Hier reicht erst einmal das Wissen, dass nach einer solchen Fehlersituation die Ausführung unseres Java-Programms gestoppt wird. In der JShell können Sie aber problemlos weitere Kommandos ausführen.

Array-Länge: Anzahl der Elemente – `length`

Um Zugriffe auf ungültige Positionen am Ende möglichst zu vermeiden oder um sich über die Anzahl der enthaltenen Elemente zu informieren, kann man diese Informationen mit `length` wie folgt abfragen:

```
jshell> firstnames.length
$48 ==> 4

jshell> firstPrimes.length
$49 ==> 7
```

Nochmals zur Erinnerung: Im Beispiel sehen wir die sogenannte Punktnotation, die Zugriff auf Eigenschaften und Methoden ermöglicht. In Kapitel 5 gehe ich auf die zugrunde liegende objektorientierte Programmierung genauer ein.

Verändern eines Elements

Wir wollen nun den Wert `Mike` an Position 3 mit dem Wert `Michael` ersetzen und schreiben dazu eine Zuweisung wie folgt:

```
jshell> firstnames[3] = "Michael"
$44 ==> "Michael"

jshell> firstnames
firstnames ==> String[4] { "Tim", "Tom", "Peter", "Michael" }
```

Wir sehen, dass die Zuweisung im Prinzip genauso funktioniert wie bei normalen Variablen, hier halt positionsbasiert.

Array-Elemente durchlaufen – Variante 1 – `for`

Die einzelnen Array-Elemente lassen sich indexbasiert mit einer `for`-Schleife durchlaufen und mit der gerade kennengelernten Eigenschaft `length` kann man bestimmen, wie oft die Anweisungen im Schleifenrumpf ausgeführt werden sollen:

```
jshell> for (int i = 0; i < firstnames.length; i++) {
   ...>     System.out.println(firstnames[i]);
   ...> }
Tim
Tom
Peter
Michael
```

Hier werden indizierte Zugriffe mit einer `for`-Schleife kombiniert: Auf diese Weise wird für jede gültige Position der korrespondierende Wert aus dem String-Array ermittelt und mit `System.out.println()` auf der Konsole ausgegeben.

Array-Elemente durchlaufen – Variante 2 – for

Weil man gerade beim indizierten Zugriff leicht mal einen Flüchtigkeitsfehler macht, bietet sich die for-each-Variante der for-Schleife an. Übertragen auf unser Beispiel ergibt sich dadurch Folgendes:

```
jshell> for (String currentName : firstnames) {
   ...>     System.out.println(currentName);
   ...> }
Tim
Tom
Peter
Michael
```

Das obige Beispiel kann wie folgt interpretiert werden: Durchlaufe alle Werte von firstnames von vorne nach hinten und weise das aktuelle String-Element (genannt currentName) zu und gebe dessen Wert aus.

Textuelle Ausgaben – Arrays.toString()

Bislang wurden unsere Arrays immer recht lesbar in der JShell ausgegeben, wenn wir nur deren Namen eingegeben haben. Das ist eine besondere und vor allem nützliche Eigenschaft der JShell, die jedoch nicht für Java-Programme gilt. Dort müssen wir zur Ausgabe System.out.println() nutzen – und diese ist zudem kryptisch. Schauen wir uns das Ganze etwas detaillierter an:

```
jshell> String[] someNames = { "Tim", "Tom", "Mike" }
someNames ==> String[3] { "Tim", "Tom", "Mike" }

jshell> someNames
someNames ==> String[3] { "Tim", "Tom", "Mike" }

jshell> System.out.println(someNames)
[Ljava.lang.String;@312b1dae
```

Die ersten beiden Ausgaben sind erwartungskonform und wir kennen diese bereits. Wieso ist die letzte so kryptisch?

Das liegt daran, dass bei `System.out.println()` für die übergebenen Werte von Java automatisch deren Methode `toString()` zur Aufbereitung einer textuellen Darstellung aufgerufen wird. Gelungen ist diese Darstellung wohl eher weniger.

Es scheint so, als ob da gerade gründlich etwas schiefgelaufen ist. Das, was wir erhalten, ist ja alles andere als lesbar und verständlich. Der Grund ist, dass Arrays in Java leider keine eigene Implementierung der Methode `toString()` besitzen. Standardmäßig wird nur der Typ, gefolgt von einem `@` sowie einer hexadezimalen Zahl, ausgegeben. Deswegen sieht man mitunter merkwürdige Ausgaben wie die gezeigte.

Als Abhilfe bietet sich die Methode `Arrays.toString(values)` aus dem JDK an:

```
jshell> Arrays.toString(someNames)
$130 ==> "[Tim, Tom, Mike]"

jshell> System.out.println(Arrays.toString(someNames))
[Tim, Tom, Mike]
```

Um ein wenig Übung zu bekommen, implementieren wir etwas Ähnliches selbst. Hierbei kommt eine `for`-Schleife und ein indizierter Zugriff zum Einsatz:

```
void printArray(final String[] values)
{
    for (final String str : values)
    {
        System.out.println(str);
    }
}
```

Auch diese Variante liefert eine verständliche Darstellung:

```
jshell> printArray(someNames)
Tim
Tom
Mike
```

Dynamische Definition eines Arrays – `new`

Bislang haben wir bei der Definition von Arrays einige Werte übergeben und damit die Größe initial und fix festgelegt. Weitaus häufiger hat man es in der Praxis aber mit möglicherweise vorab nicht bekannten Daten oder einer variierenden Menge an Daten zu tun.

Erzeugung fixer Länge Beginnen wir mit dem erstem Fall, nämlich einer dynamischen Erzeugung und späteren Befüllung des Arrays. Vorab wissen wir zwar, wie viele Daten gespeichert und verarbeitet werden sollen, die konkreten Werte kennen wir jedoch noch nicht.

Nachfolgend nehmen wir an, dass zehn Zahlenwerte in einem Array verwaltet werden sollen. Mit `new`, dem Typnamen sowie einer entsprechenden Größenangabe erzeugen wir das passend dimensionierte Array – zum besseren Verständnis ist das auch für ein String-Array der Größe drei gezeigt:

```
jshell> int[] values = new int[10]
values ==> int[10] { 0, 0, 0, 0, 0, 0, 0, 0, 0, 0 }

jshell> String[] pizzaTop3 = new String[3]
pizzaTop3 ==> String[3] { null, null, null }
```

Wir sehen, dass ein solches Array für Zahlenwerte mit 0 und für Strings mit `null` vorbelegt wird. Der Wert `null` sagt einfach aus, dass hier noch kein String gespeichert ist, nicht einmal ein Leerstring. Was `null` genauer bedeutet, lernen wir in Kapitel 5 im Kontext von Klassen und Objekten kennen.

Kommen wir nach diesem gedanklichen Ausflug zu den Arrays und deren Befüllung nach dynamischer Konstruktion zurück. Eine Variante besteht darin, das Array sukzessive durch positionsbasierte Zuweisungen wie folgt mit Inhalt zu befüllen:

```
jshell> pizzaTop3[0] = "Diavola"
$135 ==> "Diavola"

jshell> pizzaTop3[1] = "Funghi"
$136 ==> "Funghi"
```

```
jshell> pizzaTop3[2] = "Salame"
$137 ==> "Salame"

jshell> pizzaTop3
pizzaTop3 ==> String[3] { "Diavola", "Funghi", "Salame" }
```

Oftmals werden Berechnungen oder andere Aktionen erfolgen, um die Werte zu ermitteln und basierend darauf das Array zu befüllen. Wir schreiben stellvertretend eine Methode `populate()`, die das Array mit dem Quadrat des jeweiligen Index befüllt:

```
jshell> void populate(int[] inputValues)
   ...> {
   ...>     for (int i = 0; i < inputValues.length; i++)
   ...>     {
   ...>         inputValues[i] = i * i;
   ...>     }
   ...> }
|  created method populate(int[])
```

Rufen wir diese Methode auf und schauen dann, ob die Berechnung erfolgreich war:

```
jshell> populate(values)

jshell> values
values ==> int[10] { 0, 1, 4, 9, 16, 25, 36, 49, 64, 81 }
```

Dynamische Erzeugung verschiedener Längen Manchmal ergibt sich die zur Verwaltung und Speicherung der Daten benötigte Länge eines Arrays erst während der Programmausführung. Nachfolgend ist Derartiges simuliert und ein zufällig bestimmter Wert im Bereich bis 1000 wird als Größe verwendet:

```
jshell> int computeNeededSize()
   ...> {
   ...>     return (int)(Math.random() * 1000);
   ...> }
|  created method computeNeededSize()
```

Wie kann man eine variierende Größe zur Erzeugung des Arrays nutzen? Tatsächlich ist das ganz naheliegend und einfach durch die Angabe einer Variablen oder eines direkten Aufrufs möglich:

```
jshell> int size = computeNeededSize()
size ==> 425

jshell> int[] values1 = new int[size]
values1 ==> int[425] { 0, 0, 0, 0, 0, 0, 0, 0, 0, 0, 0, 0, 0, ... ,
        0, 0, 0, 0, 0, 0, 0, 0 }

jshell> int[] values2 = new int[computeNeededSize()]
values2 ==> int[785] { 0, 0, 0, 0, 0, 0, 0, 0, 0, 0, 0, 0, 0, ... ,
        0, 0, 0, 0, 0, 0, 0, 0 }
```

Danach kann man mit dem Array genauso weiterarbeiten, wie wir es bereits zuvor gesehen haben.

4.1.2 Mehrdimensionale Arrays

Ein mehrdimensionales Array kann man sich wie eine große Schrankwand mit nummerierten Schubladen für Elemente vorstellen. Nachfolgend ist das für ein 5 × 3-Array (5 Positionen in x-Richtung und 3 Reihen in y-Richtung) schematisch dargestellt.

	0	**1**	**2**	**3**	**4**
0	0,0	0,1	0,2	0,3	0,4
1	1,0	1,1	1,2	1,3	1,4
2	2,0	2,1	2,2	2,3	2,4

Abb. 4–1: Schubladendenkweise für zweidimensionales Array

Allerdings müssen diese mehrdimensionalen Arrays nicht immer rechteckig sein. Machen wir es etwas konkreter für ein String-Array namens `personen`, das beispielsweise so wie in Abbildung 4–2 aussieht.

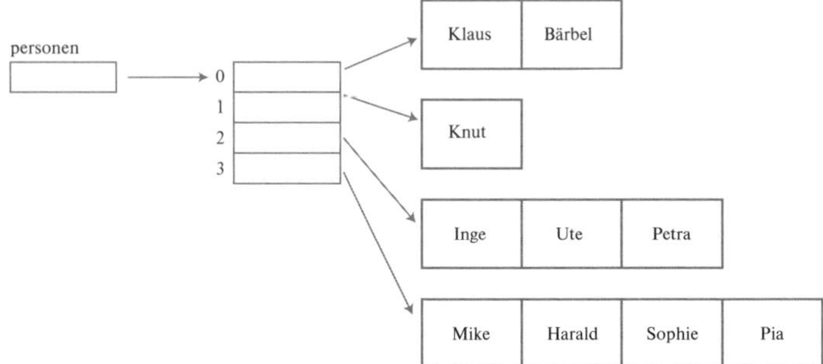

Abb. 4–2: Personen-2D-Array

In Java ist ein mehrdimensionales Array ein Array, das ein oder mehrere Arrays enthält. Die Anzahl an Dimensionen wird durch die Anzahl an eckigen Klammerpaaren bestimmt, etwa `int[][]` für zweidimensional oder `int[][][]` für dreidimensional. Nachfolgend beschränken wir uns vereinfachend und wegen der besseren Veranschaulichung auf die Betrachtung zweidimensionaler Arrays.

Wie schon für eindimensionale Arrays gewohnt kann man die einzelnen Werte in geschweiften Klammern notieren und diese dann folgendermaßen zu einem zweidimensionalen Array kombinieren:

```
jshell> int[][] twodim = {
   ...>     { 1, 1, 1, 1 },
   ...>     { 2, 2, 2, 2 },
   ...>     { 3, 3, 3, 3 },
   ...>     { 4, 4, 4, 4 }
   ...> }
twodim ==> int[4][] { int[4] { 1, 1, 1, 1 }, int[4] { 2, 2,  ... },
      int[4] { 4, 4, 4, 4 } }
```

Wir sehen zunächst, dass das Array wiederum Arrays (hier gleicher Länge) enthält. Oftmals hat man es in der Praxis mit solchen rechteckigen Ausrichtungen zu tun. Wie schon erwähnt, ist es aufgrund der Realisierung als verschachtelte Arrays, also Arrays von Arrays, aber durchaus möglich, unterschiedliche Längen zu modellieren, wie hier eine dreieckige Ausrichtung:

```
jshell> int[][] twodimTriangle = {
   ...>         {1},
   ...>         {1, 2},
   ...>         {1, 2, 3} }
twodimTriangle ==> int[3][] { int[1] { 1 }, int[2] { 1, 2 }, int[3]
        { 1, 2, 3 } }
```

Ausgabe

Nach der Definition sollen die Arrays auf der Konsole ausgegeben werden, um den Inhalt prüfen zu können. Probieren wir es exemplarisch für `twodim` mit `System.out.println()` aus.

```
jshell> System.out.println(twodim)
[[I@3cd1f1c8
```

Genau wie schon für eindimensionale Arrays erhalten wir auch hier eine kryptische Ausgabe.

Ausgabe selbst implementieren Schauen wir uns an, wie man eine Ausgabe unabhängig von den konkreten Größen, also flexibel, mit einem zweidimensionalen indizierten Zugriff gestalten kann. Zuerst läuft man durch die Zeilen, deren Anzahl durch `values.length` festgelegt ist. Jede einzelne Zeile sprechen wir mit `values[y]` an. Das liefert wiederum ein Array, nämlich eine inneres, dessen Länge mit `values[y].length` bestimmt werden kann.

```
jshell> void print2dArray(int[][] values)
   ...> {
   ...>     for (int y = 0; y < values.length; y++)
   ...>     {
   ...>         for (int x = 0; x < values[y].length; x++)
   ...>         {
   ...>             System.out.print(values[y][x]);
   ...>         }
   ...>         System.out.println();
   ...>     }
   ...> }
|  created method print2dArray(int[][])
```

Rufen wir die Methode auf:

```
jshell> print2dArray(twodim)
1111
2222
3333
4444
```

Wiederholen wir den Aufruf für das Array `twodimTriangle`, um die Dreieckseigenschaft klar zu sehen:

```
jshell> print2dArray(twodimTriangle)
1
12
123
```

Variante aus dem JDK Aber Moment, hatten wir nicht schon die Methode `Arrays.toString()` kennengelernt? Rufen wir diese für ein zweidimensionales Array auf, so erhalten wir leider nicht das gewünschte Ergebnis:

```
jshell> System.out.println(Arrays.toString(twodim))
[[I@555590, [I@6d1e7682, [I@424c0bc4, [I@3c679bde]
```

Allerdings kann man die Methode doch gewinnbringend für die einzelnen Zeilen nutzen:

```
jshell> for (int y = 0; y < twodim.length; y++)
   ...> {
   ...>     System.out.println(Arrays.toString(twodim[y]));
   ...> }
[1, 1, 1, 1]
[2, 2, 2, 2]
[3, 3, 3, 3]
[4, 4, 4, 4]
```

Noch ein wenig praktischer ist es, die Methode `Arrays.deepToString()` aus dem JDK zu verwenden, die eine recht ansprechende Darstellung liefert, aber die Zweidimensionalität nicht so gut darstellt.

```
jshell> System.out.println(Arrays.deepToString(twodim))
[[1, 1, 1, 1], [2, 2, 2, 2], [3, 3, 3, 3], [4, 4, 4, 4]]
```

4.2 Nächste Schritte

Rekapitulieren wir kurz: Wir wissen bereits, dass ein Array einen einfachen Datenbehälter bereitstellt, dessen Größe durch die Initialisierung vorgegeben ist und sich über das Attribut `length` ermitteln lässt. Arrays bieten jedoch keinerlei Funktionalitäten in Form von Methoden, etwa zur automatischen Vergrößerung, falls der Platz zur Speicherung von Daten nicht mehr ausreicht. Derartiges muss bei Bedarf in einer nutzenden Applikation selbst programmiert werden. Zudem lauern beim indizierten Zugriff Fehler. Das haben wir schon für Indexwerte außerhalb des gültigen Bereichs gesehen.

4.2.1 Eindimensionale Arrays

Zur Einführung in die Verarbeitung von Daten mit eindimensionalen Arrays und zum Aufbau von Wissen betrachten wir einige Beispiele.

Beispiel 1: Tauschen von Elementen

Eine gebräuchliche Funktionalität ist das Vertauschen von Elementen an zwei Positionen. Das ist nachfolgend visualisiert.

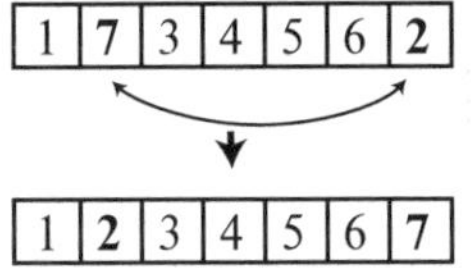

Abb. 4–3: Tauschen von Elementen

Der Tausch lässt sich einfach und lesbar wie folgt schreiben:

```
void swap(final int[] values, final int first, final int second)
{
    final int value1 = values[first];
    final int value2 = values[second];

    values[first] = value2;
    values[second] = value1;
}
```

Man kann das Ganze auch mit nur drei Zuweisungen und einer temporären Variablen lösen, jedoch finde ich die vorherige Variante ein klein wenig verständlicher:

```
void swap(final int[] values, final int first, final int second)
{
    final int tmp = values[first];

    values[first] = values[second];
    values[second] = tmp;
}
```

Zum Experimentieren rufen wir die obige Methode mit verschiedenen Werten auf:

```
jshell> int[] numbers = { 1,2,3,4,5,6,7,8,9 }
numbers ==> int[9] { 1, 2, 3, 4, 5, 6, 7, 8, 9 }

jshell> swap(numbers, 3, 5)

jshell> swap(numbers, 2, 6)

jshell> numbers
numbers ==> int[9] { 1, 2, 7, 6, 5, 4, 3, 8, 9 }

jshell> swap(numbers, 1, 7)

jshell> swap(numbers, 0, 8)

jshell> numbers
numbers ==> int[9] { 9, 8, 7, 6, 5, 4, 3, 2, 1 }
```

Was haben wir gerade gelernt? Wir können mithilfe von `swap()` eine Funktionalität bauen, die den Inhalt eines Arrays in umgekehrte Reihenfolge bringt.

Array Reverse mit `swap()` Weil wir gerade so schön in Fahrt sind, realisieren wir selbst eine entsprechende Methode, die die Werte in einem Array in deren Reihenfolge tauscht. Als Schmankerl wollen wir in der Lage sein, das Umkehren der Werte nicht nur für das gesamte Array, sondern auch für Teilbereiche, ausführen zu können. Was benötigen wir dazu? Zunächst einmal je einen Positionszeiger für vorne und hinten. Beide müssen wir zusätzlich an `swap()` übergeben. Nach jedem

Tauschvorgang wandern diese Positionszeiger aufeinander zu. Was uns noch fehlt, ist eine Abbruchbedingung. Wir stoppen, wenn sich die Positionen überlappen. Damit bietet sich eine Realisierung mit einer `while`-Schleife an, die nach dem Tauschen der Elemente die Positionszeiger aufeinander zubewegt:

```
void reverse(final int[] values, int start, int end)
{
    while (start < end)
    {
        swap(values, start, end);
        start++;
        end--;
    }
}
```

Alternativ können wir auch einfach bis zur Mitte laufen und jeweils die korrespondierenden Elemente tauschen. Weil wir auch einen Bereich angeben können, müssen wir für die Indexberechnung die Startposition zum Schleifenindex addieren und diesen von der Endposition abziehen. Damit ergibt sich eine Variante mit der `for`-Schleife:

```
void reverse2(final int[] values, int start, int end)
{
    for (int i = 0; i < ((end-start) / 2); i++)
    {
        swap(values, i + start, end - i);
    }
}
```

Probieren wir das Ganze aus:

```
jshell> int[] numbers = { 1,2,3,4,5,6,7,8,9 }
numbers ==> int[9] { 1, 2, 3, 4, 5, 6, 7, 8, 9 }

jshell> reverse(numbers, 0, numbers.length - 1)

jshell> numbers
numbers ==> int[9] { 9, 8, 7, 6, 5, 4, 3, 2, 1 }
```

Das Beste kommt zum Schluss: Dadurch, dass wir mit zwei Positionszeigern arbeiten, können wir sogar nur Teilbereiche eines Arrays in seiner Reihenfolge umkehren:

```
jshell> int[] numbers = { 1,2,3,4,5,6,7,8,9 }
numbers ==> int[9] { 1, 2, 3, 4, 5, 6, 7, 8, 9 }

jshell> reverse(numbers, 2, 6)

jshell> numbers
numbers ==> int[9] { 1, 2, 7, 6, 5, 4, 3, 8, 9 }
```

Wiederholen wir die Aktion für den gleichen Bereich, so haben wir das Ganze rückgängig gemacht:

```
jshell> reverse2(numbers, 2, 6)

jshell> numbers
numbers ==> int[9] { 1, 2, 3, 4, 5, 6, 7, 8, 9 }
```

Rekursive Variante

Bei Rekursion geht es darum, die Lösungsfindung durch Selbstaufrufe zu realisieren. In diesem Fall tauschen wir jeweils ein Element und rufen dann die Methode erneut mit veränderten Grenzen auf. Dabei ist wichtig, dass man hier nicht Postinkrement und -dekrement einsetzt, weil dann die Werte nicht verändert werden und die Rekursion nie endet. Details finden Sie später in Abschnitt 7.9.

```
void reverseRec(final int[] values, int start, int end)
{
    if (start < end)
    {
        swap(values, start, end);
        reverseRec(values, start + 1, end - 1);
    }
}
```

Beispiel 2: Suchen in Arrays

In Java existiert für `int`-Arrays keine Suche nach einem bestimmten Wert. Daher wollen wir das selbst implementieren und dazu die Methode `find(int[], int)` schreiben, die in einem `int`-Array nach einem Wert sucht und dessen Position oder -1 für »nicht gefunden« liefern soll:

```
int find(final int[] values, final int searchFor)
{
    for (int i = 0; i < values.length; i++)
    {
        if (values[i] == searchFor)
            return i;
    }
    return -1;
}
```

Das Ganze kann man als typisches Suchproblem mit einer `while`-Schleife lösen – dabei ist die Bedingung am Ende der Schleife als Kommentar angegeben:

```
int find2(final int[] values, final int searchFor)
{
    int pos = 0;
    while (pos < values.length && values[pos] != searchFor)
    {
        pos++;
    }
    // pos >= values.length || values[pos] == searchFor
    return pos >= values.length ? -1 : pos;
}
```

Probieren wir die beiden Varianten der Suche aus. Dazu suchen wir in den Werten 1, 2, 3, 4, 5, 6, 7 zunächst nach dem Wert 2 und danach nach dem Wert 42. Ersteres sollte die Position 1 und Letzteres sollte dann -1 für »nicht gefunden« liefern.

```
jshell> int[] numbers = { 1, 2, 3, 4, 5, 6, 7 }
numbers ==> int[7] { 1, 2, 3, 4, 5, 6, 7 }

jshell> find(numbers, 2)
$66 ==> 1

jshell> find(numbers, 42)
$67 ==> -1

jshell> find2(numbers, 2)
$69 ==> 1

jshell> find2(numbers, 42)
$70 ==> -1
```

4.2.2 Mehrdimensionale Arrays

Wie schon in der Einführung motiviert und weil es in der Praxis häufiger vorkommt und man es sich auch visuell gut vorstellen kann, betrachten wir hier zweidimensionale Arrays. Zuvor hatte ich auch darauf hingewiesen, dass in Java mehrdimensionale Arrays als Arrays von Arrays realisiert und somit nicht zwingend rechteckig sein müssen, obwohl dies vermutlich der Normalfall ist.

Einführendes Beispiel

Ein zweidimensionales rechteckiges Array kann man etwa zur Modellierung eines Spielfelds, eines Sudoku-Rätsels oder einer Landschaft, repräsentiert durch Zeichen, nutzen. Nehmen wir als Beispiel an, '#' stünde für eine Begrenzungsmauer, '$' für einen einzusammelnden Gegenstand und 'P' für den Spieler sowie 'X' für den Ausgang aus einem Level. Mit diesen Zeichen kann man ein Spielfeld wie folgt beschreiben:

```
################
##  P         ##
####   $ X  ####
###### $  ######
################
```

In Java lässt sich zur Verarbeitung ein `char[][]` nutzen:

```
char[][] generateWorld()
{
    final char[][] world = { "################".toCharArray(),
                             "##  P         ##".toCharArray(),
                             "####   $ X  ####".toCharArray(),
                             "###### $  ######".toCharArray(),
                             "################".toCharArray() };

    return world;
}
```

Die Ausgabe ist diesmal auf den Typ `char[][]` ausgerichtet:

```
void printArray(final char[][] values)
{
    for (int y = 0; y < values.length; y++)
    {
        for (int x = 0; x < values[y].length; x++)
            System.out.print(values[y][x]);

        System.out.println();
    }
}
```

Gerade bei mehrdimensionalen Arrays ist eine Konsolenausgabe für erste Prüfungen ziemlich hilfreich:

```
jshell> char[][] world = generateWorld()
world ==> char[5][] { char[16] { '#', '#', '#', '#', '#', ' ... #',
      '#', '#', '#', '#' } }

jshell> printArray(world)
################
##  P         ##
####   $ X  ####
###### $  ######
################
```

Besonderheit bei der Konstruktion

Falls wir ein String-Array der Größe 3×6 benötigen, so können wir das wie folgt erzeugen:

```
jshell> var twodim = new String[3][6]
twodim ==> String[3][] { String[6] { null, null, null, null, ...
      null, null, null, null } }
```

Dabei wird ein mit `null`-Werten initialisiertes Array erzeugt. Erinnern wir uns: `null` drückt einfach aus, dass noch kein Wert hinterlegt ist.

Zur Ausgabe des Arrays definieren wir schnell noch (analog zu gerade eben) folgende Methode und rufen diese direkt auf:

```
jshell> void printArray(final String[][] values)
   ...> {
   ...>     for (int i = 0; i < values.length; i++)
   ...>         System.out.println(Arrays.toString(values[i]));
   ...> }
|  created method printArray(String[][])

jshell> printArray(twodim)
[null, null, null, null, null, null]
[null, null, null, null, null, null]
[null, null, null, null, null, null]
```

Soweit ist alles bereits bekannt. Worin liegt nun die Besonderheit bei der Konstruktion von zweidimensionalen Arrays?

Besonderheit: Keine Angabe der Größe der zweiten Dimension Weil mehrdimensionale Arrays als Arrays von Arrays realisiert sind, kann man auf die Angabe der zweiten Dimension bei der Konstruktion verzichten, etwa wie folgt:

```
jshell> var twodim_special = new String[4][]
twodim_special ==> String[4][] { null, null, null, null }
```

Im späteren Verlauf lassen sich dann einzelne Zeilen (auch unterschiedlicher Größe) erzeugen und zuweisen. Dabei ist es durchaus möglich, dass in einigen Positionen keine Daten hinterlegt werden – nachfolgend ist immer nur die jeweils zweite Reihe belegt:

```
jshell> twodim_special[0] = new String[] { "A" }
$34 ==> String[1] { "A" }

jshell> twodim_special[2] = new String[] { "B", "B" }
$35 ==> String[2] { "B", "B" }
```

Schauen wir einmal, worin das resultiert:

```
jshell> printArray(twodim_special)
[A]
null
[B, B]
null
```

5 Klassen und Objektorientierung

Immer wieder hört man, dass Java eine objektorientierte Sprache ist. Doch was hat es mit dieser Aussage auf sich? Lassen Sie es uns in diesem Kapitel herausfinden. Die zugrunde liegende Idee der Objektorientierung (OO) ist es, Zustand (Daten) mit Verhalten (Funktionen auf diesen Daten) zu verbinden. Um Programme zu strukturieren und Funktionalität bereitzustellen, nutzt die objektorientierte Programmierung sogenannte Klassen und Objekte. Das mag noch etwas abstrakt klingen, sollte aber im Laufe der Lektüre dieses Kapitels klarer werden. Starten wir unsere Entdeckungsreise.

5.1 Schnelleinstieg

Bevor wir uns Klassen anschauen, wollen wir einmal überlegen, wie wir zusammengehörende Informationen mit unserem bisherigen Wissensstand ausdrücken könnten. Nehmen wir etwa eine Person und ein Auto. Bereits diese lassen sich nicht mehr nur mit einzelnen Strings oder Zahlen modellieren, sondern wir benötigen mehrere Variablen zur Beschreibung der Eigenschaften. Um diese zu gruppieren, können wir für zusammengehörende Werte ein Präfix, also den gleichen Start des Variablennamens, nutzen, nachfolgend `person` und `car`:

```
personFirstname = "Michael";
personLastname = "Inden";
personBirthday = LocalDate.of(1971, 2, 7);

carBrand = "Renault";
carColor = "PETROL";
carHorsePower = 170;
```

In diesem Beispiel sehen wir schon den Einsatz eines Datums mithilfe der intuitiv verständlichen Klasse `LocalDate` (vgl. Abschnitt 11.1.2).

Bewertung Diese Art der Modellierung zusammengehörender Werte ist noch praktikabel, wenn nur recht wenige Werte zu verwalten sind. Gewöhnlich wollen wir aber mehrere Dinge in unseren Programmen verarbeiten. Je mehr dies werden, desto umständlicher wird die zuvor gezeigte Variante. Deshalb ist eine zusätzliche, elegantere Möglichkeit zur Strukturierung von Daten und zugehörigen Funktionalitäten sinnvoll. Hier kommen Klassen ins Spiel.

5.1.1 Grundlagen zu Klassen und Objekten

Wie schon angedeutet, besteht der Kerngedanke bei der objektorientierten Softwareentwicklung darin, den Programmablauf als ein Zusammenspiel von Objekten und ihren Interaktionen aufzufassen. Dabei erfolgt eine Anlehnung an die reale Welt. Dort sind Objekte, etwa Personen, Autos usw., und ihre Interaktionen ein wesentlicher Bestandteil. All diese Dinge werden durch spezielle Merkmale und Verhaltensweisen charakterisiert. Betrachten wir dies am Beispiel: Im realen Leben ist ein Auto ein Objekt. Ein solches Auto hat Eigenschaften (Attribute), wie z. B. Gewicht und Farbe, und Verhaltensweisen (Methoden), wie z. B. Fahren und Bremsen. Eine Klasse kann man sich wie einen Bauplan oder eine Konstruktionsbeschreibung für die Erstellung von Objekten vorstellen. Bevor wir das Ganze in Aktion erleben, vorab ein ganz klein wenig Theorie.

Theorie: Klassen und Objekte

Sprechen wir beispielsweise über ein spezielles Auto, etwa das von Hans Mustermann, so reden wir über ein konkretes ***Objekt***. Sprechen wir dagegen abstrakter von Autos, dann entspricht dies einer Klasse. Eine ***Klasse*** ist demnach eine Strukturbeschreibung für Objekte und umfasst eine Menge von ***Attributen*** und ***Methoden***, die in der Regel auf diesen Attributen arbeiten und damit Verhalten definieren. Eine Methode

»bremsen« kann z. B. das Attribut »Geschwindigkeit« ändern. Schließlich ist ein Objekt eine konkrete Ausprägung (***Instanz***) einer Klasse.

Klassen definieren

Mit dem Schlüsselwort `class` erzeugt man einen Bauplan (eine Klasse) und damit auch einen neuen Typ. Standardmäßig startet ein Klassenname in Java mit einem Großbuchstaben. Nachfolgend ist dies für Autos vom Typ `Car` mit drei Attributen, je eins für die Marke, die Farbe und für die Motorleistung, gezeigt. Dabei nutzen wir die schon bekannten Strings für Marke und Farbe sowie den Typ `int` für die Motorleistung:

```
jshell> class Car
   ...> {
   ...>        String brand;
   ...>        String color;
   ...>        int horsePower;
   ...> }
```

Ein Objekt erzeugen

Wir haben gerade die Klasse mit dem Namen `Car` implementiert, sodass wir diese zum Erstellen von Objekten verwenden können. Genau wie wir bisher Variablen deklariert haben, können wir dies für Klassen auch tun, also einen Typ und danach einen Variablennamen angeben. Um ein Objekt vom Typ `Car` zu erstellen, nutzen wir das Schlüsselwort `new` gefolgt vom Klassennamen. Nachfolgend wird demnach ein Objekt der Klasse `Car` mit dem Namen `myCar` erzeugt:

```
jshell> Car myCar = new Car()
myCar ==> Car@101df177
```

Aber Moment, welche Marke, Farbe und Motorleistung hat denn das gerade neu erstellte Auto? Und: Wieso kommt es zu dieser kryptischen Ausgabe? Schauen wir uns eins nach dem anderen an. Allerdings müssen wir davor noch ein wenig weitere Theorie einschieben, um das Verständnis für die nachfolgenden Themen zu erleichtern.

Theorie: Referenz und Identität

Wie bereits erwähnt, ist jedes Objekt durch seinen ***Zustand*** (Belegung der Attribute) und sein ***Verhalten*** (Methoden) definiert. Es gibt jedoch noch ein weiteres Unterscheidungskriterium: Beim Aufruf von `new` entstehen neue Objekte. Diese werden im Hauptspeicher des Computers verwaltet und besitzen unterschiedliche Speicheradressen. Man spricht in diesem Zusammenhang von ***Referenz*** oder auch ***Identität***.

Definiert man in Java eine Variable vom Typ einer Klasse, so stellt diese demnach nicht das Objekt selbst dar, sondern nur eine Referenz auf das Objekt. Eine solche Variable ist ein Verweis, um das Objekt zu erreichen[1] und mit dessen Daten und Methoden zu arbeiten. Abbildung 5–1 zeigt dies für eine Referenzvariable `myCar`, die auf ein Objekt vom Typ `Car` verweist und somit Zugriff auf dessen Attribute (hier z. B. `brand` und `horsePower`) sowie dessen (noch nicht besprochene) Methoden erlaubt.

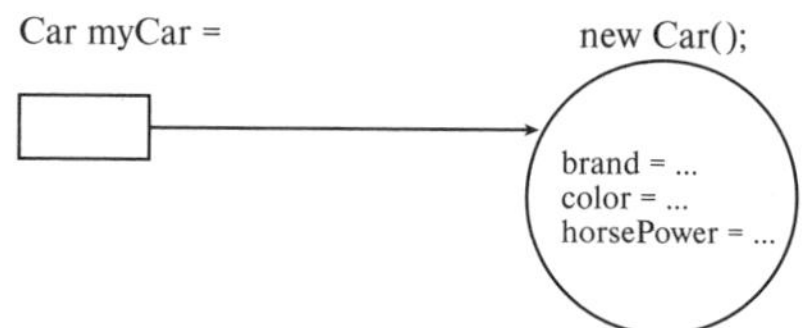

Abb. 5–1: Objekterzeugung und -referenzierung

Die folgende Abbildung 5–2 zeigt die Referenzierung desselben Objekts durch mehrere Referenzvariablen, hier `myCar` und `otherCar`. Bereits beim bloßen Betrachten erahnt man mögliche Auswirkungen von Änderungen von Attributen.

[1] Dies entspricht der Adresse im Speicher, wo das Objekt nach seiner Erzeugung abgelegt ist.

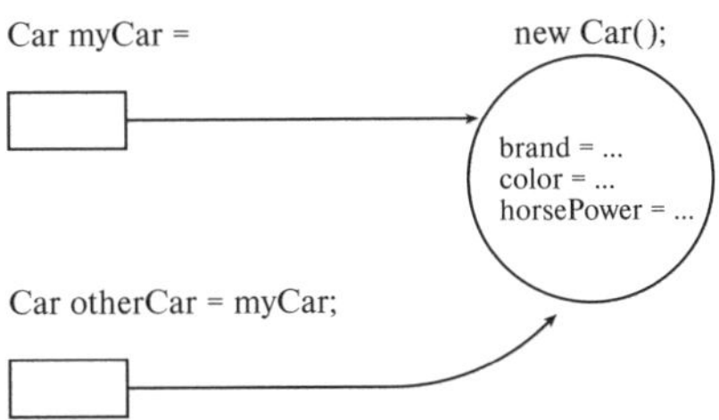

Abb. 5–2: Mehrfache Referenzierung eines Objekts

Nehmen wir an, es wird etwa der Wert des Attributs `brand` oder `horsePower` für das durch `myCar` referenzierte `Car`-Objekt verändert. So wirkt sich das natürlich auch in dem durch `otherCar` referenzierten Objekt aus. Das ist in diesem Beispiel noch leicht verständlich, verweisen doch beide Referenzen auf *dasselbe* Objekt.

In der Abbildung haben wir schon folgende Anweisungen nachvollzogen, die offensichtlich beide auf dieselbe Stelle im Speicher und damit auf das gleiche Objekt verweisen (hier die Speicherstelle 5f184fc6):

```
jshell> Car myCar = new Car()
myCar ==> Car@5f184fc6

jshell> Car otherCar = myCar
otherCar ==> Car@5f184fc6
```

Besonderheit `null`-Referenz Wenn wir den Verweis von `otherCar` löschen wollen, dann können wir diesen mit dem Wert `null` belegen. Dadurch zeigt die Variable einfach nirgendwo hin. Deswegen lässt sich mit dem Wert `null` auch prüfen, ob Variablen bereits initialisiert sind, also per `new` deren Typ erzeugt wurde. Und noch etwas: Wenn wir `otherCar` mit `null` belegen, so betrifft dies die andere Referenz nicht:

```
jshell> otherCar = null
otherCar ==> null

jshell> myCar
myCar ==> Car@5f184fc6
```

5.1.2 Eigenschaften (Attribute)

Um mit den Daten von und in Objekten, also deren Eigenschaften, arbeiten zu können, diese also auszulesen und bei Bedarf zu verändern, benötigen wir Zugriff darauf. Wie dies geht, thematisiere ich nun.

Zugriff auf die Attribute

Zum Zugriff auf die Eigenschaften (Attribute genannt) nutzt man die Punktnotation (`object.attribute`). Nachfolgend greifen wir auf alle Attribute von `myCar` zu:

```
jshell> myCar.brand
$210 ==> null

jshell> myCar.color
$210 ==> null

jshell> myCar.horsePower
$211 ==> 0
```

Offensichtlich sind die Attribute noch nicht mit sinnvollen Werten belegt. Deshalb kommt es für die beiden Strings zur Ausgabe des Werts `null`, was bekanntermaßen bedeutet das, dass noch kein Objekt erzeugt wurde. Zahlentypen werden dagegen bei der Konstruktion eines Objekts mit 0 initialisiert.

Wertebelegung der Attribute ändern

Analog zum realen Leben ändern sich für Objekte die Eigenschaften, etwa die Geschwindigkeit eines Autos beim Gasgeben oder Bremsen. Wie gesehen, besitzen die Attribute in unserem Beispiel keine sinnvolle Erstbelegung. Für die folgenden Aktionen soll unser Auto einen blauen Audi mit 220 PS repräsentieren. Wie lässt sich die Wertebelegung ändern? Genau wie die bisher genutzten Variablen können wir auch mit den Attributen von Objekten verfahren, nämlich eine Zuweisung ausführen und dabei die schon erwähnte Punktnotation verwenden:

```
jshell> myCar.brand = "Audi"
$212 ==> "Audi"

jshell> myCar.color = "BLUE"
$213 ==> BLUE

jshell> myCar.horsePower = 220
$214 ==> 220
```

Durch die drei Zuweisungen haben wir aus dem Auto ohne Wertebelegung einen blauen Audi mit 220 PS gemacht. Prüfen wir das durch eine Konsolenausgabe nach:

```
jshell> System.out.println(myCar)
REPL.$JShell$35C$Car@5d22bbb7
```

Ach ja, die kryptische Ausgabe auf der Konsole war noch zu verbessern. Was tun wir zur Abhilfe? Greifen wir Abschnitt 5.1.4 etwas vor und ergänzen unsere Klasse, indem wir dort die Methode `toString()` implementieren. Diese wird automatisch immer dann aufgerufen, wenn eine Stringrepräsentation für ein Objekt benötigt wird. Damit diese Automatik in Java funktioniert, muss die Methode `toString()` exakt so wie abgebildet als `public String toString()` geschrieben werden – dabei ist `public` ein sogenannter Sichtbarkeitsmodifier, der hier angibt, dass die Methode überall im Programm aufrufbar sein soll – später in Abschnitt 5.2.5 mehr dazu.

```
jshell> class Car
   ...> {
   ...>     String brand;
   ...>     String color;
   ...>     int horsePower;
   ...>
   ...>     public String toString()
   ...>     {
   ...>         return "Marke: " + brand + " / Farbe: " + color +
   ...>                " / PS: " + horsePower;
   ...>     }
   ...> }
```

Schauen wir uns an, was das bewirkt. Wir erzeugen dazu ein neues Auto:

```
jshell> Car myCar = new Car()
myCar ==> Marke: null / Farbe: null / PS: 0
```

Die Konsolenausgabe ist nun deutlich lesbarer, allerdings sind die Werte unbelegt, da ein neues `Car`-Objekt erstellt wurde. Belegen wir die Attribute erneut mit den gewünschten Werten:

```
jshell> myCar.brand = "Audi"
$212 ==> "Audi"

jshell> myCar.color = "BLUE"
$213 ==> BLUE

jshell> myCar.horsePower = 220
$214 ==> 220

jshell> System.out.println(myCar)
Marke: Audi / Farbe: BLUE / PS: 220
```

Das sieht gut aus, aber wäre es nicht wünschenswert, wenn wir direkt beim Erzeugen eines Autos seine Eigenschaften (oder zumindest einige davon) festlegen könnten? Widmen wir uns nun einer sinnvollen initialen Wertebelegung.

5.1.3 Objektkonstruktion und Wertebelegung

Ein Konstruktor ist in Java eine Art spezielle Methode, die zur Initialisierung von Objekten verwendet wird. Der ***Konstruktor*** wird beim Erstellen eines Objekts einer Klasse ausgeführt, also in Kombination mit `new`. Ein Konstruktor besitzt den Namen der Klasse, aber keinen Rückgabetyp. Optional können Parameter übergeben werden, um eine sinnvolle Erstbelegung der Attribute vorzunehmen. Sofern ein Parameter und ein Attribut gleich heißen, muss man diese irgendwie auseinanderhalten können. Dazu dient das Schlüsselwort `this`, das das aktuelle Objekt bezeichnet und bei der Punktnotation angegeben werden kann. Dies ist nur bei Namenskonflikten zwingend, um für eine korrekte Abarbeitung zu sorgen – in `toString()` ist die Angabe von `this` optional:

```
jshell> class Car
   ...> {
   ...>     String brand;
   ...>     String color;
   ...>     int horsePower;
   ...>
   ...>     Car()
   ...>     {
   ...>         this.brand = "Unbekannt";
   ...>         this.color = "Unlackiert";
   ...>         this.horsePower = 0;
   ...>     }
   ...>
   ...>     Car(String brand, String color, int horsePower)
   ...>     {
   ...>         this.brand = brand;
   ...>         this.color = color;
   ...>         this.horsePower = horsePower;
   ...>     }
   ...>
   ...>     public String toString()
   ...>     {
   ...>         return "Marke: " + brand + " / Farbe: " + color +
   ...>                " / PS: " + horsePower;
   ...>     }
   ...> }
```

Im Listing sieht man, dass eine Klasse mehrere Konstruktoren besitzen kann. Denjenigen ohne Parameter nennt man ***Standardkonstruktor*** oder ***Defaultkonstruktor***. Auch dort lässt sich eine erste Wertebelegung vornehmen.

Lassen Sie uns mal schauen, wie sich diese Erweiterungen positiv bemerkbar machen. Zunächst erzeugen wir ein weiteres Auto mit dem Standardkonstruktor (demjenigen ohne Parameter) und danach eins mit gewünschter Marke, Farbe und Motorisierung durch den zweiten Konstruktor:

```
jshell> Car myFirstCar = new Car()
myFirstCar ==> Marke: Unbekannt / Farbe: Unlackiert / PS: 0

jshell> Car mySecondCar = new Car("Audi", "BLUE", 220)
mySecondCar ==> Marke: Audi / Farbe: BLUE / PS: 220
```

5.1.4 Verhalten (Methoden)

Wir hatten bereits die Methode `toString()` implementiert, um eine lesbare Konsolenausgabe zu erhalten. Wir wollen nun für unser Beispiel des Autos weitere Methoden zur Definition von Verhalten hinzufügen. Wie im realen Leben wäre es ziemlich langweilig, wenn es keine Veränderungen geben würde. Vielleicht möchten Sie die Geschwindigkeit ändern, ein Tuning Kit einbauen oder das Auto neu lackieren.

Verhalten definieren

Zum Wechseln der Farbe fügen wir eine Methode `paintWith()` hinzu – gleichzeitig entfernen wir den Standardkonstruktor:

```
jshell> class Car
   ...> {
   ...>     String brand;
   ...>     String color;
   ...>     int horsePower;
   ...>
   ...>     Car(String brand, String color, int horsePower)
   ...>     {
   ...>         this.brand = brand;
   ...>         this.color = color;
   ...>         this.horsePower = horsePower;
   ...>     }
   ...>
   ...>     void paintWith(String newColor)
   ...>     {
   ...>         this.color = newColor;
   ...>     }
   ...>
   ...>     public String toString()
   ...>     {
   ...>         return "Marke: " + brand + " / Farbe: " + color +
   ...>                " / PS: " + horsePower;
   ...>     }
   ...> }
```

Nun färben wir einen orangen VW grün:

```
jshell> Car myThirdCar = new Car("VW", "ORANGE", 123)
myThirdCar ==> Marke: VW / Farbe: ORANGE / PS: 123
```

```
jshell> myThirdCar.paintWith("GREEN")

jshell> System.out.println(myThirdCar)
Marke: VW / Farbe: GREEN / PS: 123
```

Weiteres Verhalten definieren

Wie wäre es, wenn wir eine weitere Methode zum Tuning hinzufügen? So langsam wird das Modifizieren der Java-Kommandos (auch Editieren genannt) in der JShell allerdings etwas umständlich.[2] Alternativ können Sie die Programmzeilen in einem Texteditor schreiben und dann in die JShell kopieren. ***Im Normalfall empfiehlt sich zum Bearbeiten von Java-Programmen eine IDE, weil diese komfortable Editiermöglichkeiten bietet***. Eine IDE setzen wir ein, wenn wir uns im übernächsten Abschnitt mit dem Erstellen ausführbarer Klassen beschäftigen.

```
class Car
{
    String brand;
    String color;
    int horsePower;

    Car(String brand, String color, int horsePower)
    {
        this.brand = brand;
        this.color = color;
        this.horsePower = horsePower;
    }

    void paintWith(String newColor)
    {
        this.color = newColor;
    }

    void applyTuningKit()
    {
        this.horsePower += 150;
    }
```

[2] Als Quick Fix gibt es das Kommando `/edit`, das ein simples Editorfenster öffnet.

```
    public String toString()
    {
        return "Marke: " + brand + " / Farbe: " + color +
               " / PS: " + horsePower;
    }
}
```

Erneut erzeugen wir durch einen Konstruktoraufruf mit passenden Parametern ein neues Auto in Form eines `Car`-Objekts. Für unseren Ferrari nutzen wir gleich noch das Tuning Kit durch Aufruf von `applyTuningKit()`, was dann 150 PS mehr bringt:

```
jshell> Car myFerrari = new Car("Ferrari", "RED", 550)
myFerrari ==> Marke: Ferrari / Farbe: RED / PS: 550

jshell> myFerrari.applyTuningKit()

jshell> System.out.println(myFerrari)
Marke: Ferrari / Farbe: RED / PS: 700

jshell> myFerrari.applyTuningKit()

jshell> System.out.println(myFerrari)
Marke: Ferrari / Farbe: RED / PS: 850
```

Gedanken zur Erweiterung

Eigentlich sollte das Tuning Kit nicht mehrmals angewendet werden können. Wie verhindert man das? Eine Möglichkeit besteht darin, ein zusätzliches Attribut in Form einer `boolean`-Variablen `isTuned` bereitzustellen. Diese Variable kann dann speichern, dass bereits einmal ein Tuning erfolgt ist, und durch Prüfungen anschließend verhindern, dass dies mehrmals geschieht.

5.1.5 Typprüfungen

Manchmal möchte man im Programmverlauf prüfen, ob eine Variable einen bestimmten Typ besitzt, etwa um auf die Informationen eines Autos zuzugreifen. Nehmen wir einmal an, eine Variable `obj` wäre zunächst als String und später als `Car` definiert:

```
jshell> var obj = "Text"
obj ==> "Text"

jshell>  obj = new Car("Ferrari", "RED", 550)
obj ==> Marke: Ferrari / Farbe: RED / PS: 550
```

Typprüfung mit getClass()

Alle Klassen haben in Java automatisch eine Built-in-Methode namens `getClass()`, die den zugehörigen Typ ermittelt:

```
jshell> var obj = "Text"
obj ==> "Text"

jshell> obj.getClass()
$31 ==> class java.lang.String

jshell> obj = new Car("Ferrari", "RED", 550)
obj ==> Marke: Ferrari / Farbe: RED / PS: 550

jshell> obj.getClass()
$33 ==> class Car
```

Typprüfung mit instanceof

Eine Prüfung mit `instanceof` wird verwendet, um zu testen, ob ein Variable vom angegebenen Typ ist. Ein Aufruf von `instanceof` gibt entweder `true` oder `false` zurück, abhängig vom Ausgang der Typprüfung.

Bezogen auf die zuvor vorgestellten Autos könnte man beispielsweise prüfen, ob eine Variable `obj` tatsächlich die Klasse `Car` darstellt. Wir führen den Test für ein Auto und einen Text durch:

```
jshell> void checkCorrectType(Object obj)
   ...> {
   ...>     if (obj instanceof Car)
   ...>         System.out.println("is of type Car");
   ...>     else
   ...>         System.out.println("NOT of type Car");
   ...> }
|  created method checkCorrectType(Object)

jshell> checkCorrectType(new Car("Ferrari", "RED", 550))
is of type Car

jshell> checkCorrectType("Michael")
NOT of type Car
```

Wir sehen als Typ des Parameters `Object`. Was es damit auf sich hat, erkläre ich demnächst. Hier reicht das Verständnis, dass dies ein Platzhalter für beliebige Typen ist, etwa für die in Java definierten `String`s oder auch die selbst definierte Klasse `Car`:

```
jshell> Object obj = "Text"
obj ==> "Text"

jshell> Object obj = new Car("Ferrari", "RED", 550)
obj ==> Marke: Ferrari / Farbe: RED / PS: 550
```

Anwendungsbeispiel Manchmal besitzt ein Methodenparameter einen allgemeinen Typ, hier `Object`, und innerhalb der Methode sollen abhängig vom konkreten Typ verschiedene Aktionen ausgeführt werden. Dann kann man das folgendermaßen über `instanceof` realisieren:

```
void doSomething(Object param)
{
    if (param instanceof String)
    {
        System.out.println("param is of type String");
    }
    // .. weitere Prüfungen hier
    else if (param instanceof Car)
    {
        System.out.println("param is of type Car");
    }
}
```

Zugriff auf die Daten der jeweiligen Typen Oftmals möchte man mit den so ermittelten Typen weiterarbeiten, wozu man sich eigenständige Variablen definiert und den allgemeinen Typ mit einem ***Cast*** auf den erwarteten Typ umwandelt:

```
void doSomething(Object param)
{
    if (param instanceof String)
    {
        System.out.println("param is of type String");
        String text = (String) param; // Cast
        System.out.println("Length: " + text.length());
    }
    // .. weitere Prüfungen hier
    else if (param instanceof Car)
    {
        System.out.println("param is of type Car");
        Car car = (Car) param; // Cast
        System.out.println("with color: " + car.color);
        System.out.println("with brand: " + car.brand);
    }
}
```

Prägnantere Kurzschreibweise Mit modernem Java kann man auf den obigen Cast verzichten und das Ganze kürzer schreiben, indem man die Variable direkt in der Zeile des `instanceof` hinter dem Typ angibt:

```
void doSomething(Object param)
{
    if (param instanceof String text)
    {
        System.out.println("param is of type String");
        System.out.println("Length: " + text.length());
    }
    // .. weitere Prüfungen hier
    else if (param instanceof Car car)
    {
        System.out.println("param is of type Car");
        System.out.println("with color: " + car.color);
        System.out.println("with brand: " + car.brand);
    }
}
```

Man könnte die Verarbeitung beispielsweise wie folgt aufrufen:

```
jshell> doSomething("Michael")
param is of type String
Length: 7

jshell> doSomething(new Car("Ferrari", "RED", 550))
param is of type Car
with color: RED
with brand: Ferrari
```

Hintergrundwissen zu `instanceof`

Bedenken Sie bitte, dass Prüfungen mit `instanceof` meist kein guter Stil sind, weil diese gegen das sogenannte Open Closed Principle, eines der SOLID-Prinzipien, die in meinem Buch »Der Weg zum Java-Profi« [1] besprochen werden, verstoßen und oftmals besser über ein gemeinsames Interface und Polymorphie abgebildet werden können.

5.1.6 Basiswissen zur Klasse `Object`

Bei der Besprechung der Typprüfungen ist uns immer wieder der Typ `Object` untergekommen. Genauer handelt es sich dabei um die Klasse `java.lang.Object`. Sie bildet die Grundlage (Basisklasse) für alle Klassen in Java. Das gilt auch für selbst geschriebene Klassen. Zudem ist `Object` dafür zuständig, dass alle Klassen ein paar grundsätzliche Methoden wie die bereits bekannten `toString()` und `getClass()` besitzen. Mit diesem Wissen erklärt sich, wieso die Zuweisungen

```
jshell> Object obj = "Text"
obj ==> "Text"

jshell> Object obj = new Car("Ferrari", "RED", 550)
obj ==> Marke: Ferrari / Farbe: RED / PS: 550
```

möglich sind.

Beispielklasse Person

Die nachfolgende Klasse Person enthält die drei Attribute name, city und age und ist folgendermaßen implementiert:

```
class Person /* extends Object */
{
   String name;
   String city;
   int age;

   Person(String name, String city, int age)
   {
      this.name = name;
      this.city = city;
      this.age = age;
   }

   public String toString()
    {
        return "Person [name=" + name + ", city=" + city +
               ", age=" + age + "]";
    }
}
```

Bei dieser Realisierung ist erwähnenswert, dass diese eigene Klasse automatisch die Klasse Object als Basis besitzt,[3] weshalb die Angabe nur als Kommentar angedeutet ist.

Zur Vertiefung nutzen wir nochmals zwei Objektkonstruktionen und ein paar Methodenaufufe:

```
jshell> Person matze = new Person("Matze", "Kiel", 49)
matze ==> Person [name=Matze, city=Kiel, age=49]

jshell> Object mike = new Person("Michael", "Zürich", 52)
mike ==> Person [name=Michael, city=Zürich, age=52]

jshell> mike.getClass()
$36 ==> class Person

jshell> mike.toString()
$37 ==> "Person [name=Michael, city=Zürich, age=52]"
```

[3] Dies gilt für alle Klassen, die keine andere Basisklasse angegeben haben.

Auch ohne direkten Aufruf der Methode `toString()` wird diese Methode immer dann implizit, d. h. also »unsichtbar«, aufgerufen, wenn ein Objekt in einen String umgewandelt werden muss – im Beispiel zur Ausgabe in der JShell oder für Aufrufe mit `System.out.println()`:

```
jshell> mike
mike ==> Person [name=Michael, city=Zürich, age=52]
```

Der Typ `Object` für Parameter

Vielleicht wundern Sie sich noch ein wenig über den Typ `Object` in einigen der bisherigen Methoden. Deshalb möchte ich es nochmals betonen: Der Typ `Object` steht stellvertretend für andere Typen in Methodensignaturen (vgl. Abschnitt 2.5.4), um eine allgemeine Gültigkeit auszudrücken.

5.1.7 Objekte vergleichen – die Rolle von `equals()`

Immer mal wieder kann es nötig sein, zwei Objekte miteinander zu vergleichen. Für Zahlen haben wir dazu == genutzt. Schauen wir mal, was passiert, wenn wir das für Objekte genauso machen. Dazu konstruieren wir zwei inhaltlich gleiche Objekte vom Typ `Car` wie folgt:

```
jshell> Car tomsCar = new Car("Audi", "BLUE", 275)
tomsCar ==> Marke: Audi / Farbe: BLUE / PS: 275

jshell> Car jimsCar = new Car("Audi", "BLUE", 275)
jimsCar ==> Marke: Audi / Farbe: BLUE / PS: 275

jshell> tomsCar == jimsCar
$4 ==> false
```

Zwar scheinen diese Objekte für uns Menschen gleich zu sein, aber für den Computer sind sie es nicht! Wieso? Der Computer unterscheidet verschiedene Formen von Gleichheit! Für Objekte existieren die ***inhaltliche Gleichheit*** sowie die sogenannte ***Referenzgleichheit*** oder ***Identität***. Tatsächlich tun wir das in der Realität genauso: Wir unterscheiden bei Objekten, ob es das gleiche oder dasselbe (identische) Objekt ist. Wenn Peter und Michael zwei Bücher gleichen Titels besitzen, dann sind es zwei Exemplare des gleichen Buchs. Diese sind aber nicht dasselbe Exemplar. Genauso können Tom und Jim jeweils einen blauen Audi mit 275 PS besitzen, ohne dass es sich um dasselbe Auto handelt. Es ist eben das gleiche Auto, also mit gleichen Eigenschaften.

Objektzustand

Die momentane Wertebelegung der Attribute eines Objekts, etwa die Farbe und die Marke, wird ***Objektzustand*** genannt. Die Wertebelegungen können sich im Programmablauf ändern. Beispielsweise ändert sich die Farbe des Autos durch eine neue Lackierung. Bei Personen ändert sich etwa das Alter oder der Beziehungsstatus.

Unveränderlicher Zustand Interessanterweise gibt es noch ein weiteres Detail zu beachten: Beim Programmieren und im realen Leben existieren verschiedene Dinge, die nach der Erstellung bzw. Initialisierung unveränderlich sind. Bei Personen ist das etwa das Geburtsdatum, bei Autos ist es die Marke usw. Später mehr zu der Thematik.

Vergleich von Objekten

Kommen wir zum Vergleich von Objekten zurück. Dafür gibt es unter anderem folgende Möglichkeiten, die gewisse Besonderheiten besitzen, die man kennen sollte, um Probleme zu vermeiden:

1. **Operator '=='** – Mit dem Operator '==' werden Referenzen verglichen. Somit wird auf Identität geprüft, also, ob es sich um *dieselben* Objekte handelt.
2. **Aufruf der Methode `equals()`** – Wenn zwei Objekte bezüglich ihres Zustands (d. h. der Wertebelegung der Attribute) verglichen werden sollen, dann ist dazu die Methode `equals()` in eigenen Klassen zu implementieren. Dazu muss derjenige Teil des Objektzustands verglichen wer-

den, der für die ***semantische Gleichheit***, also die inhaltliche Gleichheit, relevant ist. Implementiert man `equals()` nicht selbst, so erfolgt standardmäßig lediglich ein Vergleich der beiden Referenzen mit dem Operator '=='.

Puh, das war jetzt etwas theoretisch. Allerdings ist durch die bisherigen Erklärungen nun klar, dass ein Vergleich der beiden `Car`-Objekte mit == den Wert `false` liefert.

Probieren wir den Vergleich der Autos mit `equals()`:

```
jshell> Car tomsCar = new Car("Audi", "BLUE", 275)
tomsCar ==> Marke: Audi / Farbe: BLUE / PS: 275

jshell> Car jimsCar = new Car("Audi", "BLUE", 275)
jimsCar ==> Marke: Audi / Farbe: BLUE / PS: 275

jshell> tomsCar.equals(jimsCar)
$5 ==> false
```

Wieso wird hier keine inhaltliche Gleichheit erkannt? Darüber könnten wir zunächst kurz stutzig sein. Deshalb lesen wir nochmals den oberen Abschnitt zu `equals()`. Dort steht, dass wir die Methode für eigene Klassen selbst definieren müssen.

Implementierung der Methode `equals()`

Eine Implementierung in der Praxis ist relativ einfach nach folgendem zweistufigen Vorgehen möglich:

1. **Prüfungen** – Zunächst prüfen wir folgende Bedingungen ab:

   a. keine `null`-Referenzen,

   b. keine identischen Objekte und

   c. nur Objekte des gewünschten Typs.

2. **Objektvergleich** – Anschließend werden diejenigen Attributwerte verglichen, die für die Aussage »Gleichheit« relevant sind.

Prüfungen Die Implementierung der Methode `equals()` in eigenen Klassen sollte mit einer Prüfung des Übergabeparameters auf `null` beginnen (Punkt a). Für eine bessere Performance wird danach auf Identität (Punkt b) geprüft, weil man sich bei Identität alle weiteren, gegebenenfalls aufwendigen Prüfungen sparen kann. Um nicht Äpfel mit Birnen zu vergleichen, erfolgt eine Typprüfung (Punkt c) vor dem eigentlichen Vergleich der Attribute. Zur Typprüfung für die Klasse `Car` verwenden wir die Methode `getClass()`, die vom Typ `Object` bereitgestellt wird und Auskunft über den Typ gibt.

Objektvergleich Wurden die initialen Prüfungen bestanden, so kann nun das übergebene Objekt sicher mit einem Cast in den entsprechenden Typ umgewandelt werden. Die relevanten Attribute des Objekts werden (z. B. in der Reihenfolge ihrer Definition oder des ersten vermuteten Unterschieds) auf Gleichheit geprüft. Dabei gelten folgende Regeln:

1. Vergleiche die Ganzzahltypen `int` oder `long` per Operator '=='. Für Gleitkommazahlen sind derartige Vergleiche fehleranfällig und fragil. Beachten Sie dazu bitte die Ausführungen in Abschnitt 7.2 und den folgenden Hinweiskasten.
2. Vergleiche alle Objekttypen mit deren `equals()`-Methode. Einfach und `null`-sicher – ohne dass man `null`-Werte selbst behandeln muss – arbeitet die Methode `Objects.equals()` aus dem JDK (Java Development Kit).

Implementierung der Methode `equals()` Basierend auf den gerade gewonnenen Erkenntnissen ergibt sich für die `equals()`-Methode für die Klasse `Car` folgende Realisierung:

```
@Override
public boolean equals(final Object other)
{
    if (other == null)                          // Null-Akzeptanz
        return false;
    if (this == other)                          // Reflexivität
        return true;
    if (this.getClass() != other.getClass())    // Typgleichheit
        return false;
```

```
    Car otherCar = (Car) other;
    return Objects.equals(brand, otherCar.brand) &&
           Objects.equals(color, otherCar.color) &&
           horsePower == otherCar.horsePower;
}
```

Im Listing sehen wir die Annotation `@Override`. Annotations sind mit dem Zeichen '@' beginnende Markierungen, die Metainformationen zu einem damit gekennzeichneten Element (Klasse, Methode usw.) beschreiben. Hier wird damit ausgedrückt, dass die Funktionalität für `equals()` neu definiert wird.

Vergleich von Gleitkommatypen `float` und `double`

Bei Berechnungen mit Gleitkommazahlen müssen wir bei deren Vergleich besondere Vorsicht walten lassen, weil es immer wieder zu Überraschungen aufgrund der systemimmanenten Ungenauigkeit durch Rundungsfehler kommt:

```
jshell> 0.1 + 0.1 + 0.1 == 0.3
$8 ==> false

jshell> 0.1 + 0.1 + 0.1 == 3 * 0.1
$10 ==> true
```

Daher sollte man Vergleiche von Gleitkommazahlen in Implementierungen von `equals(Object)` möglichst vermeiden.

Sofern benötigt, kann man sich zum Vergleich von Gleitkommazahlen eine Hilfsmethode `isEqualWithinPrecision()` wie folgt definieren:

```
static boolean isEqualWithinPrecision(final double value,
                                      final double expected,
                                      final double epsilon)
{
    return (value > expected - epsilon &&
            value < expected + epsilon);
}
```

Damit werden alle Werte für den erwarteten und den zu prüfenden Wert als »gleich« angesehen, falls deren Differenz kleiner als »Epsilon« ist.

5.2 Nächste Schritte

5.2.1 Klassen ausführbar machen

In der Einleitung habe ich geschrieben, dass sich die Funktionalität objektorientierter Programme aus dem Zusammenspiel verschiedener Klassen ergibt. Demzufolge benötigt es zumindest einen Startpunkt, die Hauptapplikation. Bevor ich darauf eingehe, behandle ich einige Grundlagen.

Verhalten für Klassen definieren – statische Methoden und Variablen

Bekanntermaßen definieren wir mithilfe von Methoden das Verhalten von Objekten. Zudem ist es möglich, sowohl Methoden als auch Variablen für Klassen zu definieren. Diese sind dann keinem Objekt zugeordnet, sondern der Klasse selbst. Dazu dient das Schlüsselwort `static`, das der Definition vorangestellt wird. Man spricht von einer ***statischen Methode*** bzw. einer ***statischen Variablen***. Nachfolgend werden in einer Klasse `StaticExample` sowohl eine statische Methode und Variable als auch eine »normale« Objektmethode definiert:

```
class StaticExample
{
    static String staticInfo = "Class wide info";

    static String generateInfo()
    {
        System.out.println("static methods can be called without" +
                           " creating objects");
        return "Special Information";
    }

    String objectMethod()
    {
        System.out.println("object methods must be called on " +
                           "objects");
        System.out.println("static methods/variables are always " +
                           "accessible");

        return staticInfo;
    }
}
```

Die Unterschiede zwischen den beiden Arten von Methoden sind im Listing bereits durch die Texte der Konsolenausgaben angedeutet. Hier möchte ich es nochmals explizit erwähnen: Eine statische Methode kann ohne vorheriges Erzeugen einer Instanz aufgerufen werden. Dazu nutzt man die Punktnotation mit dem Klassennamen – Gleiches gilt für statische Variablen:

```
jshell> StaticExample.generateInfo()
static methods can be called without creating objects
$14 ==> "Special Information"

jshell> StaticExample.staticInfo
$15 ==> "Class wide info"
```

Für Objektmethoden bedarf es einer Instanz der Klasse. Versucht man es wie zuvor gezeigt, erhält man eine Fehlermeldung. Deshalb erzeugen wir ein Objekt und rufen die Methode erneut auf:

```
jshell> StaticExample.objectMethod()
|  Error:
|  non-static method objectMethod() cannot be referenced from a
       static context
|  StaticExample.objectMethod()
|  ^-----------------------^

jshell> var staticExample = new StaticExample()
staticExample ==> StaticExample@1f89ab83

jshell> staticExample.objectMethod()
object methods must be called on objects
static methods/variables are always accessible
```

Eine Klasse als ausführbare Einheit definieren

Möchte man aus einer Klasse eine ausführbare Einheit machen, so muss man dieser Klasse eine öffentliche (`public`), statische Methode mit dem Namen `main` folgendermaßen hinzufügen:

```
public static void main(final String[] args)
{
    // hier stehen die Anweisungen zum Ausführen des Programms
}
```

Wiederholt haben wir jetzt das Schlüsselwort `public` gesehen. In aller Kürze: Damit werden Klassen oder Methoden für andere Klassen zugänglich. Später dazu mehr.

Applikation als Klasse definieren

Wenden wir uns wieder unserem Beispiel der Autos zu. Zwar könnte man in der Klasse `Car` eine `main()`-Methode ergänzen, aber das wäre doch eher unnatürlich, weil diese Klasse ja Dinge modelliert. Vielmehr bietet es sich an, die eigentliche Applikation als eine separate Klasse zu implementieren.

Wie gerade motiviert, besteht ein Java-Programm in der Regel aus vielen Klassen. Normalerweise dienen einige davon zum Verwalten von Daten, andere stellen Funktionalitäten bereit und oftmals gibt es eine spezielle Klasse, die die Hauptapplikation enthält. In dieser wird dann gewöhnlich die `main()`-Methode definiert.

Für unser Beispiel könnte das Hauptprogramm etwa eine Klasse `CarManagementApplication` sein, die zur Verwaltung von Autos eines Autohändlers dient. Exemplarisch gehen wir von einem feststehenden Bestand an Autos als `Car[]` aus und bieten zwei Suchen oder Filterungen an, nämlich nach Marke sowie nach Mindest-PS. Für beides realisieren wir korrespondierende Methoden. Dabei nutzen wir einmal die for-each-Schleife und alternativ einmal die `for`-Schleife, um beide nochmals zu wiederholen. Beim Filtern nach Marke setzen wir die gerade kennengelernte Methode `equals()` zum Vergleich von Objekten ein – hier für den Typ `String`, wo diese schon passend vordefiniert ist:

```
public class CarManagementApplication
{
    Car[] availableCars = new Car[] {
                          new Car("Renault", "BLUE", 75),
                          new Car("Renault", "PETROL", 175),
                          new Car("Ferrari", "RED", 455),
                          new Car("BMW", "GREEN", 255),
                          new Car("BMW", "YELLOW", 125),
                          new Car("VW", "WHITE", 65),
                          new Car("VW", "BLUE", 105) };

    private CarManagementApplication()
    {
    }

    private void filterByBrand(String brand)
    {
        for (Car currentCar : availableCars)
        {
            if (currentCar.brand.equals(brand))
                System.out.println(currentCar);
        }
    }

    private void filterByHorsePowerGreaterThan(int minHorsePower)
    {
        for (int i = 0; i < availableCars.length; i++)
        {
            if (availableCars[i].horsePower > minHorsePower)
                System.out.println(availableCars[i]);
        }
    }

// ...
```

Wir nutzen im Listing das Schlüsselwort `private` zum Verstecken von Informationen. Dadurch kann nur die Klasse selbst auf diese Methoden zugreifen. Da es die Hauptapplikation ist, wird der Programmablauf in der Methode `main()` beschrieben und nur hier soll Zugriff bestehen. Kommen wir zur `main()`-Methode. Dort erzeugen wir eine Instanz der Klasse `CarManagementApplication` und führen dann zwei Suchen durch, einmal nach der Marke »Renault« und einmal nach mehr als 150 PS:

```
// ...

    public static void main(String[] args)
    {
        var app = new CarManagementApplication();

        System.out.println("Alle Renaults im Angebot:");
        app.filterByBrand("Renault");

        System.out.println();

        System.out.println("Alle Autos mit mehr als 150 PS:");
        app.filterByHorsePowerGreaterThan(150);
    }
}
```

Wenn wir diese Klasse in der JShell definieren, dann ist folgende etwas kryptische Aufrufsyntax erforderlich:

```
jshell> CarManagementApplication.main(null)
```

Dabei kommt es zu folgenden Programmausgaben, die die beiden Filterungen zeigen:

```
Alle Renaults im Angebot:
Marke: Renault / Farbe: BLUE / PS: 75
Marke: Renault / Farbe: PETROL / PS: 175

Alle Autos mit mehr als 150 PS:
Marke: Renault / Farbe: PETROL / PS: 175
Marke: Ferrari / Farbe: RED / PS: 455
Marke: BMW / Farbe: GREEN / PS: 255
```

Verbesserungspotenziale

Folgende Verbesserungspotenziale könnten uns auffallen:

- Die Verwaltung des Autobestands sollte dynamisch erfolgen. Dazu lernen wir in Kapitel 6 mit Listen passende Datenstrukturen kennen.
- Das Filtern sollte sich allgemeingültiger lösen lassen. Um das realisieren zu können, behandelt Kapitel 8 Lambdas und das Stream-API (API = Application Programming Interface – die von einer oder mehreren Klassen bereitgestellten Funktionalitäten in Form von Methoden).

Eine weitere unschöne Sache wird beim genaueren Betrachten der beiden Filtermethoden deutlich: Wir greifen direkt auf die Eigenschaften einer anderen Klasse, hier `Car`, zu. Das wird im Allgemeinen in der Objektorientierung als schlechter Stil gewertet. Warum, klären wir in Kürze.

5.2.2 Imports und Packages

Ein bereits angedeuteter Vorteil der Objektorientierung ist die Wiederverwendung. Dabei existieren verschiedene Formen. Am einfachsten ist das Verwenden von Funktionalitäten aus anderen Klassen. Das haben wir gerade für die Autoverwaltung gesehen. Dazu muss man Zugriff auf die anderen Klassen besitzen und diese referenzieren. Das nennt man auch »importieren«.[4] Im vorherigen Beispiel ist allerdings kein Import nötig, weil die Klassen im selben Package liegen. Schauen wir uns an, was Packages sind.

---

[4] Streng genommen kann man auch auf andere Klassen zugreifen, indem man diese mit ihrem sogenannten vollqualifizierten Namen (also inklusive aller Packages und Subpackages) angibt, etwa `new java.util.Scanner("")`.

Packages

Wenn Ihre Programme größer werden und mehrere Klassen umfassen, dann kommt schnell der Wunsch auf, diese passend zu gruppieren, etwa eine Aufteilung in Hilfsklassen, Klassen für die Modellierung und das Hauptprogramm vorzunehmen. Auch die Java-Standardbibliothek (JDK = Java Development Kit) ist thematisch untergliedert, unter anderem in die Packages `java.lang`, `java.util` und `java.time`. Diese Aufteilung ist analog zum Dateisystem, wo Dateien und Verzeichnisse zur Strukturierung dienen.

In Java existiert dazu das Konzept der ***Packages***, die einen sogenannten Namensraum bilden. Java erlaubt keine zwei Klassen gleichen Namens in einem Package, jedoch ist es möglich, gleichnamige Klassen in unterschiedlichen Packages zu definieren.

Packages lassen sich in zwei Kategorien untergliedern:

- Eingebaute Packages (Packages aus dem JDK)
- Benutzerdefinierte Packages (vom Benutzer definierte eigene Packages)

Kommen wir zu unserer Applikation zurück. Bislang haben wir nirgendwo Packages gesehen. Tatsächlich sammelt Java alle Klassen ohne eine spezielle Kennzeichnung im sogenannten Defaultpackage. Nun wollen wir aber für mehr Struktur sorgen (können).

Benutzerdefinierte Packages

Packages entsprechen Verzeichnissen im Dateisystem. Benötigen Sie ein neues Package, so müssen Sie im Dateisystem ein neues gleichnamiges Verzeichnis anlegen. Bequemer lässt sich ein neues Package mit der IDE erstellen. Dann wird automatisch das korrespondierende Verzeichnis angelegt.

Um für eine Klasse die Zugehörigkeit zu einem Package zu definieren, verwenden Sie das Schlüsselwort `package` gefolgt von einem Namen (per Konvention komplett kleingeschrieben) als erste Zeile in einer Java-Datei:

```
package myfirstpackage;

public class PackageExample
{
    // ...
}
```

Import

Das JDK bietet eine Vielzahl an vordefinierten Klassen, wie die schon eingesetzten `String`, `Math` usw. Wenn Sie eine Klasse (beispielsweise eine aus dem JDK) finden, die Sie verwenden möchten, z. B. die in der Einführung vorgestellte Klasse `Math`, schreiben Sie in Java-Programmen außerhalb der JShell den folgenden Befehl mit dem Schlüsselwort `import`:

```
import java.util.Math;
```

Dabei ist `java.util` der Name des Packages, während `Math` eine Klasse aus diesem Package ist. Ein Import macht die Funktionalitäten direkt per Name zugreifbar.

Betrachten wir ein einführendes Beispiel, das lediglich das aktuelle Jahr ermitteln soll. Dazu gibt es die später in Abschnitt 11.1.1 vorgestellte, aber intuitiv verständliche Klasse `Year` aus dem Package `java.time`. Probieren wir eine Konstruktion in der JShell aus:

```
jshell> Year currentYear = Year.now()
|  Error:
|  cannot find symbol
|    symbol:   class Year
|  Year currentYear = Year.now();
|  ^--^
|  Error:
|  cannot find symbol
|    symbol:   variable Year
|  Year currentYear = Year.now();
|                     ^--^
```

Ganz offensichtlich fehlt der JShell die Information zur Klasse `Year`. Mit einem passenden Import beheben wir das Problem:[5]

```
jshell> import java.time.Year

jshell> Year currentYear = Year.now()
currentYear ==> 2023
```

Nach dem Import kann man dann wie gerade gezeigt direkt auf den Typ zugreifen. Ansonsten hätte man `java.time.Year` statt `Year` schreiben müssen. Man nennt diese komplette Angabe auch eine voll qualifizierte. Somit sorgt ein Import für weniger Tipparbeit und etwas mehr Bequemlichkeit.

Besonderheit Package-Import Wir wissen mittlerweile, dass durch einen Import der Zugriff auf eine spezielle Klasse angenehmer wird. Mitunter enthält ein Package noch diverse weitere Klassen, die man verwenden möchte. Dann lässt sich ein sogenannter Stern-Import wie folgt als Abkürzung nutzen:

```
import package.subpackage.*;
```

Dadurch werden alle im Package enthaltenen Klassen importiert und man muss diese nicht einzeln als Imports aufführen. Der Vorteil liegt klar in der Bequemlichkeit und in weniger Schreibarbeit. Nachteilig ist, dass Transparenz darüber fehlt, was eigentlich alles eingebunden und was davon tatsächlich benötigt wird.

Besonderheit statischer Import Als weitere Spielart gibt es den sogenannten statischen Import. Damit können die statischen Methoden oder Attribute direkt zugreifbar gemacht werden.

Führen wir die zwei statischen Imports aus:

```
jshell> import static java.lang.Integer.parseInt;

jshell> import static java.lang.System.out;
```

---

[5] Wenn Sie eine IDE benutzen, so kann diese die benötigten Klassen und Imports automatisch auflösen und bereitstellen.

Dadurch können wir kompakt Folgendes schreiben:

```
jshell> var result = parseInt("7271")
result ==> 7271

jshell> out.println(result)
7271
```

Ohne diese Imports hätte man das etwas umfangreicher schreiben müssen:

```
jshell> var result = java.lang.Integer.parseInt("7271")
$27 ==> 7271

jshell> System.out.println(result)
7271
```

Besonderheit JShell Im Speziellen importiert die JShell bereits alle Klassen aus den Packages `java.util` und `java.lang`, weshalb der obige Import im interaktiven Modus nicht erforderlich ist. Wenn Sie später – außerhalb der JShell – eine eigene Klasse etwa in einer IDE schreiben, dann wird diese `import`-Anweisung benötigt. Das gilt auch immer dann, wenn Sie weitere nicht direkt in der JShell verfügbare Funktionalitäten einbinden wollen.

5.2.3 Übergang zum Einsatz einer IDE

Bislang haben wir vorwiegend die JShell genutzt, weil wir dort einfache Beispiele mit wenigen Zeilen und ein oder maximal zwei Klassen gut nachvollziehbar gestalten können.

Ein Java-Programm besteht normalerweise aber aus mehreren, manchmal sogar aus einer Vielzahl an Klassen. Dann helfen IDEs dabei, die Struktur eines Projekts sowie dessen Untergliederung in Packages und Klassen gut handhabbar zu halten. Zudem muss man sich nicht um die Details beim Kompilieren (also den Aufruf von `javac`) sowie Ausführen (also den Aufruf von `java`) kümmern (vgl. Anhang C). Bei den bislang gezeigten Beispielen und Applikationen mit vorwiegend einer Klasse ist das nur ein geringer Vorteil. Wenn wir uns aber komplexere Applikationen mit einer Vielzahl an Packages und Klassen und somit Verzeichnissen und Dateien vorstellen, wird die manuelle Arbeit doch schnell mühsam und fehlerträchtig.

Wie in der Einführung beschrieben, lassen sich mithilfe von IDEs darüber hinaus Klassen sowie Packages einfach anlegen. Ebenso ist das Modifizieren der Java-Kommandos (auch Editieren von Sourcecode genannt) mit einer IDE deutlich komfortabler als mit dem Java-Kommandozeileninterpreter oder einem Texteditor. Das gilt ebenfalls für die Programmausführung.

Für einige der kommenden, etwas umfangreicheren Klassen oder Java-Programme werden wir daher eine IDE nutzen. Exemplarisch zeige ich einige wichtige Schritte:

- Projekt in Eclipse anlegen
- Klasse inklusive Package anlegen
- Sourcecode editieren
- Klasse ausführen

Projekt in Eclipse anlegen

Legen Sie ein neues Java-Projekt an, wie es bereits in Abschnitt 1.3.3 der Einführung beschrieben wurde. Öffnen Sie links im Package Explorer das Kontextmenü und wählen Sie dort `New > Java Project`. Im erscheinenden Dialog geben Sie dann den gewünschten Projektnamen ein und erzeugen das Projekt durch einen Klick auf den Finish-Button.

Klassen inklusive Package anlegen

Ausgangspunkt zum Anlegen einer Klasse ist wieder die Baumdarstellung auf der linken Seite im Package Explorer. Dort öffnet man ein Kontextmenü und wählt den Eintrag `New > Class`.

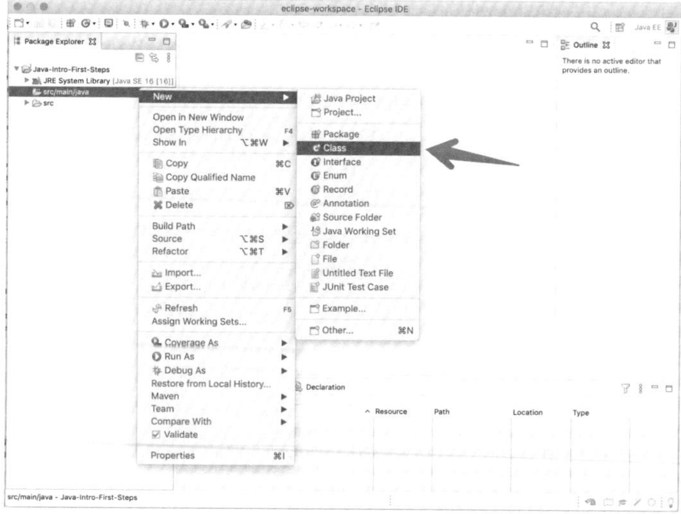

Abb. 5–3: Kontextmenü zum Anlegen einer Klasse

Durch Auswahl im Kontextmenü öffnet sich der in Abbildung 5–4 gezeigte Dialog zum Erzeugen einer Klasse.

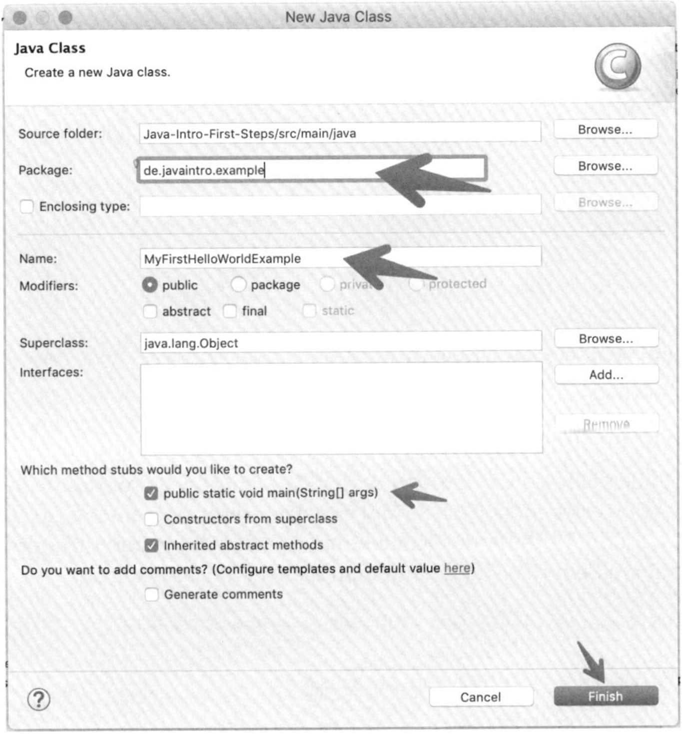

Abb. 5–4: Klasse erstellen

Im Dialog gibt man das gewünschte Package sowie den Klassennamen ein. Bedenken Sie dabei, dass Package-Namen per Konvention komplett kleingeschrieben werden und mehrere Bestandteile besitzen können, die jeweils mit einem . gruppiert werden, etwa `de.javaintro.example`. Klassennamen sollten einer CamelCase-Schreibweise folgen, bei der jedes neue Teilwort großgeschrieben wird, etwa `WordImporter`. Bei Bedarf kann man das Erzeugen einer `main()`-Methode per Checkbox aktivieren. Ein Klick auf Finish erzeugt schließlich eine neue Klasse.

Sourcecode editieren

Nachdem das Grundgerüst steht, können Sie den Sourcecode aus den Beispielen im Editor einfügen bzw. abtippen.

Abb. 5–5: Sourcecode editieren

Klasse ausführen

Schließlich wollen Sie das so entstandene Java-Programm in Aktion erleben. Dazu benötigt es bekanntermaßen eine `main()`-Methode. Mithilfe des Kontextmenüs oder des grünen Knopfs mit weißem Play-Pfeil kann man die Ausführung starten.

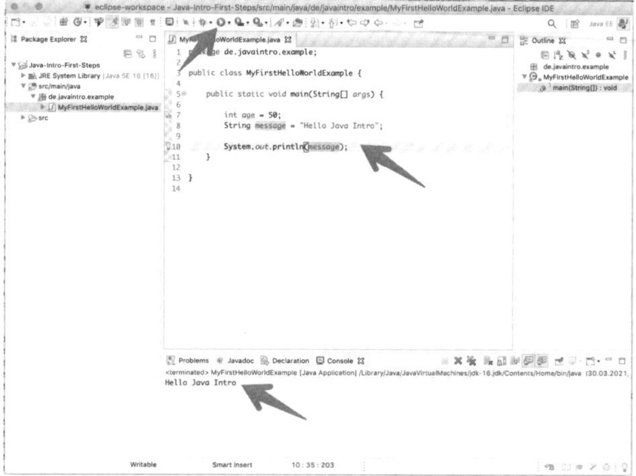

Abb. 5–6: Programm ausführen

Aber Moment! Muss man die Klassen nicht zuerst kompilieren? Eigentlich ja. Aber praktischerweise erledigt das Eclipse bereits beim Editieren im Hintergrund und analysiert die Java-Klassen auch. Dadurch können Kompilierfehler oder andere mögliche Probleme nahezu direkt beim Editieren aufgedeckt und behoben werden. Dazu lassen sich die problematischen Stellen sowohl im Sourcecode als auch links im Projektbaum anzeigen.

Auf ein weiteres Detail möchte ich kurz eingehen. Beim Anlegen von Klassen und Packages sehen wir, dass diese in einem Verzeichnis `src/main/java` landen. Das ist eine seit Jahren etablierte Variante, die initial durch das Build-Tool Maven eingeführt wurde. Unterhalb von `src/main/java` werden dann die Packages und Klassen angelegt. Für weitere Infos zu Maven und der Verzeichnisstrukturierung verweise ich Sie an mein Buch »Der Weg zum Java Profi« [1].

Strukturieren von Java-Projekten – einheitliches Verzeichnislayout

Je umfangreicher Projekte werden, desto mehr helfen Standards, die Komplexität zu reduzieren, für Vereinheitlichung zu sorgen und den Überblick behalten zu können.

Ohne ein standardisiertes Verzeichnislayout für Projekte kommt es schnell zu Inkonsistenzen bezüglich der Verzeichnisse für kompilierte Klassen usw. Diese Problematik wird von Eclipse und IntelliJ IDEA sowie von den beiden Build-Tools Gradle und Maven adressiert, indem diese am besten mit einer einheitlichen Verzeichnisstruktur mit folgendem Grundaufbau funktionieren, die zudem von Eclipse (teilweise) angelegt wird:

```
+ <project-root>
|
+---src
    +---main
    |   +---java            - Java-Klassen
    |   +---resources       - Ressourcendateien für Java-Klassen
    |
    +---test
        +---java            - Testklassen
        +---resources       - Ressourcendateien für Testklassen
```

Durch diese standardisierte Verzeichnisstruktur ist sofort klar, wo man nach Dateien gewünschten Inhalts suchen muss. Und zudem ist beim späteren Einsatz eines Build-Tools wie Gradle oder Maven nichts zu konfigurieren, wenn man sich an diesen Standard hält.

5.2.4 Imports und Packages: Auswirkungen auf unsere Applikation

Nachdem wir das notwendige Grundwissen zur Bearbeitung und Ausführung von Java-Programmen aufgefrischt oder aufgebaut haben, wollen wir unsere Applikation in zwei Packages aufteilen, nämlich in die Packages `domain` und `main`. Dadurch erzielen wir eine logische Trennung. Wie schon erwähnt, lassen sich Packages gruppieren und strukturieren. Dazu kann man etwa als übergeordnetes Namenselement `carapp` wählen, um die Zughörigkeit zur Automanagement-Applikation zu spezifizieren. Für die Beispiele dieses Buchs wird die Aufteilung in Kapitel durch den vorderen Teil ausgedrückt, also `ch05.oo_design`.[6]

Kommen wir zur eigentlichen Implementierung zurück. Dazu erstellen wir jeweils die Klassen `Car` und `CarManagementApplication`, so wie sie bereits in der JShell genutzt wurden. Das Ergebnis sollte in Abbildung 5–7 aussehen – allerdings werden einige Fehler durch rote Kreuze angezeigt.

Sichtbarkeiten und Auswirkungen

Es ist besonders interessant, welche Auswirkungen diese neue Struktur besitzt. Anhand der Abbildung erkennen wir schon, dass einige Methoden nun Kompilierfehler aufweisen. Tatsächlich haben alle etwas mit sogenannten Sichtbarkeiten und den Schlüsselwörtern `public` und `private` zu tun:

---

[6] Normalerweise sollte ein Package-Name keine Unterstriche enthalten. Hier weichen wir ausnahmsweise von der Konvention ab, um die Lesbarkeit des Namens zu erhöhen.

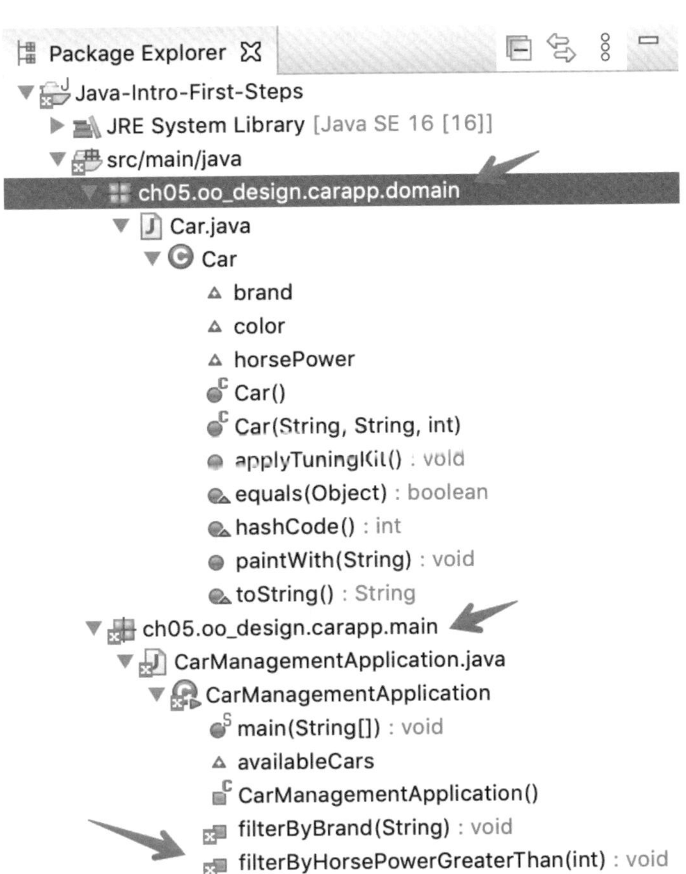

Abb. 5–7: Package-Struktur in Eclipse

- Die Klasse `CarManagementApplication` kann nicht auf die Klasse `Car` zugreifen, da beide in unterschiedlichen Packages liegen und `Car` nicht `public` ist.
- Mit derselben Begründung sind einige Attribute der Klasse `Car` für die Klasse `CarManagementApplication` nicht zugreifbar.

Korrekturen 1: Sichtbarkeiten und Imports Aufgrund der Ausführungen müssen wir die Klasse `Car` nun `public` machen. Das gilt auch für deren Konstruktoren. Nur so kann aus dem anderen Package darauf zugegriffen werden. Die Klasse `Car` wird in einem ersten Schritt folgendermaßen angepasst:

```
package ch05.oo_design.carapp.domain;

public class Car
{
    String brand;
    String color;
    int    horsePower;

    public Car(String brand, String color, int horsePower)
    {
        this.brand = brand;
        this.color = color;
        this.horsePower = horsePower;
    }

...
```

Zudem benötigen wir in der Applikation nun einen Import:

```
package ch05.oo_design.carapp.main;

import ch05.oo_design.carapp.domain.Car;

public class CarManagementApplication
{
    ...
}
```

Korrekturen 2: Attributzugriffe Betrachten wir die beiden Filtermethoden. Dort haben wir per Punktnotation, also mit dem Namen, auf die Attribute zugegriffen. Auch das ist nun nicht mehr möglich, da die Klasse `Car` in einem anderen Package liegt und die Attribute nicht `public` sind. Deswegen erhalten wir folgende Kompilierfehler:

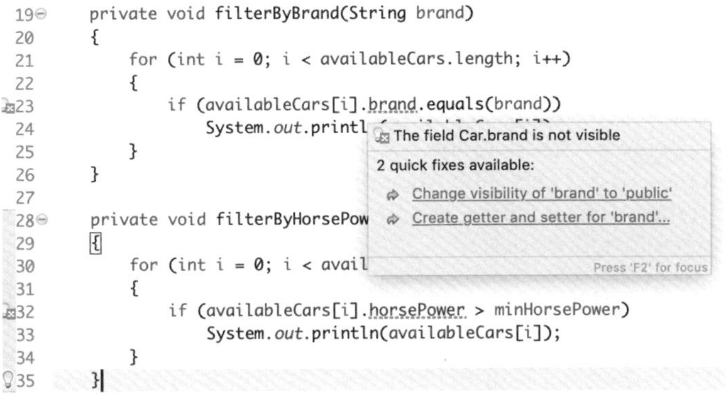

```
    private void filterByBrand(String brand)
    {
        for (int i = 0; i < availableCars.length; i++)
        {
            if (availableCars[i].brand.equals(brand))
                System.out.printl
        }
    }

    private void filterByHorsePow
    {
        for (int i = 0; i < avail
        {
            if (availableCars[i].horsePower > minHorsePower)
                System.out.println(availableCars[i]);
        }
    }
```

The field Car.brand is not visible
2 quick fixes available:
Change visibility of 'brand' to 'public'
Create getter and setter for 'brand'...
Press 'F2' for focus

Abb. 5–8: Kompilierfehler durch fehlende Zugriffsmöglichkeiten

Bevor wir uns den Fehlern widmen, sollten wir uns nochmals vergegenwärtigen, dass Eclipse die Java-Klassen im Hintergrund kompiliert und Analysen durchführt. Neben dem Aufdecken von Programmierfehlern können auch verschiedene Quick Fixes vorgeschlagen werden. Wie schon in Abbildung 5–8 durch die in Eclipse angegebenen Quick Fixes angedeutet, gibt es zwei Lösungsmöglichkeiten:

1. Wir ändern die Sichtbarkeit der beteiligten Attribute auf `public` – das löst zwar das Zugriffsproblem, ist aber ansonsten kein guter Stil, da es kein Information Hiding bietet. In Kürze erfahren Sie mehr zu diesem Thema.
2. Wir führen Zugriffsmethoden mit der Sichtbarkeit `public` ein, die die Attribute von außen zugreifbar machen. Man spricht von `get()`- und `set()`-Methoden. Dabei ermöglichen `get()`-Methoden lesenden Zugriff auf die Attribute und `set()`-Methoden schreibenden. Demnach werden diese Methoden im OO-Sprachjargon als ***Accessors*** und ***Mutators*** bezeichnet. Auch diese Thematik wird nachfolgend ausführlicher behandelt.

Ergebnis für unser Beispiel So, nun sind wir in der Lage, das Gelernte für die Klasse `Car` umzusetzen. Klicken wir einfach mal auf die zweite Auswahl, um den entsprechenden Quick Fix von Eclipse anzuwenden. Dadurch wird jeweils eine `get()`- und eine `set()`-Methode für das Attribut `brand` erzeugt. Zudem wird das gewählte Attribut dann `private`. Das gilt ebenso für das Attribut `horsePower`, weil dafür ebenfalls der Quick Fix angewendet wurde.

```
package ch05.oo_design.carapp.domain;

public class Car
{
    private String brand;
    String color;
    private int horsePower;

    // ...

    public String getBrand()
    {
        return brand;
    }

    public void setBrand(String brand)
    {
        this.brand = brand;
    }

    public int getHorsePower()
    {
        return horsePower;
    }

    public void setHorsePower(int horsePower)
    {
        this.horsePower = horsePower;
    }
}
```

Erwartungskonform gibt die `getBrand()`-Methode den Wert des Attributs `brand` zurück und die `setBrand()`-Methode erhält einen Parameter (`brand`) und weist ihn dem Attribut `brand` zu. Das `this`-Schlüsselwort wird verwendet, um das aktuelle Objekt zu referenzieren, da der Parameter und das Attribut gleich heißen, nämlich `brand`. Weil das Attribut `brand` jetzt `private` deklariert ist, können wir von außerhalb der Klasse `Car` nicht mehr darauf zugreifen.

In der Implementierung der Applikation werden nun Zugriffsmethoden statt direkter Zugriffe auf die Attribute verwendet – praktischerweise hat Eclipse dafür gleich im Rahmen des Quick Fixes gesorgt:

```
private void filterByBrand(String brand)
{
    for (Car currentCar : availableCars)
    {
        if (currentCar.getBrand().equals(brand))
            System.out.println(availableCars[i]);
    }
}

private void filterByHorsePowerGreaterThan(int minPS)
{
    for (int i = 0; i < availableCars.length; i++)
    {
        if (availableCars[i].getHorsePower() > minPS)
            System.out.println(availableCars[i]);
    }
}
```

Durch die Definition von Sichtbarkeiten haben wir eine Strukturierung und Steuerung des Zugriffs erreicht: Die Klasse `Car` kann durch die Zugriffsmethoden den Zugriff auf Attribute steuern oder einschränken. Dadurch wäre es beispielsweise möglich, dass man zwar die Farbe eines Autos ändern kann, jedoch nicht die Marke. Wenn wir kurz darüber nachdenken, ist diese Aussage offensichtlich. Die Marke eines Autos steht bei dessen Konstruktion fest und ist danach unveränderlich. Deshalb sollte eben keine `setBrand()`-Methode angeboten werden. Demnach empfiehlt es sich, diese durch die Automatik erzeugte Methode zu löschen, um mögliche Fehlverwendungen von vornherein ausschließen zu können.

Applikation in der IDE

Im folgenden Screenshot sehen wir die Klasse `CarManagementApplication` im Editorfenster der IDE. Diese Klasse stammt aus dem Package `ch05.oo_design.carapp.main` und nutzt die Klasse `Car` aus dem Package `ch05.oo_design.carapp.domain`, weshalb diese mit dem passenden `import` eingebunden wird. Im unteren Teil der IDE sehen wir die Konsolenausgabe einer Programmausführung.

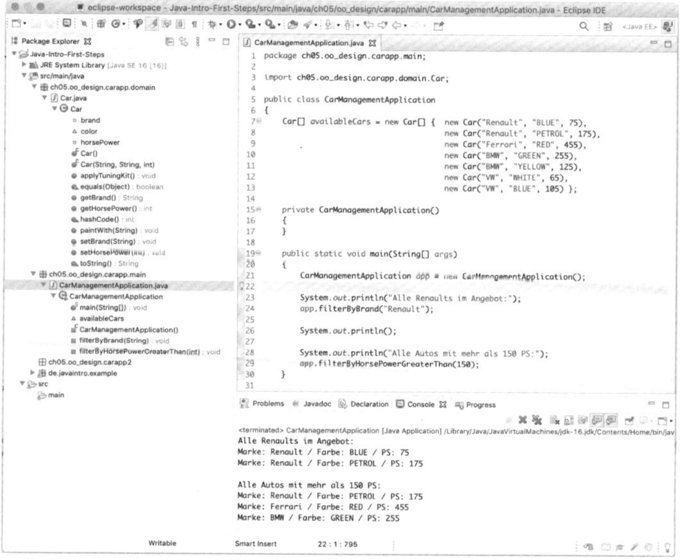

Abb. 5–9: Eclipse-Projekt für die Autoverwaltung

5.2.5 Verstecken von Informationen

Gerade haben wir Zugriffsmethoden eingeführt, insbesondere um die Kompilierfehler zu entfernen. Dadurch wurden ganz nebenbei die Attribute »versteckt«, was man ***Kapselung*** bzw. ***Information Hiding*** nennt. Das besprechen wir nun.

Beim Verstecken von Informationen möchte man erreichen, dass gewisse Informationen nicht nach außen dringen. Konkret: nicht von anderen Klassen nutzbar sind. Wieso ist dies hilfreich? Betrachten wir dazu folgende Aspekte bei Modellierungen von Informationen mithilfe von Attributen in Klassen:

- Geheime Informationen – Stellen wir uns Passwörter vor: Diese möchte man sicher nicht einfach öffentlich zugänglich machen.
- Unveränderliche Informationen – Beispielsweise ist der Geburtstag eines Menschen fix. Deshalb sollte sich dieser Wert für eine Klasse `Person` nach der Konstruktion nicht ändern (können). Machen wir es etwas konkreter: Auch die Automarke steht schon zur Produktion fest. Aus einem Audi oder VW wird kein Porsche werden.
- Wertebereiche – Für gewisse Attribute sind nur bestimmte Wertebereiche gültig. Obwohl die Variablen vielleicht vom Typ `int` oder `long` sind, ist lediglich ein kleiner Bruchteil der Werte auch tatsächlich erlaubt. Denken Sie beispielsweise an Altersangaben, PS oder Rabatte. Eine untere Grenze ist oftmals der Wert 0. Vielfach gibt es auch Obergrenzen.

Nach diesem Gedankenspiel kommen wir jetzt auf die Motivation und die Gründe für Kapselung zurück. Beispielsweise können wir eine Wertebereichsprüfung oder aber einen eingeschränkten Zugriff nicht forcieren, wenn wir die Attribute `public` definieren. Vielmehr müssen wir Attribute in ihrer Sichtbarkeit einschränken. Zudem müssen wir Zugriffsmethoden auf die Attribute anbieten. Dort können wir bei Bedarf Wertebereiche prüfen, ungültige Aktionen verbieten oder ungewünschte Informationen herausfiltern. Das haben wir ansatzweise schon gesehen und setzen das gleich fort.

Wertebereichsprüfungen

Die zur Kapselung neu eingeführten Zugriffsmethoden ermöglichen es uns, innerhalb von `set()`-Methoden verschiedene Prüfungen zu integrieren und ungültige Werte zurückzuweisen. Dazu kommen sogenannte Exceptions zum Einsatz, die wir später in Kapitel 10 genauer besprechen. Nachfolgend wollen wir für Autos die PS-Werte nur im Bereich von 1 bis 2.000 zulassen: Innerhalb der `set()`-Methode prüfen wir den übergebenen Wert auf die Einhaltung des gewünschten Wertebereichs, bevor wir eine Zuweisung vornehmen:

```
public void setHorsePower(int horsePower)
{
    if (horsePower <= 0 || horsePower > 2_000)
        throw new IllegalArgumentException("INVALID PS: not in " +
                                           "range 1 - 2000");

    this.horsePower = horsePower;
}
```

Sichtbarkeiten

Zum Verstecken von Informationen und zum Steuern des Zugriffs benötigen wir eine Festlegung von Sichtbarkeiten. Dabei haben wir schon die recht intuitiven `public` und `private` genutzt. Java bietet folgende vier Sichtbarkeiten, die festlegen, ob und wie andere Klassen auf Methoden und Attribute zugreifen dürfen:

- `public` – Ist von überall aus zugreifbar.
- `protected` – Zugriff für alle Klassen im selben Package und für abgeleitete Klassen.
- Package-private oder default (kein Schlüsselwort) – Nur Klassen aus demselben Package haben Zugriff darauf.
- `private` – Nur die Klasse selbst hat Zugriff.

Verstecken von Information – Modellierungsfreiheiten

Wir wissen mittlerweile, dass die Kapselung einen Weg darstellt, die Attribute eines Objekts vor dem direkten Zugriff und der direkten Manipulation durch andere Objekte zu schützen. Dadurch kann man insbesondere sensitive oder nicht für alle bestimmte Daten verstecken bzw. den Zugriff darauf regeln.

Je umfangreicher unsere Programme werden, desto mehr profitiert man von einer guten Struktur und dem gesteuerten Zugriff auf Attribute. Wieso? Dadurch gewinnen wir die Freiheit, am strukturellen Aufbau unserer Klassen Änderungen vorzunehmen, ohne dass dies für Nutzer sichtbar wird bzw. sie davon durch Anpassungen oder sonstige Änderungen betroffen sind.

Verbesserung: Zugriffsmethoden Schauen wir uns das Verstecken von Informationen für die Klasse `Car` anhand des Attributs für die Farbe an. Diese ist bislang als `String` modelliert. Stellen wir uns vor, wir würden eine weitere Filterung einbauen wollen, etwa nach der Farbe des Autos. Erneut könnten wir wie zuvor auf das Attribut `color` direkt mit `availableCars[i].color` zugreifen. Wie schon angedeutet ist das ungünstig. Deshalb sollten wir Zugriffsmethoden anbieten und ergänzen dazu diese Zeilen in der Klasse `Car`:

```
public String getColor()
{
    return color;
}

public void setColor(String color)
{
    this.color = color;
}
```

Damit formulieren wir die Methode zur Filterung nach Farbe in der Klasse `CarManagementApplication` wie folgt:

```
private void filterByColor(String color)
{
    for (Car car : availableCars)
    {
        if (car.getColor().equals(color))
            System.out.println(availableCars[i]);
    }
}
```

Modellierungsänderung Obwohl die Klasse `Car` schon recht gut realisiert ist, könnte man auf die Verbesserungsidee kommen, dass zur Modellierung der Farbe eine `enum`-Aufzählung (vgl. Abschnitt 7.4) geeigneter ist:

```
public enum CarColor
{
    NONE, RED, BLUE, GREEN, WHITE, YELLOW, PETROL;
}
```

Welche Konsequenzen hat das? Nehmen wir an, verschiedene andere Klassen würden unsere Klasse `Car` und im Speziellen deren Attribut `color` verwenden. Wollten wir an der Klasse `Car` intern an der Datenspeicherung etwas ändern, so führt das ohne Kapselung auch zu Änderungen in allen nutzenden Klassen. Mit Kapselung lassen sich mögliche Folgeänderungen in anderen Klassen oftmals vermeiden oder zumindest reduzieren.

Neben dem positiven Aspekt der Datenkapselung müssen wir aber Folgendes beachten: Durch diese interne Änderung an der Art der Datenspeicherung müssen wir nun auch die Konstruktoren und alle internen Methoden anpassen, die mit Farben gearbeitet haben – aber es ist besser, wir machen das einmal an zentraler Stelle (also nur innerhalb der Klasse selbst), anstatt dass es alle Nutzer der Klasse durchführen müssten:

```
public class Car
{
    private String brand;
    private CarColor color;
    private int horsePower;

    public Car()
    {
        this("Unbekannt", CarColor.NONE, 0);
    }

    public Car(String brand, CarColor color, int horsePower)
    {
        this.brand = brand;
        this.color = color;
        this.horsePower = horsePower;
    }

    public void applyTuningKit()
    {
        this.setHorsePower(this.getHorsePower() + 150);
    }

    public void paintWith(CarColor newColor)
    {
        this.color = newColor;
    }

    public String getBrand()
    {
        return brand;
    }

    public CarColor getColor()
    {
        return color;
    }

    public void setColor(CarColor color)
    {
        this.color = color;
    }

    public int getHorsePower()
    {
        return horsePower;
    }
```

```
public void setHorsePower(int horsePower)
{
    if (horsePower <= 0 || horsePower > 2_000)
        throw new IllegalArgumentException("INVALID PS: must be
              im range " +
                                                "1 -- 2000");

    this.horsePower = horsePower;
}

// ...
```

Weitere Auswirkungen Betrachten wir das obige Beispiel nochmals genauer: In der Klasse `Car` gibt es jetzt eine Methode `setColor()` und eine Methode `paintWith()`, die beide inhaltlich das Gleiche tun, nämlich die Farbe ändern. Eine solche Uneindeutigkeit und Dopplung ist missverständlich und somit zu vermeiden. Generell sollten nach außen (`public`) eher verhaltensdefinierende Methoden mit sprechendem Namen und weniger feingranulare `set()`-Methoden angeboten werden. In diesem Beispiel haben wir zwei Möglichkeiten:

1. Bevorzugt sollten wir die Methode `setColor()` vollständig entfernen, um nur die verhaltensdefinierende Methode `paintWith()` zu behalten.
2. Als Alternative oder Zwischenschritt ändern wir die Sichtbarkeit der Methode `setColor()` auf `private`. Nun können wir in der Methode `paintWith()` die Methode `setColor()` aufrufen.

5.2.6 Utility-Klassen

Wir haben bereits die Klasse `java.util.Math` kennengelernt und für einfache mathematische Berechnungen genutzt. Diese Klasse ist ein typisches Beispiel für eine Utility-Klasse.

Was bedeutet das genauer? Wenn man innerhalb von Klassen diverse nützliche Funktionalitäten in Form von statischen Methoden definiert und bündelt, dann spricht man von ***Utility-Klassen***. Diese dienen entgegen dem objektorientierten Gedanken eben nicht dazu, von ihnen Objekte zu erzeugen, sondern lediglich um Hilfsfunktionen zentral bereitstellen zu können. Um genau dies zu verhindern, wird der Konstruktor einer Utility-Klasse oftmals `private` definiert.

Vorüberlegungen

In den vorangegangenen Kapiteln haben wir für Arrays etwa die Methode `swap()` implementiert Wie könnten wir diese sinnvoll in anderen Klassen oder späteren Programmierprojekten weiterverwenden, ohne sie immer neu abzutippen?

Überlegen wir kurz und rekapitulieren, was zuvor geschrieben wurde: Eine Utility-Klasse dient dazu, Funktionalität zentral in Form statischer Methoden bereitzustellen.

Beispiel

Exemplarisch für einige praktische Hilfsfunktionen auf Arrays zeige ich das Tauschen von Elementen mittels `swap()` und die Rotation um eine Position mit `rotateRight()`, die wir in der folgenden Utility-Klasse namens `MyArrayUtils` bereitstellen:

```
public class MyArrayUtils
{
    private MyArrayUtils()
    {
        // Vermeide Konstruktion
    }

    public static void swap(final int[] values, final int first,
                            final int second)
    {
        final int tmp = values[first];

        values[first] = values[second];
        values[second] = tmp;
    }


    public static void rotateRight(final int[] values)
    {
        if (values.length < 2)
            return;
```

```
        final int endPos = values.length - 1;
        final int temp = values[endPos];

        for (int i = endPos; i > 0; i--)
            values[i] = values[i - 1];

        values[0] = temp;
    }
}
```

Beide Beispiele sollten Ihnen einen ersten Eindruck von Utility-Klassen vermittelt haben.

5.2.7 Schnittstelle (Interface) und Implementierung

Wenn Aufrufe an Methoden anderer Klassen erfolgen, dient dazu eine sogenannte Use-Beziehung: Eine Klasse verwendet eine andere. Dabei gibt es einen Aufrufer und einen Bereitsteller von Funktionalität. Man spricht zum Teil auch von Client und Server – hier bitte nicht mit den Begrifflichkeiten aus der Netzwerkprogrammierung verwechseln.

Häufig werden die Begriffe Schnittstelle und ***Interface*** analog zueinander genutzt. Mit beidem sind diejenigen Methoden einer Klasse gemeint, die von anderen Klassen aufgerufen werden können. Schnittstellen definieren ein »Angebot von Verhalten«. Im einfachsten Fall ergibt sich die Schnittstelle, die ein Client von einem Server nutzen kann, implizit über die öffentlichen Methoden. Manchmal ist es jedoch zweckmäßiger, Methoden zu gruppieren und diesen Funktionsblöcken einen eigenen Namen zu geben. Dies ist durch die nun genauer besprochene Technik der Interfaces möglich.

Java kennt dazu das Schlüsselwort `interface` zur Definition der Schnittstelle einer Klasse in Form einer ***Menge von Methoden ohne Implementierung***. Zur Erinnerung: Man spricht hier von ***abstrakten Methoden***. Zu deren Kennzeichnung dient das Schlüsselwort `abstract`.

```
interface IGraphicFigure
{
    public abstract void resize();
    public abstract void draw();
}
```

Realisierung / Implementierung

Das Implementieren eines Interface durch eine Klasse wird ***Realisierung*** genannt und durch das Schlüsselwort `implements` ausgedrückt. Eine Realisierung eines Interface durch eine Klasse bedeutet, dass sich ein Objekt dieser Klasse so verhalten kann, wie es das Interface vorgibt. Daher spricht man von ***Typkonformität***. Wichtig dafür sind sprechende Methodennamen sowie bei Bedarf eine aussagekräftige Kommentierung zu der jeweiligen Methode.

Eine Klasse, die das Interface implementiert, muss dessen abstrakte Methoden mit Funktionalität füllen. Dies ist hier am Beispiel der Klasse `Circle` gezeigt, die jeweils eine Implementierung für die beiden Methoden des Interface vorgibt:

```
class Circle implements IGraphicFigure
{
    public void resize()
    {
        //
    }

    public void draw()
    {
        //
    }
}
```

Mehrere Interfaces – Schnittstellen

Gegeben seien etwa diese beiden Interfaces:

```
interface FirstInterface
{
    public void myMethod();
}

interface SecondInterface
{
    public void myOtherMethod();
}
```

In Java ist es möglich, dass eine Klasse mehrere Verhaltensweisen besitzt und dazu mehrere Interfaces implementieren kann. Dazu werden die Namen der Interfaces kommasepariert nach dem Schlüsselwort `implements` aufgelistet:

```
class MultiFunction implements FirstInterface, SecondInterface
{
    public void myMethod()
    {
        System.out.println("Some text...");
    }

    public void myOtherMethod()
    {
        System.out.println("Some other text...");
    }
}
```

5.2.8 Records

Modernes Java bietet Records als simplifizierte Form von Klassen, deren Methoden sich implizit aus den als Konstruktorparametern definierten Attributen ergeben. Ein Record stellt damit eine Sammlung von Daten dar und modelliert einen unveränderlichen Zustand. Darüber hinaus werden automatisch Implementierungen von Methoden zum lesenden Attributzugriff sowie ein Konstruktor, `toString()` und `equals()` erzeugt.

Als weitere Analogie kann man das mathematische Konzept der Tupel hinzuziehen, also eine Zusammenfassung mehrerer Werte potenziell unterschiedlichen Typs.

Einführendes Beispiel

Die einführenden Erklärungen mögen noch etwas kompliziert klingen, das Ganze wird aber nach einem Blick auf den folgenden Sourcecode zur Definition eines Punktes mit x- und y-Koordinate sowie dessen Erzeugung inklusive Zugriff auf die beiden Attribute per automatisch generierter Zugriffsmethoden klarer:

```
jshell> record MyPoint(int x, int y) { }
|  Erstellt Datensatz MyPoint

jshell> var origin = new MyPoint(0, 0)
origin ==> MyPoint[x=0, y=0]

jshell> origin
origin ==> MyPoint[x=0, y=0]

jshell> origin.x()
$54 ==> 0

jshell> origin.y()
$55 ==> 0
```

Records im Einsatz

Um Records etwas besser zu verstehen, definieren wir einmal die Pizza-Top3-Favoriten sowie eine Zusammenstellung von Fehlertext, Id und einer Liste in Form der folgenden zwei Records:

```
jshell> record PizzaTop3Favorites(String top1,
   ...>                           String top2,
   ...>                           String top3) {}
|  Erstellt Datensatz PizzaTop3Favorites

jshell> record ErrorInfo(String info, int id,
   ...>                  List<String> values) {}
|  Erstellt Datensatz ErrorInfo
```

Erstellen wir mal die Favoriten und fragen Daten ab:

```
jshell> var favorites = new PizzaTop3Favorites("Diavolo",
   ...>                                        "Funghi",
   ...>                                        "Salami");
favorites ==> PizzaTop3Favorites[top1=Diavolo, top2=Funghi, top3=
      Salami]

jshell> favorites.top1() + "/" + favorites.top3()
$42 ==> "Diavolo/Salami"
```

Exemplarisch führen wir das Beispiel für `ErrorInfo` mit einer Konsolenausgabe mit `toString()` sowie zwei Objektvergleichen mit `equals()` fort und erkennen, dass diese Methoden praktischerweise von Records gleich ohne unser Zutun korrekt implementiert werden.

```
jshell> var error1 = new ErrorInfo("Unreachable", 27,
   ...>                            List.of("AB", "CD"))
error1 ==> ErrorInfo[info=Unreachable, id=27, values=[AB, CD]]

jshell> var error2 = new ErrorInfo("Out of bounds", 42,
   ...>                            List.of("-13", -42))
error2 ==> ErrorInfo[info=Out of bounds, id=42, values=[-13, -42]]

jshell> error1.toString()
$48 ==> "ErrorInfo[info=Unreachable, id=27, values=[AB, CD]]"

jshell> error1.equals(error1)
$49 ==> true

jshell> error1.equals(error2)
$50 ==> false
```

6 Collections

In Java sind Listen, Mengen und Schlüssel-Wert-Abbildungen zur Verwaltung von anderen Objekten[1] durch sogenannte ***Containerklassen*** realisiert. Somit ist die Verarbeitung primitiver Typen, also `int`, `float` usw., dort nur möglich, wenn diese in ein korrespondierendes Wrapper-Objekt (wie `Integer` oder `Float`) umgewandelt werden, das Werte der primitiven Typen verwalten kann. Details dazu finden Sie in Abschnitt 7.2.

6.1 Schnelleinstieg

Bevor wir uns mit den wichtigsten Containerklassen beschäftigen, sei eingangs erwähnt, dass es zwei sogenannte Utility-Klassen, also nützliche Klassen mit Hilfsfunktionen, gibt, nämlich `java.util.Collections` und `java.util.Arrays`.

6.1.1 Die Klasse `ArrayList`

Sollen mehrere Werte, etwa Namen, Städte, Aufgaben, Kunden usw., verwaltet werden, dann sind Listen oftmals eine gute Wahl – aus dem realen Leben kennen wir Einkaufslisten, To-do-Listen, Wunschlisten und viele andere.

Die Klasse `ArrayList` kann man sich wie ein größenveränderliches Array vorstellen, das die Speicherung von (nahezu) beliebig vielen Werten ermöglicht und positionsbasierten Zugriff auf die Elemente bietet. Eine `ArrayList` behält die Reihenfolge der Elemente bei und offeriert diverse Funktionalitäten in Form von Methoden. Insbesondere lässt sich eine dynamische Befüllung mit automatischer Größenanpassung abbilden.

---

[1] Genauer: Es werden die Referenzen auf Objekte (Objektreferenzen) gespeichert.

Liste erzeugen – `new`

Zum Einstieg definieren wir eine leere Liste zur Speicherung von Namen wie folgt:

```
jshell> var names = new ArrayList<String>()
names ==> []
```

Mit `new` erzeugen wir einen neuen Container. Durch die Angabe `ArrayList<String>` erstellt Java eine `ArrayList`, die zur Verwaltung von `Strings` dient. Das ist eine sogenannte generische Definition. Mehr Details dazu liefert Abschnitt 6.2.1.

Besonderheit: Unveränderliche Liste erzeugen Nachfolgend definieren wir eine Liste mit einer fixen Wertebelegung mithilfe von `List.of()`:

```
jshell> var unmodifiableNames = List.of("Jim", "James")
unmodifiableNames ==> [Jim, James]
```

Hier nutzen wir einen Aufruf von `List.of()`, um eine Liste zu erzeugen, die nur lesende Zugriffe, aber keine Modifikationen unterstützt, also beispielsweise kein Einfügen von Elementen. Natürlich sind positionsbasierte (indizierte) Zugriffe erlaubt.

Besonderheit: Unveränderliche Liste aus Array erzeugen Es ist auch möglich, eine Liste aus einer fixen Folge von Werten oder aus einem Array zu erzeugen. Dazu dient die Methode `asList()` aus der Utility-Klasse `Arrays`:

```
jshell> var cities = Arrays.asList("Kiel", "Bremen", "Zürich")
cities ==> [Kiel, Bremen, Zürich]

jshell> String[] otherCities = { "Oldenburg", "Aachen", "Wien" }
otherCities ==> String[3] { "Oldenburg", "Aachen", "Wien" }

jshell> var otherCitiesList = Arrays.asList(otherCities)
otherCitiesList ==> [Oldenburg, Aachen, Wien]
```

Eine so erzeugte Liste erlaubt ebenfalls indizierte Zugriffe, aber keine Modifikationen. Wird es trotzdem versucht, so löst das Exceptions aus. Hier kurz zur Erinnerung: Exceptions dienen der Kommunikation und Behandlung von Fehlersituationen und werden in Kapitel 10 beschrieben.

Werte hinzufügen – add() und addAll()

Mithilfe der Methode add() fügen wir einer Liste ein Element am Ende an. Man erhält den Wert true, wenn add() erfolgreich war, nachfolgend für zwei Namen gezeigt:

```
jshell> names.add("Tim")
$3 ==> true

jshell> names.add("Tom")
$4 ==> true

jshell> names
names ==> [Tim, Tom]
```

Darüber hinaus kann man mehrere Namen in einem Rutsch durch Aufruf der Methode addAll() in Form einer Liste von Werten hinzufügen. Eine solche Liste lässt sich – wie zuvor gezeigt – durch einen Aufruf von List.of() erzeugen.

```
jshell> names.addAll(List.of("Maike", "Peter", "John"))
$5 ==> true

jshell> names
names ==> [Tim, Tom, Maike, Peter, John]
```

Positionsbasiert hinzufügen Elemente lassen sich nicht nur am Ende, sondern auch an einer gewissen Position hinzufügen. Dazu übergibt man an add() die gewünschte Position (0-basiert) und den Wert. Im Listing nutzen wir mit 0 die vorderste und mit 1 die darauffolgende Position:

```
jshell> names.add(0, "Anton")
$2 ==> true

jshell> names.add(1, "Andreas")
$3 ==> true

jshell> names
names ==> [Anton, Andreas, Tim, Tom, Maike, Peter, John]
```

Natürlich kann man ein Element auch an letzter Stelle durch eine passende Positionsangabe, nämlich der Länge, hinzufügen:

```
jshell> names.add(7, "Last")

jshell> names
names ==> [Anton, Andreas, Tim, Tom, Maike, Peter, John, Last]
```

Für diesen Anwendungsfall ist jedoch der Aufruf von `add()` ohne Indexparameter geeigneter:

```
jshell> names.add("Last2")
$8 ==> true

jshell> names
names ==> [Anton, Andreas, Tim, Tom, Maike, Peter, John, Last,
      Last2]
```

Prüfen, ob ein Eintrag existiert – `contains()`

Die Methode `contains()` prüft, ob ein Element in einer `ArrayList` existiert. Sie liefert `true`, wenn der gesuchte Wert vorhanden ist, ansonsten `false`.

```
jshell> names.contains("John")
$283 ==> true

jshell> names.contains("Michael")
$46 ==> false
```

Positionsbasierter Zugriff – `get()`

Um mit den gespeicherten Werten arbeiten zu können, lassen sich diese positionsbasiert mit `get(i)` auslesen. Das führt zu einem indizierten Zugriff und liefert das i-te Element aus der Liste. Der Index darf im Bereich 0 bis Anzahl der Elemente - 1 liegen.

```
jshell> names.get(4)
$7 ==> "Maike"
```

Was passiert, wenn ich an falscher Stelle zugreife? Basierend auf der Beschreibung zuvor sollten wir nachprüfen, was eigentlich passiert, wenn wir mit einer Position zugreifen, für die keine Daten existieren, etwa wie folgt mit einem Wert jenseits der oberen Grenze, hier 77, oder einem hohen negativen Index:

```
jshell> names.get(77)
|  Ausnahme java.lang.IndexOutOfBoundsException: Index 77 out of
       bounds for length 9
|        at Preconditions.outOfBounds (Preconditions.java:100)
|        at Preconditions.outOfBoundsCheckIndex (Preconditions.java
       :106)
|        at Preconditions.checkIndex (Preconditions.java:302)
|        at Objects.checkIndex (Objects.java:385)
|        at ArrayList.get (ArrayList.java:427)
|        at (#10:1)
```

Wir erkennen, dass ein Zugriff außerhalb des gültigen Indexbereichs, hier mit 77, zu einer `IndexOutOfBoundsException`, einer speziellen Exception, die einen fehlerhaften Index ausdrückt, führt. Für einen Zugriff an negativer Position, z. B. -7, gilt das Gleiche. Aber nicht nur durch die Grenzen, sondern auch weil mein sich schnell mal um eine Position vertut, haben positionsbasierte Zugriffe über einen Index so ihre Tücken.

Auf Fehlerbehandlung und Exceptions gehe ich später in Kapitel 10 ein. Hier sei noch mal darauf hingewiesen, dass nach einer solchen Fehlersituation (ohne weitere Behandlung) die Ausführung unseres Java-Programms gestoppt wird.

Modifikationen ausführen – `set()`

Mitunter müssen Werte nachträglich geändert werden. Hier soll der an Position 4 gespeicherte Name »Maike« durch den Wert »Mike« ersetzt werden. Wir modifizieren den gespeicherten Wert mit `set()` unter Angabe der Indexposition und des neuen gewünschten Werts wie folgt:

```
jshell> names.set(4, "Mike")
$9 ==> "Maike"

jshell> names
names ==> [Anton, Andreas Tim, Tom, Mike, Peter, John, Last, Last2]
```

Wir sehen zum einen, dass die Methode `set()` den zuvor gespeicherten Wert zurückliefert, und zum anderen, dass nun der Wert »Mike« an Position 4 gespeichert ist.

Element positionsbasiert löschen – `remove()`

Ab und zu sind Werte aus dem Datenbestand zu löschen. Dazu dient die `remove()`-Methode. Dieser wird der Index des zu löschenden Elements übergeben. Als Rückgabe erhält man analog zur `set()`-Methode den zuvor gespeicherten Wert:

```
jshell> names.remove(4)
$15 ==> "Mike"

jshell> names
names ==> [Anton, Andreas, Tim, Tom, Peter, John, Last, Last2]
```

Element per Inhalt löschen – `remove()`

Mithilfe von `remove()` kann man Elemente durch Angabe ihres Werts löschen. Der boolesche Rückgabewerte drückt aus, ob das Element gelöscht wurde. Existiert der angegebene Wert nicht, so wird `false` zurückgeliefert:

```
jshell> names.remove("Last2")
$16 ==> true

jshell> names
names ==> [Anton, Andreas, Tim, Tom, Peter, John, Last]

jshell> names.remove("Last2")
$17 ==> false
```

Was passiert, wenn mehrere gleiche Werte existieren? Solange die Werte in einer Liste eindeutig und unterschiedlich sind, ist das Verhalten von `remove()` klar, aber wie verhält es sich, wenn mehrere Elemente gleichen Werts existieren? Wird das erste gelöscht oder alle? Folgendes Beispiel beantwortet die Frage und zeigt, dass immer nur das erste gefundene Vorkommen gelöscht wird:

```
jshell> var duplicates = new ArrayList<String>(List.of("Xi", "Li",
   ...>                                                  "Xi", "Li"))
duplicates ==> [Xi, Li, Xi, Li]

jshell> duplicates.remove("Xi")
$18 ==> true

jshell> duplicates
duplicates ==> [Li, Xi, Li]

jshell> duplicates.remove("Xi")
$20 ==> true

jshell> duplicates
duplicates ==> [Li, Li]
```

Elemente per Eigenschaft löschen – `removeIf()`

Manchmal sind Werte aus dem Datenbestand zu löschen, die eine bestimmte Eigenschaft besitzen. Nachfolgend sollen alle Namen, die mit einem 'T' oder einem 'A' beginnen, aus der Liste entfernt werden. Dabei hilft die Methode `removeIf()`, der man eine Bedingung in Form eines sogenannten Lambda-Ausdrucks übergibt (Details zu Lambdas folgen später in Abschnitt 8.1).

```
jshell> names.removeIf(name -> name.startsWith("T") ||
   ...>                        name.startsWith("A"))
$21 ==> true

jshell> names
names ==> [Peter, John, Last]
```

Anzahl an Elementen ermitteln – `size()`

Schließlich wollen wir noch wissen, wie viele Elemente nach unseren Aktionen in der Liste verblieben sind, und rufen dazu `size()` auf:

```
jshell> names.size()
$22 ==> 3
```

Durch die Elemente iterieren – `for` und `forEach()`

In Abschnitt 2.9 haben wir bereits einige Schleifenvarianten kennengelernt. Diese kann man auch zum Durchlaufen einer `ArrayList` verwenden. Betrachten wir ein paar Beispiele.

Indizierte `for`-Scheife Die `for`-Schleife mit Index nutzt in ihrer Bedingung die Größenabfrage mit `size()` und im Zugriff `get(i)`:

```
jshell> for (int i = 0; i < names.size(); i++)
   ...>     System.out.println(names.get(i));
Peter
John
Last
```

for-each-Schleife Wie schon erwähnt, sind Indexzugriffe immer mal wieder die Quelle für Fehler. Benötigt man die Position für einen Anwendungsfall nicht, so ist die for-each-Schleife die bessere Alternative, weil sie kürzer, lesbarer und verständlicher ist und insbesondere direkten Zugriff auf die Werte bietet:

```
jshell> for (String name : names)
   ...>     System.out.println(name)
Peter
John
Last
```

Built-in `forEach()` Außerdem bietet die `ArrayList` eine Methode `forEach()` zum Durchlaufen ihrer Elemente. Zum Verarbeiten wird die Aktion als Lambda-Ausdruck (vgl. Abschnitt 8.1) angegeben:

```
jshell> names.forEach(name -> System.out.println(name))
Peter
John
Last
```

Zahlen in Listen verwalten

Während es in Arrays möglich ist, Zahlen als int zu verwalten,

```
jshell> int[] firstPrimesArray = { 2, 3, 5, 7, 11, 13}
firstPrimesArray ==> int[6] { 2, 3, 5, 7, 11, 13 }
```

müssen wir für Listen auf Wrapper-Klassen (vgl. Abschnitt 7.2), hier Integer, zurückgreifen, da die Typangaben in spitzen Klammern nur auf Klassen verweisen dürfen. Deswegen muss es ArrayList<Integer> heißen:

```
jshell> var firstPrimes = List.of(2, 3, 5, 7, 11, 13, 17, 19)
firstPrimes ==> [2, 3, 5, 7, 11, 13, 17, 19]

jshell> var primes = new ArrayList<Integer>(firstPrimes)
primes ==> [2, 3, 5, 7, 11, 13, 17, 19]
```

Versuchen wir trotzdem einmal int anzugeben, so wird dies mit folgender Fehlermeldung zurückgewiesen:

```
jshell> var primes2 = new ArrayList<int>(firstPrimes)
|  Error:
|  unexpected type
|    required: reference
|    found:    int
|  var primes2 = new ArrayList<int>(firstPrimes);
|                              ^-^
```

Listen sortieren – sort()

Mitunter ist es hilfreich, die in einer Liste gespeicherten Werte zu sortieren. Hier betrachten wir dies für Zahlen. Dazu kann man Collections.sort() aufrufen:

```
jshell> var numbersToBeSorted = new ArrayList<Integer>()
numbersToBeSorted ==> []

jshell> numbersToBeSorted.addAll(List.of(1, 7, 2, 9, 11, 6, 3))
$25 ==> true

jshell> Collections.sort(numbersToBeSorted)

jshell> numbersToBeSorted
numbersToBeSorted ==> [1, 2, 3, 6, 7, 9, 11]
```

Beim Aufruf von `sort()` werden die Daten innerhalb der Liste sortiert und somit das Original geändert. Daher haben wir die modifizierbare `ArrayList` als Basis verwendet.

Sortierung von Texten Probieren wir die Sortierung von textuellen Informationen aus:

```
jshell> var sortedNames = new ArrayList<String>()
sortedNames ==> []

jshell> sortedNames.addAll(List.of("Tim", "Jim", "Mike", "Andi"))
$30 ==> true

jshell> Collections.sort(sortedNames)

jshell> sortedNames
sortedNames ==> [Andi, Jim, Mike, Tim]
```

Auch das funktioniert wie erwartet. Aber Moment: So langsam stellt sich die Frage, nach welchem Kriterium die Einträge denn eigentlich sortiert werden? Gute Frage! Tatsächlich kann man in Java über das Interface `Comparable` die sogenannte natürliche Ordnung festlegen. Die Details sind hier zum Einstieg nicht von Relevanz – für Zahlen erfolgt erwartungskonform eine Sortierung gemäß Wert und für Strings eine alphabetische Sortierung. Für abweichende Sortierungen existiert das Interface `Comparator` aus dem Package `java.util`. Auf dieses gehe ich später nochmals kurz in Abschnitt 6.2.3 ein: Wenn Sie diesbezüglich Ihre Programmierkenntnisse ausbauen wollen, dann empfehle ich Ihnen mein Buch »Der Weg zum Java-Profi« [1]. Dort werden diese Themen sehr ausführlich behandelt.

Zum Abschluss sei hier nur darauf hingewiesen, dass es auch vordefinierte Reihenfolgen gibt, etwa für eine absteigende Sortierung. Wenn man Komparatoren nutzt, lässt sich die Sortierung mithilfe der in `List` integrierten Methode `sort()` folgendermaßen schreiben:

```
jshell> sortedNames.sort(Comparator.reverseOrder())

jshell> sortedNames
sortedNames ==> [Tim, Mike, Jim, Andi]
```

Alle Elemente löschen – clear()

Mitunter möchte man Berechnungsergebnisse verwerfen. Um den Inhalt einer Liste zu löschen, rufen Sie clear() auf:

```
jshell> names.clear()

jshell> names
names ==> []
```

Teilbereiche von Listen ermitteln – subList()

Manchmal sind nur Teilbereiche einer Liste von Interesse. Dabei hilft die Methode subList(), der man einen Start- und einen Endindex angibt. Als Ausgangsbasis für ein Beispiel definieren wir ein paar weibliche Vornamen:

```
jshell> var names = List.of("Anne", "Barbara", "Janne", "Lili",
   ...>                     "Sophie", "Jelena")
names ==> [Anne, Barbara, Janne, Lili, Sophie, Jelena]
```

Nun wollen wir die vorletzten zwei als eigene Liste ermitteln. Dazu dient subList() mit der Angabe des ersten (inklusive) und letzten (exklusive) Index der Originalliste:

```
jshell> names.subList(3, 5)
$160 ==> [Lili, Sophie]
```

Das geht mit Zahlen genauso – hier um die ersten sieben zu extrahieren:

```
jshell> var oneToTen = List.of(1, 2, 3, 4, 5, 6, 7, 8, 9, 10)
oneToTen ==> [1, 2, 3, 4, 5, 6, 7, 8, 9, 10]

jshell> var first7 = oneToTen.subList(0, 7)
first7 ==> [1, 2, 3, 4, 5, 6, 7]
```

Wissenswertes zu unmodifizierbaren Listen

Beim Erzeugen von Listen wurden zwei Varianten gezeigt, um eine unmodifizierbare Liste zu erstellen, also eine solche, die keine Modifikationen erlaubt. Verdeutlichen wir uns die Auswirkungen mit einem indizierten Zugriff per `get()` und dem Hinzufügen per `add()` sowie einer Modifikation an einer Position mit `set()`:

Variante `List.of()` Die Methode `List.of()` erzeugt eine unmodifizierbare Liste mit den angegebenen Werten:

```
jshell> var unmodifiableNames = List.of("Jim", "James")
unmodifiableNames ==> [Jim, James]

jshell> unmodifiableNames.get(1)
$378 ==> "James"
```

Die nachfolgend gezeigten Modifikationen lösen aufgrund der Unveränderlichkeit erwartungsgemäß Exceptions aus:

```
jshell> unmodifiableNames.add("PETER")
|  Exception java.lang.UnsupportedOperationException

jshell> unmodifiableNames.set(1, "JIMBO")
|  Exception java.lang.UnsupportedOperationException
```

Variante `Arrays.asList()` Die Methode `Arrays.asList()` existiert schon lange im JDK und auch hier sind Erzeugung und Lesezugriff überraschungsfrei, allerdings weisen Schreibzugriffe eine Besonderheit auf:

```
jshell> var cities = Arrays.asList("Bremen", "Kiel", "Aachen")
cities ==> [Bremen, Kiel, Aachen]

jshell> cities.get(1)
$381 ==> "Kiel"

jshell> cities.add("KONSTANZ")
|  Exception java.lang.UnsupportedOperationException

jshell> cities.set(1, "LUZERN")
$382 ==> "Kiel"

jshell> cities
cities ==> [Bremen, LUZERN, Aachen]
```

Interessanterweise sieht man, dass die mit `Arrays.asList()` erzeugte unmodifizierbare Liste nicht vollständig unmodifizierbar ist, da sie das Verändern einzelner Werte mit `set()` erlaubt, hier wird aus Kiel der Eintrag LUZERN. Wie oben gesehen, verhindert lediglich die `List.of()`-Variante dieses Schlupfloch.

Schlupfloch: Veränderbarkeit innerhalb der Werte Auf ein Detail möchte ich noch eingehen: Die Unveränderlichkeit bezieht sich nur auf die Liste selbst, nicht aber auf die in der Liste abgelegten Elemente. Deren Wertebelegung kann aufgrund der Referenzsemantik geändert werden (vgl. Abschnitt 5.1.1), sofern die referenzierten Daten veränderlich sind.

Um das zu demonstrieren, definieren wir eine veränderliche `ArrayList` sowie eine unveränderliche Liste mit `List.of()`. Beide fügen wir zu einer verschachtelten Liste zusammen. Danach versuchen wir per `add()` Änderungen an den verschachtelten Listen vorzunehmen. Die `ArrayList` erlaubt eine Erweiterung, sodass der Name »Michael« in die vermeintlich unmodifizierbaren Daten aufgenommen wird. Die andere Liste ermöglicht dagegen Veränderungen nicht und löst in dem Fall eine Exception aus:

```
jshell> var names = new ArrayList<String>(List.of("Tim", "Tom"))
names ==> [Tim, Tom]

jshell> var primesAsStrings = List.of("2", "3", "5", "7", "11");
primesAsStrings ==> [2, 3, 5, 7, 11]

jshell> var combination = List.of(names, primesAsStrings)
combination ==> [[Tim, Tom], [2, 3, 5, 7, 11]]

jshell> combination.get(0).add("Michael")
$148 ==> true

jshell> combination.get(1).add("13")
|  Exception java.lang.UnsupportedOperationException
|        at ImmutableCollections.uoe (ImmutableCollections.java
      :142)
|        at ImmutableCollections$AbstractImmutableCollection.add (
      ImmutableCollections.java:147)
|        at (#149:1)

jshell> combination
combination ==> [[Tim, Tom, Michael], [2, 3, 5, 7, 11]]
```

6.1.2 Die Klasse HashSet

Die Klasse `HashSet` modelliert eine ungeordnete Sammlung (Menge) von Elementen. Das mathematische Konzept der Mengen besagt, dass diese keine Duplikate enthalten. Demzufolge bilden `HashSets` eine ungeordnete Datenstruktur, die duplikatfrei ist, aber keinen indizierten Zugriff bietet.

Hintergrundwissen

In Java wird zur Absicherung der Forderung auf die Duplikatfreiheit die Methode `equals()` genutzt, die für die eingebauten Typen in der Regel schon korrekt (also auf Prüfung inhaltlicher Gleichheit) implementiert ist (vgl. Abschnitt 5.1.7). Im Hintergrund spielt auch die Methode `hashCode()` eine wichtige Rolle. Für tiefergehende Details verweise ich Sie auf mein Buch »Der Weg zum Java-Profi« [1].

HashSet erzeugen – new

Zum Einstieg definieren wir eine leere Menge zur Speicherung von Namen wie folgt:

```
jshell> var names = new HashSet<String>()
names ==> []
```

Besonderheit: Unveränderliches Set erzeugen Die Methode `Set.of()` erzeugt ein Set mit einer fixen Wertebelegung:

```
jshell> var unmodifiableNames = Set.of("Jim", "James")
unmodifiableNames ==> [James, Jim]
```

Ein derart erzeugtes Set erlaubt keine Modifikationen, also beispielsweise kein Einfügen oder Entfernen von Elementen, jedoch natürlich lesende Zugriffe.

Wir sehen ein weiteres Detail: Ein Set besitzt keine Reihenfolge und die Elemente werden gegebenenfalls in anderer Reihenfolge ausgegeben, als sie beim Erzeugen angegeben wurden.

Werte hinzufügen – add()

Mithilfe der Methode add() fügen wir einen Wert, hier mehrmals einen Namen, hinzu. Die Rückgabe liefert true, wenn der Wert eingefügt wurde, ansonsten false.

```
jshell> names.add("Tim")
$3 ==> true

jshell> names.add("Tom")
$4 ==> true

jshell> names.add("Tim")
$280 ==> false
```

Darüber hinaus kann man auch mehrere Werte in einem Rutsch durch Aufruf der Methode addAll() hinzufügen – hier in Form einer Menge von Namen, erzeugt mit Set.of(). Auch addAll() liefert true, wenn Werte eingefügt wurden, ansonsten false.

```
jshell> names.addAll(Set.of("Mike", "Peter", "John"))
$281 ==> true

jshell> names.addAll(Set.of("Mike", "Peter", "John"))
$282 ==> false
```

Jetzt sollte das Set fünf Elemente enthalten. Prüfen wir dies:

```
jshell> names
names ==> [Mike, Tom, John, Tim, Peter]
```

Prüfen, ob ein Eintrag existiert – contains()

Um zu verifizieren, ob ein Element in einem HashSet existiert, verwenden Sie die Methode contains(). Sie liefert true, wenn der gesuchte Wert vorhanden ist, ansonsten false.

```
jshell> names.contains("John")
$283 ==> true

jshell> names.contains("Michael")
$46 ==> false
```

Element per Inhalt löschen – `remove()`

Manchmal sollen Werte aus einem Datenbestand entfernt werden. Dazu dient die `remove()`-Methode. Als Ergebnis liefert sie `true`, wenn etwas gelöscht wurde, und ansonsten `false`. Eine nachträgliche Prüfung mit `contains()` liefert nach vorheriger Löschung `false`:

```
jshell> names.remove("John")
$284 ==> true

jshell> names.contains("John")
$285 ==> false

jshell> names
names ==> [Mike, Tom, Tim, Peter]
```

Elemente per Eigenschaft löschen – `removeIf()`

Ab und zu sind Werte, die eine bestimmte Eigenschaft besitzen, aus dem Datenbestand zu löschen. Nachfolgend sollen alle Namen, die mit einem 'T' beginnen, aus dem Set entfernt werden – wie schon bei Listen kommt auch hier ein Lambda-Ausdruck in Kombination mit der Methode `removeIf()` zum Einsatz (vgl. Abschnitt 8.1):

```
jshell> names.removeIf(name -> name.startsWith("T"))
$13 ==> true

jshell> names
names ==> [Mike, Peter]
```

Anzahl an Elementen ermitteln – `size()`

Schließlich wollen wir noch wissen, wie viele Elemente nach unseren Aktionen in dem Set verblieben sind, und rufen dazu `size()` auf:

```
jshell> names.size()
$17 ==> 2
```

Durch die Elemente iterieren – `for` und `forEach()`

In Abschnitt 2.9 haben wir bereits einige Schleifenvarianten kennengelernt. Diese kann man (bis auf die positionsbasierte, indizierte Variante) auch zum Durchlaufen eines `HashSets` nutzen. Betrachten wir zwei kurze Beispiele.

for-each-Schleife Wie schon bei Listen erwähnt, sind Indexzugriffe immer mal wieder die Quelle für Fehler. Für Sets gibt es keinen positionsbasierten Indexzugriff und so ist die for-each-Schleife die richtige Alternative:

```
jshell> for (String name : names)
   ...>     System.out.println(name)
Mike
Peter
```

Built-in `forEach()` Außerdem bietet das `HashSet` die Methode `forEach()` zum Durchlaufen seiner Elemente. Die auszuführende Aktion wird als Lambda-Ausdruck (vgl. Abschnitt 8.1) angegeben:

```
jshell> names.forEach(name -> System.out.println(name))
Mike
Peter
```

Alle Elemente löschen – `clear()`

Mitunter möchte man Berechnungsergebnisse oder einfach die Daten eines Sets verwerfen. Um den Inhalt eines Sets zu löschen, rufen Sie `clear()` auf:

```
jshell> names.clear()

jshell> names
names ==> []
```

Mengen sortieren – TreeSet

Für die Java-Typen wie Zahlen und Strings ist es möglich, die Einträge in einer Menge sortiert zu speichern. Dazu dient die Klasse `TreeSet`. Schauen wir uns ein Beispiel an, wo wir initial einige Hobbys als Namen mit `Set.of()` definieren:

```
jshell> var hobbies = Set.of("Musik", "Wandern", "Hifi",
   ...>                      "Programmieren", "Kochen",
   ...>                      "Heimkino", "Lesen", "Chillen");
hobbies ==> [Programmieren, Musik, Chillen, Heimkino, Wandern,
        Kochen, Lesen, Hifi]
```

Wir sehen, dass die Reihenfolge von der initial vorgegebenen Reihenfolge abweicht. Überführen wir die Werte in ein `TreeSet`, so werden diese alphabetisch sortiert:

```
jshell> var sortedHobbies = new TreeSet<String>(hobbies)
sortedHobbies ==> [Chillen, Heimkino, Hifi, Kochen, Lesen, Musik,
        Programmieren, Wandern]
```

Weitere Details, insbesondere was man bei eigenen Typen beachten muss, finden Sie in meinem Buch »Der Weg zum Java-Profi« [1].

6.1.3 Iteratoren

Für Listen und Sets haben wir verschiedene Varianten zum Durchlaufen kennengelernt. Es existiert eine weitere, die das Ganze vereinheitlicht. Ein ***Iterator*** ist ein Objekt, das zum Durchlaufen von Collections, wie `ArrayList` und `HashSet`, verwendet werden kann. Er wird »Iterator« genannt, weil »Iterieren« der Fachbegriff für Schleifendurchläufe ist.

Um einen Iterator in einem Java-Programm zu verwenden, müssen Sie ihn aus dem Package `java.util` importieren – in der JShell ist er direkt verfügbar.

Iterator erzeugen – iterator()

Die Methode iterator() dient dazu, einen Iterator für eine beliebige Collection bereitzustellen, nachfolgend zuerst für eine Liste von Namen und danach für ein Set von Zahlen gezeigt:

```
jshell> var names = List.of("Tim", "Tom", "Mike", "Carsten")
names ==> [Tim, Tom, Mike, Carsten]

jshell> Iterator<String> it = names.iterator()
it ==> java.util.ImmutableCollections$ListItr@6c3f5566

jshell> var primeNumbers = Set.of(2, 3, 5, 7, 11, 13)
primeNumbers ==> [7, 5, 3, 2, 13, 11]

jshell> Iterator<Integer> itNumbers = primeNumbers.iterator()
itNumbers ==> java.util.
        ImmutableCollections$SetN$SetNIterator@3834d63f
```

Iterator zum Durchlaufen nutzen – hasNext() und next()

Um eine Collection in einer Schleife zu durchlaufen, können Sie die Methoden hasNext() und next() des Iterators verwenden. Erstere prüft, ob noch weitere Elemente zum Durchlaufen existieren, und mit next() erhält man Zugriff auf das aktuelle Element. Diese Methoden arbeiten ideal in Kombination mit einer while-Schleife.

Damit können wir einen Durchlauf wie folgt implementieren:

```
jshell> while (it.hasNext()) {
   ...>     System.out.println(it.next());
   ...> }
Tim
Tom
Mike
Carsten
```

Das Schöne daran ist, dass dieses Vorgehen unabhängig vom Typ der Collection funktioniert. Für das Set der Zahlen schreiben wir den Durchlauf ebenfalls auf die obige Art und Weise:

```
jshell> while (itNumbers.hasNext()) {
   ...>     System.out.println(itNumbers.next());
   ...> }
7
5
3
2
13
11
```

Iterator zum Löschen nutzen – `remove()`

Iteratoren sind so konzipiert, dass sie in Collections an der aktuellen Position löschen können. Dazu lässt sich die `remove()`-Methode während des Schleifendurchlaufs aufrufen, um spezifische Elemente (hier die kurzen Namen) aus einer Collection zu entfernen. Wenden wir es einmal an und definieren folgende Methode, die Strings mit einer Länge kleiner gleich drei löscht und längere auf der Konsole ausgibt:

```
jshell> void removeShortWords(Iterator<String> it)
   ...> {
   ...>     while (it.hasNext())
   ...>     {
   ...>         String currentWord = it.next();
   ...>         if (currentWord.length() <= 3)
   ...>         {
   ...>             it.remove();
   ...>         }
   ...>         else
   ...>         {
   ...>             System.out.println(currentWord);
   ...>         }
   ...>     }
   ...> }
|  created method removeShortWords(Iterator<String>)
```

Erzeugen wir einen Iterator und rufen die Methode auf:

```
jshell> var it = names.iterator()
it ==> java.util.ImmutableCollections$ListItr@2aafb23c

jshell> removeShortWords(it)
|  Exception java.lang.UnsupportedOperationException
|        at ImmutableCollections.uoe (ImmutableCollections.java
      :142)
|        at ImmutableCollections$ListItr.remove (
      ImmutableCollections.java:380)
|        at removeShortWords (#102:8)
|        at (#104:1)
```

Statt einer Ausgabe der längeren Namen erhalten wir eine Exception! Wie kommt das? Erinnern wir uns an die Einführung zur Klasse `ArrayList`: Dort wurden zwei Varianten zum Erzeugen von Listen gezeigt. Die bequeme Form mit `List.of()` erzeugt eine unveränderliche Datenstruktur. Um demnach Änderungen vornehmen zu können, müssen wir mit der veränderlichen `ArrayList` arbeiten. Diese bietet praktischerweise folgende Variante zur Konstruktion, der man eine bereits bestehende Liste übergeben kann:

```
jshell> var modifiableNames = new ArrayList<>(names)
modifiableNames ==> [Tim, Tom, Peter, Mike, Carsten]

jshell> var it = modifiableNames.iterator()
it ==> java.util.ArrayList$Itr@19bb089b

jshell> removeShortWords(it)
Peter
Mike
Carsten
```

Aufrufe von `remove()` während einer Iteration

Der Versuch mit der Methode `remove()`, Elemente während eines Durchlaufes mit einer `for`-Schleife oder einer for-each-Schleife durch eine Liste oder ein Set zu entfernen, würde nicht korrekt funktionieren, da sich die Größe der Collection während der Iteration ändert. Das gilt sowohl für Immutable als auch für veränderliche Collections. Weitere Details finden Sie in meinem Buch »Der Weg zum Java-Profi« [1].

Das Interface `Iterable`

Das Interface `Iterable` aus dem Package `java.lang` ermöglicht es, verschiedenen Typen einen `Iterator` bereitzustellen. Wenn ein Typ das Interface `Iterable` implementiert und damit die Methode `iterator()` besitzt, kann es in einer for-each-Schleife genutzt werden. Die Collections wie Listen und Sets erfüllen das Interface `Iterable`.

```
jshell> var primeNumbers = Set.of(2, 3, 5, 7, 11, 13)
primeNumbers ==> [7, 5, 3, 2, 13, 11]

jshell> for (int num : primeNumbers)
   ...>     System.out.println(num)
7
5
3
2
13
11
```

Unter der Motorhaube wird die for-each-Schleife in etwa wie folgt ausgeführt:

```
var it = primeNumbers.iterator()
while (it.hasNext())
{
    Integer currentNumber = it.next();
    System.out.println(currentNumber);
}
```

6.1.4 Die Klasse HashMap

Beschäftigen wir uns mit der Verwaltung von Abbildungen von Schlüsseln auf Werte. Dazu dienen HashMaps. Diese werden auch als Dictionary oder als Lookup-Tabelle bezeichnet. Unabhängig vom Namen ist die zugrunde liegende Idee, Abbildungen von Schlüsseln auf Werte, sogenannte »Schlüssel-Wert«-Paare, zu speichern. Ein intuitiv verständliches Beispiel sind Telefonbücher, bei denen Namen auf Telefonnummern abgebildet werden. Dort gibt es keinen indizierten Zugriff, sondern dieser erfolgt über den Schlüssel. Eine Suche über einen Namen (Schlüssel) liefert meistens recht schnell eine Telefonnummer (Wert). Weil keine Rückabbildung von Telefonnummer auf Name existiert, wird das Ermitteln eines Namens zu einer Telefonnummer jedoch ziemlich aufwendig.

HashMap erzeugen – new

Als Ausgangsbasis für die folgenden Aktionen definieren wir eine leere HashMap zur Speicherung der Abbildung von Städten auf (ungefähre) Einwohnerzahlen:

```
jshell> var cityInhabitantsMap = new HashMap<String, Integer>()
cityInhabitantsMap ==> {}
```

Besonderheit: Unveränderliche Map erzeugen Mit einem Aufruf von Map.of() definieren wir eine Map mit einer fixen Menge von Abbildungen. Eine derart erzeugte Map erlaubt keine Modifikationen, also beispielsweise kein Einfügen, jedoch natürlich die später gezeigten lesenden Zugriffe.

```
jshell> var unmodifiableMap = Map.of("Bern", 150_000,
   ...>                           "Berlin", 3_500_000)
unmodifiableMap ==> {Berlin=3500000, Bern=150000}
```

Werte hinzufügen – put() und putAll()

Nutzen wir die initial leer erzeugte HashMap zur Abbildung von Städten auf Einwohnerzahlen, um dort ein paar Städte und deren ungefähre Einwohnerzahl mithilfe der Methode put() hinzuzufügen. Als Rückgabe erhält man den zuvor zu diesem Schlüssel gespeicherten Wert oder null, falls es dazu noch keinen Wert gab:

```
jshell> cityInhabitantsMap.put("Zürich", 400_000);
$229 ==> null

jshell> cityInhabitantsMap.put("Hamburg", 2_000_000);
$231 ==> null

jshell> cityInhabitantsMap.put("Kiel", 250_000);
$232 ==> null
```

Sind mehrere Daten einzufügen, erledigt das ein Aufruf von putAll() in einem Rutsch:

```
jshell> cityInhabitantsMap.putAll(unmodifiableMap)

jshell> cityInhabitantsMap
cityInhabitantsMap ==> {Bern=150000, Kiel=250000, Zürich=400000,
      Berlin=3500000, Hamburg=2000000}
```

Prüfen, ob ein Eintrag existiert – containsKey()

Um zu prüfen, ob ein Schlüssel in einer HashMap existiert, verwenden Sie die Methode containsKey(). Sie liefert true, wenn der gesuchte Eintrag zu dem Schlüssel vorhanden ist, ansonsten false.

```
jshell> cityInhabitantsMap.containsKey("Zürich")
$309 ==> true

jshell> cityInhabitantsMap.containsKey("Bremen")
$310 ==> false
```

Prüfen, ob ein Wert existiert – containsValue()

Darüber hinaus ist es möglich, zu prüfen, ob ein spezieller Wert in einer Map gespeichert ist. Dazu dient die Methode `containsValue()`. Nachfolgend betrachten wir diese einmal für den Wert 400.000, der zum Schlüssel Zürich gehört und daher `true` liefert. Da der Wert 1.234.567 jedoch keinem Schlüssel zugeordnet ist, erhalten wir hierfür `false`.

```
jshell> cityInhabitantsMap.containsValue(400000)
$311 ==> true

jshell> cityInhabitantsMap.containsValue(1234567)
$312 ==> false
```

Zugriff über Schlüssel und Fallback-Wert bereitstellen – get() und getOrDefault()

Um mit den gespeicherten Werten arbeiten zu können, lassen sich diese mit dem jeweiligen Schlüssel als Parameter für die Methode `get()` auslesen – existiert kein Eintrag, so wird der Wert `null` zurückgegeben:

```
jshell> cityInhabitantsMap.get("Zürich")
$235 ==> 400000

jshell> cityInhabitantsMap.get("X-STADT")
$236 ==> null
```

Manchmal ist die Rückgabe von `null` unpraktisch. Vielmehr möchte man bei Nichtexistenz einen Defaultwert zurückliefern können, beispielsweise 0 für Zahlen oder ein Leerstring für Texte. Dann erlaubt die Methode `getOrDefault()` die Übergabe eines Defaultwerts als zweiten Parameter:

```
jshell> cityInhabitantsMap.getOrDefault("X-STADT", 0)
$237 ==> 0
```

Modifikationen ausführen – put()

Mitunter müssen Werte nachträglich geändert werden. Hier soll die Einwohnerzahl für Bern auf den Wert 144.000 korrigiert werden. Wir modifizieren den gespeicherten Wert mit put() und gleichem Schlüssel. Als Rückgabe erhalten wir den alten Wert:

```
jshell> cityInhabitantsMap.put("Bern", 144_000)
$236 ==> 150000

jshell> cityInhabitantsMap
cityInhabitantsMap ==> {Bern=144000, Kiel=250000, Zürich=400000,
        Berlin=3500000, Hamburg=2000000}
```

Abbildung löschen – remove()

Ab und zu sind Werte aus einem Datenbestand zu löschen. Dazu dient die remove()-Methode, der man den Schlüssel übergibt.

Löschen wir zunächst Bern und dann Kiel. Danach prüfen wir, ob diese Abbildungen aus der Map entfernt worden sind:

```
jshell> cityInhabitantsMap.remove("Bern")
$315 ==> 144000

jshell> cityInhabitantsMap.remove("Kiel")
$316 ==> 250000

jshell> cityInhabitantsMap
cityInhabitantsMap ==> {Zürich=400000, Berlin=3500000, Hamburg
        =2000000}
```

Anzahl an Einträgen ermitteln – size()

Schließlich wollen wir wissen, wie viele Elemente nach unseren Aktionen in der Map verblieben sind, und rufen dazu size() auf:

```
jshell> cityInhabitantsMap.size()
$321 ==> 3
```

Durch die Elemente iterieren – keySet(), values() und entrySet()

Zuvor haben wir in Abschnitt 2.9 bereits einige Schleifenvarianten kennengelernt – insbesondere mit indiziertem Zugriff. Bei Maps muss man etwas anders vorgehen, da hier kein indizierter Zugriff verfügbar ist. Allerdings lassen sich die Daten mit folgenden Methoden auslesen:

- `keySet()` – Liefert eine Menge von Schlüsseln.
- `values()` – Liefert eine Collection von Werten.
- `entrySet()` – Liefert eine Menge von `Map.Entrys`.

for-each-Schleife in drei Varianten Nutzen wir dieses Wissen zur Ausgabe der Schlüssel, Werte und Schlüssel-Wert-Einträge wie folgt:

```
jshell> for (String city : cityInhabitantsMap.keySet()) {
   ...>     System.out.println(city);
   ...> }
Zürich
Berlin
Hamburg

jshell> for (int inhabitantCount : cityInhabitantsMap.values()) {
   ...>     System.out.println(inhabitantCount);
   ...> }
400000
3500000
2000000

jshell> for (Map.Entry entry : cityInhabitantsMap.entrySet()) {
   ...>     System.out.println(entry);
   ...> }
Zürich=400000
Berlin=3500000
Hamburg=2000000
```

Built-in `forEach()` Schließlich bietet die `HashMap` eine Methode `forEach()` zum Durchlaufen ihrer Einträge inklusive einer Aktion als Lambda (vgl. Abschnitt 8.1):

```
jshell> cityInhabitantsMap.forEach((key, value) ->
   ...>                           System.out.println(key + ": " +
        value))
Zürich: 400000
Berlin: 3500000
Hamburg: 2000000
```

Elemente per Eigenschaft löschen – `removeIf()`

Ab und zu sind Werte aus einem Datenbestand zu löschen, die eine bestimmte Eigenschaft besitzen, nachfolgend geschieht dies für alle Städte mit mehr als 1 Million Einwohnern. Dabei hilft die Methode `removeIf()`, die `true` liefert, falls Werte gelöscht wurden.

```
jshell> cityInhabitantsMap.values().removeIf(n -> n > 1_000_000)
$243 ==> true

jshell> cityInhabitantsMap
cityInhabitantsMap ==> {Zürich=400000}
```

Es erfolgt ein Zugriff rein auf die Werte mit `values()`. Genauso ist es mit `keySet()` möglich, auf die Schlüssel zuzugreifen und darüber Werte zu löschen, etwa Städte, die mit einem K im Namen beginnen, was hier Kiel nicht mehr betrifft, da es schon zuvor gelöscht wurde. Deswegen erhalten wir als Rückgabe den Wert `false`:

```
jshell> cityInhabitantsMap.keySet().removeIf(name ->
   ...>                                     name.startsWith("K"))
$245 ==> false

jshell> cityInhabitantsMap
cityInhabitantsMap ==> {Zürich=400000}
```

Alle Elemente löschen – `clear()`

Um den Inhalt einer `HashMap` zu löschen, rufen Sie `clear()` auf:

```
jshell> cityInhabitantsMap.clear()

jshell> cityInhabitantsMap
cityInhabitantsMap ==> {}
```

6.2 Nächste Schritte

6.2.1 Generische Typen (Generics)

Einführung

Ursprünglich waren die Containerklassen des Collections-Frameworks wie Listen, Sets und Maps untypisiert. Was heißt das? Dort konnten Objekte beliebigen Typs, also etwa gleichzeitig Texte, Zahlen und Personen (auch beliebig gemixt), verwaltet werden. Jedoch sind derartige heterogene Container nur für wenige Anwendungsfälle nützlich. Viel öfter ist gewünscht, gleichartige Objekte, also diejenigen eines bestimmten Typs, zu speichern – man spricht von einer homogenen Zusammensetzung. Ohne das Sprachfeature Generics[2] kann man diese Forderung nur durch eine geeignete Namensgebung, etwa `personList`, ausdrücken, nicht aber von Java sicherstellen lassen. Bereits seit JDK 5 lässt sich die typsichere Definition von Containerklassen mithilfe von Generics ohne weiteren eigenen Implementierungsaufwand erreichen. Es muss lediglich eine Typangabe bei der Definition einer Containerklasse erfolgen. Basierend darauf kann Java sicherstellen, dass in der Containerklasse nur gewünschte Typen verwaltet werden.

Typsichere, generische Container

Seit JDK 5 lassen sich praktischerweise Containerklassen durch die Angabe von Typparametern auf einen Typ festlegen. Dies geschieht mithilfe der zuvor in Beispielen schon genutzten

[2] oder eine selbst geschriebene Containerklasse

Spitzen-Klammern-Notation, z. B. `ArrayList<Person>`. Basierend auf den Typangaben kann Java eventuell vorhandene Typinkompatibilitäten aufdecken und dadurch sicherstellen, dass nur Objekte des gewünschten Typs (und auch Subtypen davon), hier `Person`, in den Container aufgenommen werden können.

Schauen wir uns nun die typsichere Definition einer Liste von `Person`-Objekten mithilfe von Generics an:

```
// Typsichere Definition mit Generics
final ArrayList<Person> personList = new ArrayList<Person>();
personList.add(new Person("Max", LocalDate.now(), "Musterstadt"));
personList.add(new Person("Min", LocalDate.now(), "Musterstadt"));
// personList.add("Sarah vom Auetal"); // Compile-Error

for (int i = 0; i < personList.size(); i++)
{
    // Typsicheres Auslesen mit get() liefert Typ Person
    final Person person = personList.get(i);
    System.out.println(person.name() + " aus " + person.city());
}
```

Durch die Generics wird das Hinzufügen eines Objekts vom Typ `String` direkt schon während der Eingabe verhindert. Demnach werden folgende zwei Einträge ausgegeben:

```
Max aus Musterstadt
Min aus Musterstadt
```

Keine Unterstützung primitiver Typen

Beachten Sie bitte, dass Genercis nur für Objekte, also Referenztypen, nutzbar sind, wie wir dies schon für `ArrayList<String>` oder `ArrayList<Person>` gesehen haben. Sie können aber nicht `ArrayList<int>` oder `ArrayList<double>` schreiben. Diese Typen kann man in Listen indirekt in Form von Instanzen von Wrapper-Klassen (vgl. Abschnitt 7.2) verwenden.

Vereinfachungen bei Typangaben – Diamond Operator

Der Einsatz von Generics erforderte vor JDK 7 etwas zusätzlichen Schreibaufwand durch die Angabe der Typinformation bei der Deklaration und deren Wiederholung bei der Definition, wie das folgende Beispiel zeigt:

```
HashMap<String, Set<String>> oldStyleTypeSafeMap =
                new HashMap<String, Set<String>>();
```

Dies ist unleserlich und enthält Redundanzen, da die Typparameter bereits bekannt sind. Heutzutage kann man den sogenannten ***Diamond Operator*** '<>' zur Abkürzung der Schreibweise wie folgt verwenden:

```
// Typ muss rechts nicht wiederholt werden
HashMap<String, Set<String>> newJDK7StyleMap = new HashMap<>();
```

Alternativ bietet sich `var` an. Dann schreibt man Folgendes:

```
// Typ muss nur rechts angegeben werden
var modernStyleMap = new HashMap<String, Set<String>>();
```

6.2.2 Basisinterfaces für die Containerklassen

Bislang haben wir die Containerklassen wie `ArrayList<E>`, `HashSet<E>` und `HashMap<K,V>` direkt ohne Abstraktion genutzt. Das ist oftmals eher schlechtes Design, war aber zum Einstieg in Datenstrukturen ein Kompromiss, um nicht gleich zu viele Themen behandeln zu müssen. Normalerweise definiert man die Datenstrukturen auf Basis der jeweiligen Interfaces `List<E>`, `Set<E>` bzw. `Map<K,V>`, etwa wie folgt:

```
jshell> List<String> names = new ArrayList<>()
names ==> []

jshell> Set<Integer> numbers = new HashSet<>()
numbers ==> []
```

Die Abstraktion über die Interfaces erlaubt es, bei Bedarf zwischen verschiedenen konkreten Implementierungen der Containerklassen zu wählen. Dazu stellt das JDK eine hochwertige Sammlung von Containerklassen bereit. Wir schauen zunächst nochmals auf Listen und Mengen. Diese besitzen eine gemeinsame Basis in Form des Interface `Collection<E>`.

Das Interface `Collection<E>`

Das Interface `Collection<E>` definiert die Basis für diverse Containerklassen, die das Interface `List<E>` bzw. `Set<E>` erfüllen und somit Listen bzw. Mengen repräsentieren. Das Interface `Collection<E>` bietet *keinen* indizierten Zugriff, aber folgende Methoden:

- `int size()` – Ermittelt die Anzahl der in der Collection gespeicherten Elemente.
- `boolean isEmpty()` – Prüft, ob Elemente vorhanden sind.
- `boolean add(E element)` – Fügt ein Element zur Collection hinzu. Gibt `true` zurück, wenn sich die Collection ändert – bei Sets ist dies etwa bei Duplikaten nicht der Fall.
- `boolean addAll(Collection<? extends E> collection)` – Fügt der Collection alle übergebenen Elemente hinzu.

Eine `Collection<String>` kann man als allgemeinen Typ nutzen und diesem eine `ArrayList<String>` (hier mit Diamond Operator als `ArrayList<>` angegeben) zuweisen und Aktionen ausführen:

```
jshell> Collection<String> names = new ArrayList<>()
names ==> []

jshell> names.isEmpty()
$179 ==> true

jshell> names.addAll(Set.of("James", "Jim"))
$180 ==> true

jshell> names.size()
$181 ==> 2
```

Listen und das Interface List<E>

Rekapitulieren wir: Eine ArrayList<E> kann man sich wie ein größenveränderliches Array vorstellen. Fassen wir es etwas allgemeiner: Unter einer Liste versteht man eine über ihre Position geordnete Folge von Elementen – dabei können auch identische Elemente mehrfach vorkommen. Das Collections-Framework definiert zur Beschreibung von Listen das Interface List<E>. Bekannte Implementierungen sind die Klassen ArrayList<E> und LinkedList<E>. Das Interface List<E> basiert auf dem Interface Collection<E> und ermöglicht darüber hinaus einen indizierten Zugriff.

Übrigens hatten wir schon einige Male, ohne es wirklich zu merken, mit verschiedenen Arten von Listen zu tun. Tatsächlich entstehen beim Konstruktoraufruf sowie bei der Erzeugung mit Arrays.asList() sowie List.of() unterschiedliche konkrete Container. Das ist aber durch die Abstraktion durch das Interface List<E> für uns nie von Bedeutung gewesen, da sich alle derart erzeugten Listen (nahezu) gleich verhalten, zumindest aber alle die gleichen Methoden anbieten. Um den Unterschied aufdecken zu können, müssen wir uns einer Java-Spezialität bedienen: Informationen zum Typ eines Objekts kann man durch Aufruf von getClass() ermitteln. Schauen wir uns einmal an, was wir als Antworten erhalten:

```
jshell> List<String> names = new ArrayList<>()
names ==> []

jshell> names.getClass()
$48 ==> class java.util.ArrayList

jshell> List<String> names2 = Arrays.asList("Tim", "Tom")
names2 ==> [Tim, Tom]

jshell> names2.getClass()
$50 ==> class java.util.Arrays$ArrayList

jshell> List<String> names3 = List.of("Mike", "Michael", "Merten")
names3 ==> [Mike, Michael, Merten]

jshell> names3.getClass()
$52 ==> class java.util.ImmutableCollections$ListN
```

Die Erkenntnis ist, dass es sich tatsächlich nur im ersten Fall um die bereits recht gut bekannte `ArrayList<E>` handelt. Im zweiten Fall ist es eine spezielle innere Klasse und im dritten Fall ebenfalls. Beide haben die Besonderheit, dass sie eine unveränderliche Variante der Liste bereitstellen.

Die letzten beiden Varianten von Listen bieten zudem den Vorteil, dass man direkt eine Menge von Werten als Wertebelegung vorgeben kann – das ist allerdings auch nötig, weil die Unveränderlichkeit dieser Listen ansonsten keine Befüllung ermöglichen würde.

Mengen und das Interface `Set<E>`

Kommen wir zu Mengen und dem Interface `Set<E>`. Das mathematische Konzept der Mengen besagt, dass diese keine Duplikate enthalten. Das Interface `Set<E>` basiert auf dem Interface `Collection<E>`. Im Gegensatz zum Interface `List<E>` sind im Interface `Set<E>` keine Methoden zusätzlich zu denen des Interface `Collection<E>` vorhanden – allerdings wird ein anderes Verhalten für die Methoden `add(E)` und `addAll(Collection<E>)` vorgeschrieben. Dieser Unterschied zwischen dem zugrunde liegenden Interface `Collection<E>` und `Set<E>` ist nötig, um Duplikatfreiheit zu garantieren, selbst dann, wenn der Menge das gleiche Objekt mehrfach hinzugefügt wird. Betrachten wir dies nochmals an einem Beispiel:

```
jshell> Set<String> names = new HashSet<>()
names ==> []

jshell> names.add("Tim")
$54 ==> true

jshell> names.add("Tim")
$55 ==> false

jshell> names
names ==> [Tim]
```

Vermeintliche Sortierung in der Menge Als abschließendes Beispiel schauen wir uns an, was passiert, wenn wir einem HashSet<E> eine Menge von Zahlen hinzufügen:

```
jshell> Set<Integer> numbers = new HashSet<>()
numbers ==> []

jshell> numbers.addAll(Set.of(1, 2, 3))
$58 ==> true

jshell> numbers
numbers ==> [1, 2, 3]
```

Bislang scheint die Reihenfolge der Zahlen der Ordnung der Zahlen zu entsprechen. Aber was passiert, wenn wir ein paar Werte hinzufügen? Probieren wir es aus:

```
jshell> numbers.addAll(Set.of(11, 22, 33))
$60 ==> true

jshell> numbers
numbers ==> [1, 33, 2, 3, 22, 11]
```

Man erkennt, dass die Reihenfolge im HashSet<E> recht zufällig ist, vor allem immer dann, wenn mehr als ein paar Werte dort gespeichert werden. Tatsächlich liegt dies an der internen Repräsentation und Verwaltung in einem HashSet<E>. Für die genauen Zusammenhänge und Funktionsweisen verweise ich Sie an mein Buch »Der Weg zum Java-Profi« [1].

Sortierte Mengen mit TreeSet<E> Schauen wir uns als Abhilfe die Klasse TreeSet<E> an, die ebenfalls das Interface Set<E> erfüllt. Als Quick Fix können wir ein TreeSet<E> folgendermaßen direkt basierend auf dem zuvor definierten HashSet<E> erstellen und ohne weiteres Zutun sofort die gewünschte Sortierung erhalten:

```
jshell> Set<Integer> sortedNumbers = new TreeSet<>(numbers)
sortedNumbers ==> [1, 2, 3, 11, 22, 33]
```

Natürlich wird die Sortierung auch erzielt, wenn man die zuvor schon verwendeten Einfügeaktionen ausführt:

```
jshell> Set<Integer> sortedNumbers = new TreeSet<>()
sortedNumbers ==> []

jshell> sortedNumbers.addAll(Set.of(1, 2, 3))
$64 ==> true

jshell> sortedNumbers.addAll(Set.of(11, 22, 33))
$65 ==> true

jshell> sortedNumbers
sortedNumbers ==> [1, 2, 3, 11, 22, 33]
```

6.2.3 Objekte sortieren

Zum Abschluss wollen wir uns dem Sortieren von Objekten widmen und rekapitulieren zunächst ein paar Grundlagen.

Rekapitulation

Bekanntermaßen bieten Listen zum Sortieren die Methode `sort()`, der man zur Steuerung der Sortierreihenfolgen einen `Comparator<T>` übergeben kann, von denen es bereits einige vordefinierte gibt.

Erinnern wir uns an das Sortieren von Namen, das wir hier abwandeln und noch einen Trick nutzen, nämlich Werte direkt im Konstruktor der Liste übergeben zu können:

```
jshell> var sortedNames = new ArrayList<>(List.of("Tim", "John",
   ...>                              "Micha", "Andreas", "Xavier"))
sortedNames ==> [Tim, John, Micha, Andreas, Xavier]

jshell> sortedNames.sort(Comparator.naturalOrder())

jshell> sortedNames
sortedNames ==> [Andreas, John, Micha, Tim, Xavier]

jshell> sortedNames.sort(Comparator.comparing(String::length))

jshell> sortedNames
sortedNames ==> [Tim, John, Micha, Xavier, Andreas]
```

Im Beispiel nutzen wir den im JDK vordefinierten Komparator `naturalOrder()` sowie `comparing()` und eine Methodenreferenz (vgl. Abschnitt 8.2, um einen Komparator für ein spezifisches Kriterium, hier die Länge des Strings, zu definieren.

Sortierreihenfolgen für Objekte

Während die Reihenfolge für Zahlen oder Wörter ziemlich klar ist, gilt dies nicht für Objekte, weil dort nicht immer offensichtlich ist, welche Attribute die Reihenfolge bestimmen. Soll etwa bei Personen nach Name und Alter sortiert werden oder welche Attribute sollen die Reihenfolge bestimmen?

Natürliche Ordnung für Objekte Für Personenobjekte wäre es zwar denkbar, nach Alter oder Namen zu sortieren, aber was passiert, wenn wir gleichaltrige oder gleichnamige Personen haben, wie unterscheiden wir diese?

Beginnen wir mit der Definition einer einfachen Klasse, hier in Form eines Records, und der Erstellung von Beispieldaten:

```
jshell> record SimplePerson(String name, int age) {}
|  Erstellt Datensatz SimplePerson

jshell> var persons = List.of(new SimplePerson("Mike", 50),
   ...>                       new SimplePerson("Jim", 7),
   ...>                       new SimplePerson("Tim", 50),
   ...>                       new SimplePerson("John", 14),
   ...>                       new SimplePerson("Peter", 50),
   ...>                       new SimplePerson("Fred", 14),
   ...>                       new SimplePerson("Peter", 40),
   ...>                       new SimplePerson("Peter", 55));
persons ==> [SimplePerson[name=Mike, age=50], SimplePerson[na ...
        erson[name=Peter, age=55]]
```

Probieren wir einen Aufruf von `sort()` aus:

```
jshell> persons.sort(Comparator.naturalOrder())
|  Fehler:
|  Inkompatible Typen: Inferenzvariable T hat inkompatible
        Grenzwerte
|       Obere Grenzen: java.lang.Comparable<? super T>
|       Untere Grenzwerte: SimplePerson
|  persons.sort(Comparator.naturalOrder())
|  ^----------^
```

Wir sehen, dass sich Java beschwert, da es nicht weiß, wie es zwei `SimplePerson`-Objekte miteinander vergleichen soll. Das wird durch das Interface `Comparable` und dessen Methode `compareTo()` bestimmt. Diese spezielle Methode muss man selbst implementieren, und zwar so, dass folgendes Ergebnis geliefert wird:

- < 0 – ein negativer Wert, falls das eigene Objekt kleiner als das andere angesehen wird,
- 0 – der Wert 0, falls das eigene Objekt wertgleich zum anderen angesehen wird,
- > 0 – ein positiver Wert, falls das eigene Objekt größer als das andere angesehen wird.

Für unseren Record wollen wir zunächst den Namen und dann das Alter vergleichen. Dazu vergleichen wir zunächst die Namen und nutzen, dass Strings auch eine Methode `compareTo()` besitzen, da diese auch `Comparable` sind. Für Zahlen vom Typ `int` muss man auf einen Trick mit `Integer.compare()` zurückgreifen, um die Altersangaben zu vergleichen. Nur wenn die Namen gleich sind, wird das Alter ausgewertet:

```
jshell> record SimplePerson(String name, int age)
   ...>                 implements Comparable<SimplePerson>
   ...> {
   ...>     public int compareTo(SimplePerson other)
   ...>     {
   ...>         var nameComp = name.compareTo(other.name);
   ...>         if (nameComp == 0)
   ...>             return Integer.compare(age, other.age);
   ...>
   ...>         return nameComp;
   ...>     }
   ...> }
```

Wenn Sie nun nochmals die Liste der Personen definieren und zudem einer veränderlichen `ArrayList` zuweisen, dann kann man auch bezüglich der nun definierten natürlichen Ordnung, also gemäß `Comparable`, sortieren:

```
jshell> var modifiablePersons = new ArrayList<>(persons)
modifiablePersons ==> [SimplePerson[name=Mike, age=50],
        SimplePerson[na ... erson[name=Peter, age=55]]

jshell> modifiablePersons.sort(Comparator.naturalOrder())
```

Als Ergebnis erhalten wir das erwartete Resultat, am besten durch die drei Peters mit aufsteigendem Alter zu erkennen:

```
jshell> modifiablePersons.forEach(person -> System.out.println(
   ...>                          person.name() + " " + person.age()))
Fred 14
Jim 7
John 14
Mike 50
Peter 40
Peter 50
Peter 55
Tim 50
```

Das ist schon ein guter Erfolg. Allerdings benötigt man in der Praxis recht häufig weitere Sortierungen.

Bevor wir uns kurz damit beschäftigen, sei noch darauf hingewiesen, dass die Definition von Sortierreihenfolgen und deren Kombination fortgeschrittenes Wissen sind – in diesem Buch kann ich leider nicht auf die Details zu `Comparable` und `Comparator` eingehen und empfehle Ihnen mein Buch »Der Weg zum Java-Profi« [1] als ergänzende Lektüre.

Objekte nach verschiedenen Kriterien sortieren Wie zuvor gezeigt, sind Komparatoren sehr hilfreich, um die Sortierung zu steuern. Das haben wir für die Stringlänge gesehen. Praktischerweise lässt sich das nutzen, um für eine passende Extraktion eines Attributs, beispielsweise des Alters, zu sorgen. Wir bauen zwei einzelne Komparatoren für die beiden Attribute und kombinieren diese mit `thenComparing()` für eine Sortierung nach Alter, dann nach Name, aber mithilfe von `reversed()` absteigend, wie folgt:

```
jshell> var byAge = Comparator.comparing(SimplePerson::age);
byAge ==> java.util.Comparator$$Lambda/0x000000c80105d728@2437c6dc

jshell> var byName = Comparator.comparing(SimplePerson::name);
byName ==> java.util.Comparator$$Lambda/0x000000c80105d728@383534aa

jshell> var byAgeAndNameDesc =
   ...>       byAge.thenComparing(byName.reversed())
byAgeAndNameDesc ==> java.util.Comparator$$Lambda/0
      x000000c80106aca8@5f205aa

jshell> modifiablePersons.sort(byAgeAndNameDesc)
```

Als Ergebnis erhalten wir das erwartete Resultat, am besten an den drei 50-jährigen Personen, absteigend nach Name sortiert, oder an den beiden mit dem Alter 14 zu erkennen:

```
jshell> modifiablePersons.forEach(person -> System.out.println(
   ...>                      person.name() + " " + person.age()))
Jim 7
John 14
Fred 14
Peter 40
Tim 50
Peter 50
Mike 50
Peter 55
```

7 Ergänzendes Wissen

In diesem Kapitel schauen wir uns einige Themen wie primitive Typen und Zahlen aus einem neuen Blickwinkel oder anhand neuer Aspekte an, ergänzen unser Wissen etwa zum Ternary-Operator und erweitern unsere Java-Kenntnisse beispielsweise zu Fallunterscheidungen mit `switch`. Darüber hinaus werden Konstrukte wie `break` und `continue` in Schleifen zur Abrundung Ihres Wissens thematisiert. Den Abschluss bildet die Beschreibung einer »Rekursion« genannten Technik, mit der sich diverse Problemstellungen elegant lösen lassen.

Wir beginnen mit dem Thema Sichtbarkeits- und Gültigkeitsbereiche, um Variablen im Kontext von Methoden, Schleifen usw. noch besser zu verstehen.

7.1 Sichtbarkeits- und Gültigkeitsbereiche

Zur sinnvollen Verwendung von Variablen ist es hilfreich, dass wir uns Gedanken über deren Gültigkeitsbereich, Scope genannt, machen. Was bedeutet das? Unter dem Gültigkeitsbereich eines Namens versteht man den Bereich eines Programms, innerhalb dessen es möglich ist, auf eine Variable durch den Namen zuzugreifen.

Wenn wir eine Variable im Sourcecode definieren, dann ist sie von dort bis zum Ende des Blocks gültig. Wenn wir danach versuchen, die Variable noch mal neu zu definieren, so resultiert dies in einem Kompilierfehler, hier als Kommentar angedeutet:

```
System.out.println("variable result not visible before definition")
      ;
int result = 42;
System.out.println("variable result visible, value: " + result);

// int result = 47; // Duplicate local variable result
```

Method Scope

Wird eine Variable innerhalb einer Methode deklariert, so besitzt diese den sogenannten Method Scope. Die Variable ist dadurch nur in dieser Methode gültig. Also konkret: Nehmen wir an, wir definieren in einer Methode an einer Stelle eine Variable `length`. Dann können wir weder in den Zeilen davor noch außerhalb von dieser Methode auf diese Variable zugreifen. Man spricht auch von lokalen Variablen. Nach der Abarbeitung einer Methode existieren die lokalen Variablen nicht mehr. Im folgenden Beispiel gibt es die Variable `length` nur so lange, wie die Methode ausgeführt wird. Ein erneuter Methodenaufruf erzeugt die Variable neu. Die außerhalb definierte Variable vom gleichen Namen wird durch die Zuweisung innerhalb der Methode nicht verändert:

```
jshell> int doSomething(String info)
   ...> {
   ...>     int length = info.length();
   ...>     System.out.println("inner length: " + length);
   ...>     return length;
   ...> }
|  created method doSomething(String)

jshell> int length = 7;
length ==> 7

jshell> doSomething("Sophie");
inner length: 6
$13 ==> 6

jshell> System.out.println("outer length: " + length);
outer length: 7
```

Block Scope

Aber nicht nur innerhalb von Methoden gibt es einen Scope, sondern auch innerhalb verschachtelter Blöcke. Dann spricht man vom Block Scope. Erinnern wir uns: Ein Block beschreibt diejenigen Zeilen zwischen zwei geschweiften Klammern (also innerhalb von {}). Dann gilt: Variablen, die innerhalb von Blöcken deklariert oder definiert werden, sind nur für die Zeilen zwischen den geschweiften Klammern zugreifbar – natürlich erst startend mit der Deklaration bzw. der Definition.

Im folgenden Beispiel definieren wir im äußersten Block eine Variable `first`, im nächstinneren die Variable `second` und schließlich im innersten Block die Variable `third`. Wie schon zuvor sind die Variablen ab ihrer Definition sichtbar, und zwar bis zum Ende ihres Blocks. Durch die Verschachtlungen sind dann `second` bzw. `third` nach dem Blockende im jeweils äußeren Block nicht mehr zugreifbar.

```
int first = 1;
{
    // NOCH NICHT SICHTBAR
    // System.out.println("second: " + second);
    int second = 22;
    System.out.println("first: " +first);
    System.out.println("second: " + second);

    {
        int third = 333;
        System.out.println("visible inside of block! third: " +
                           third);
    }

    // NICHT MEHR SICHTBAR: third cannot be resolved to a variable
    // System.out.println("invisible third:" + third);
}
// NICHT MEHR SICHTBAR: second cannot be resolved to a variable
// System.out.println("invisible second: " + second);
```

Es kommt zu folgenden Ausgaben:

```
first: 1
second: 22
visible inside of block! third: 333
```

Attribute

In Kapitel 5 zur objektorientierten Programmierung hatten wir Attribute kennengelernt und einfach so benutzt. Im Kontext der Sichtbarkeit und der Gültigkeitsbereiche möchte ich erwähnen, dass man in Bezug auf diese vom sogenannten Class Level Scope oder kurz Class Scope spricht. Attribute werden innerhalb von Klassen (an beliebiger Stelle außerhalb von Methoden, aber bevorzugt am Klassenanfang) deklariert bzw. definiert. Attribute sind dann in allen Methoden der Klasse verfügbar. Bei Namenskonflikten mit Methodenparametern kann man die Attribute mit `this` direkt ansprechen und somit von potenziell gleichnamigen Parametern unterscheiden.

```
public class ScopeExample
{
    private int x;
    private String info;

    public ScopeExample(int x, String info)
    {
        this.x = x;
        this.info = info;
    }

    public int getInfo()
    {
        return info;
    }

    // ...
}
```

7.2 Primitive Typen und Wrapper-Klassen

Wir haben bisher einige Variablen mitsamt verschiedener Typen definiert und genutzt. In Java unterscheidet man zwischen den sogenannten primitiven Datentypen und den Referenztypen, die sich auf Objekte beziehen. Ein primitiver Datentyp bietet lediglich Zugriff auf Werte und besitzt keine zusätzlichen Methoden.

Nachfolgend beschäftigen wir uns mit primitiven Datentypen sowie den dazu korrespondierenden Wrapper-Klassen. Einführend stelle ich grundlegende Eigenschaften vor. Danach lernen wir die Konvertierung und Verarbeitung von Werten kennen.

7.2.1 Grundlagen

Fast alles ist in Java ein Objekt. Zusätzlich existieren verschiedene primitive Datentypen, die Werte ohne Verhalten repräsentieren. Bekannterweise sind das in Java die Typen `byte`, `short`, `int`, `long`, `float` und `double` für Zahlen, `boolean` für boolesche Werte sowie der Typ `char` für einzelne Zeichen. Für die primitiven Datentypen gibt es ***Wrapper-Klassen***, die die primitiven Datentypen als unveränderliches Objekt darstellen und mit etwas Funktionalität »umhüllen«, z. B. das Ermitteln (auch Parsen genannt) eines Werts aus einem String.

Primitive Datentypen und korrespondierende Wrapper-Klassen

Primitive Zahlentypen werden in zwei Gruppen unterteilt:

- **Ganzzahltypen** speichern ganze Zahlen, also ohne Nachkommastellen. Dabei werden sowohl positive als auch negative Zahlen (z. B. 123 oder -456) unterstützt. Gültige Typen sind `byte`, `short`, `int` und `long`. Welchen Typ Sie verwenden sollten, hängt von dem benötigten Wertebereich ab (vgl. Tabelle 7–1).
- **Fließkommatypen** oder **Gleitkommatypen** stellen Zahlen mit einem Nachkommaanteil dar, der eine oder mehrere Dezimalstellen umfasst. Es gibt zwei Typen mit unterschiedlicher Genauigkeit: `float` und `double`, wobei `float` nur etwa bis zu 6 oder 7 Nachkommastellen abdeckt, während es `double` auf ca. 16 Nachkommastellen bringt. Generell sollte man bei Gleitkommatypen jedoch immer Rundungsprobleme bedenken.

Tabelle 7–1 listet die primitiven Typen und die korrespondierenden Wrapper-Klassen auf und nennt deren Wertebereich. Für die Wrapper-Klassen sind die Wertebereiche über jeweils eigene Konstanten `MIN_VALUE` und `MAX_VALUE` definiert, hier exemplarisch gezeigt:

```
jshell> Integer.MIN_VALUE
$14 ==> -2147483648

jshell> Long.MAX_VALUE
$16 ==> 9223372036854775807

jshell> Short.MAX_VALUE
$17 ==> 32767

jshell> System.out.println(Double.MAX_VALUE);
$18 ==> 1.7976931348623157E308
```

Die Wrapper-Klassen stammen alle aus dem Package `java.lang` und die Wrapper-Zahlentypen `Short`, `Integer`, `Long`, `Float` und `Double` basieren alle auf `java.lang.Number`

Tab. 7–1: Primitive Datentypen und korrespondierende Wrapper-Klassen

Primitiver Typ	Wrapper	Wertebereich und Kommentar
`byte`	`Byte`	-2^7 .. 2^7-1 (-128 .. 127)
`short`	`Short`	-2^{15} .. 2^{15}-1 (-32.768 .. 32.767)
`int`	`Integer`	-2^{31} .. 2^{31}-1 (-2.147.483.648 .. 2.147.483.647)
`long`	`Long`	-2^{63} .. 2^{63}-1 (-9.223.372.036.854.775.808 .. 9.223.372.036.854.775.807)
`float`	`Float`	$\pm 1.4e-45$ .. $\pm 3.4e+38$
`double`	`Double`	$\pm 4.9e-324$ .. $\pm 1.8e+308$
`boolean`	`Boolean`	`false` und `true`
`char`	`Character`	0 .. 2^{16}-1 (0 (\u0000) .. 65535 (\uffff)) Einzelne Zeichen, wie 'A' oder 'c'

Wahl von primitiven Datentypen

Bei Berechnungen mit Ganzzahlen bietet es sich an, bevorzugt mit `int` und `long` zu arbeiten. Nur selten ist der Einsatz von `byte` oder `short` sinnvoll. Bei Gleitkommazahlen sollte man möglichst das genauere `double` statt `float` nutzen.

Wissenswertes zu primitiven Datentypen

Für die primitiven Typen gibt es spezielle Literale (Zeichenfolgen), die Repräsentanten oder Werte des primitiven Typs sind. Ganzzahlenliterale sind ohne weitere Angabe vom Typ `int`:

```
jshell> int nr = 4711
nr ==> 4711

jshell> long longNumber1 = 4711l // Achtung: 'l' vs Ziffer '1'
longNumber1 ==> 4711

jshell> long longNumber1 = 4711L
```

Im Listing ist gezeigt, dass man durch ein nachgestelltes kleines `l` bzw. großes `L` eine Zahl vom Typ `long` definieren kann. Aufgrund der besseren Lesbarkeit und der leichteren Unterscheidbarkeit von der Ziffer 1 empfiehlt sich das Zeichen `L` statt `l`.

Nachfolgend definieren wir Werte für die kleineren Typen, insbesondere schauen wir, was passiert, wenn man Werte außerhalb des gültigen Wertebereichs angibt:

```
jshell> byte byteVar = 15
byteVar ==> 15

jshell> short shortVar = 32167
shortVar ==> 32167

jshell> short tooLong = 1_234_567
|  Fehler:
|  Inkompatible Typen: Möglicher Verlust bei Konvertierung von int
       in short
|  short tooLong = 1_234_567;
|                  ^-------^
```

Bei Berechnungen mit Gleitkommazahlen (auch Floating-Point genannt) sind die Werte im Gegensatz zu den Ganzzahlen standardmäßig immer vom »größeren« Datentyp `double`. Optional können `doubles` durch Angabe von `d` bzw. `D` explizit gekennzeichnet werden. Dies ist aber eigentlich nur für Werte vom Typ `float` notwendig: Ein nachgestelltes `f` bzw. `F` »verkleinert« Werte auf den Typ `float`. Das Gesagte wird durch folgendes Listing verdeutlicht:

```
jshell> double pi = 3.14159265359
pi ==> 3.14159265359

jshell> double pi_2 = 3.14159265359D
pi_2 ==> 3.14159265359

jshell> float pi_as_float = 3.14159265359F
pi_as_float ==> 3.1415927
```

Merkwürdigkeiten bei Berechnungen Bitte beachten Sie unbedingt folgenden Sachverhalt: Selbst einfache Berechnungen mit den Gleitkommatypen `float` und `double` können bereits zu Ungenauigkeiten führen. Als Beispiel dient eine `for`-Schleife, die zehnmal den Wert `0.1` addiert und anschließend die Abweichung der berechneten Summe mit dem erwarteten Wert `1` ausgibt. Das macht mögliche Probleme eindrucksvoll deutlich. Außerdem werden Zwischenstände sowie eine Abweichung zwischen Literalen mit gleichem Zahlenwert für die Typen `float` und `double` gezeigt:

```
public static void main(final String[] args)
{
    float sum = 0.0f;
    for (int i = 0; i < 10; i++)
        sum += 0.1;

    System.out.println("sum:  1 != " + sum);
    System.out.println("3 * add   = " + (0.1 + 0.1 + 0.1));
    System.out.println("3 * 0.1   = " + 3 * 0.1);
    System.out.println("7 * 0.1   = " + 7 * 0.1);
    // Float != Double
    System.out.println("compare   = " + (0.3f == 0.3d));
}
```

Das Programm produziert folgende Ausgaben:

```
sum:  1 != 1.0000001
3 * add  = 0.30000000000000004
3 * 0.1  = 0.30000000000000004
7 * 0.1  = 0.7000000000000001
compare  = false
```

Anhand der Ausgaben erkennt man mögliche Überraschungen durch Rundungsfehler ziemlich gut.[1] Besonders erwähnenswert ist, dass man zunächst darüber verwundert sein könnte, dass gleiche Zahlenliterale für `float` und `double` verschiedene Werte besitzen. Nach kurzem Nachdenken wird dies durch die unterschiedliche Anzahl an Nachkommastellen und die dort auftretenden Rundungsfehler verständlich.

Binär-, Oktal- und Hexadezimaldarstellung Neben der gewöhnlichen Dezimalschreibweise benötigt man in der Informatik mitunter eine Binär-, Oktal- und Hexadezimaldarstellung (also Zahlen mit der Basis 2, 8 bzw. 16). Um Zahlenliterale Zahlensystemen zuzuordnen, gibt es Präfixe: '`0x`' bzw. '`0X`' steht für hexadezimale Zahlen, eine führende `0` für Oktalzahlen. Für Binärzahlen dient das Präfix '`0b`' bzw. '`0B`', gefolgt von einer Folge von Nullen und Einsen. Für Oktalzahlen dürfen nur die Ziffern 0 – 7 genutzt werden. Für hexadezimale Zahlen sind neben den Ziffern 0 – 9 auch die Buchstaben a – f bzw. A – F erlaubt, die die Werte 10 – 15 repräsentieren. Mit diesem Wissen betrachten wir Zahlenliterale in den verschiedenen Formaten:

```
jshell> int octalLiteral = 0567;
octalLiteral ==> 375

jshell> int hexLiteral = 0xABC
hexLiteral ==> 2748

jshell> int binaryLiteral = 0b01101001
binaryLiteral ==> 105
```

[1] Benötigt man exakte Berechnungen ohne Rundungsüberraschungen, so bieten sich die in diesem Buch nicht weiter behandelten Klassen `BigInteger` und `BigDecimal` an.

Die Notation für Oktalliterale mit führender Null und ohne Buchstabenkürzel birgt den Fallstrick, dass jede Zahl mit einer führenden Null automatisch zu einer Zahl im Oktalsystem wird, auch wenn dies eventuell gar nicht beabsichtigt war.

Unterstriche in Zahlen Zur übersichtlicheren Notation von Konstanten ist es möglich, Ziffern in Ganzzahlenliteralen mit einem Unterstrich zu separieren. Allerdings dürfen die Zahlen nicht mit einem Unterstrich beginnen oder enden, ansonsten sind durchaus auch mehrere Unterstriche direkt nacheinander möglich. Das Ganze kann man unter anderem zur Trennung von Nibbles (4 Bits) bei Bytewerten oder zur Simulation von Tausenderpunkten folgendermaßen einsetzen:

```
jshell> byte binaryLiteral = 0b0110_1001
binaryLiteral ==> 105

jshell> int oneMillion = 1_000__000
oneMillion ==> 1000000
```

7.2.2 Casting: Typkonvertierungen

Variablen können unterschiedliche Typen besitzen und müssen teilweise aufeinander abgebildet werden. Dabei sind verschiedene Dinge zu beachten.

Widening Eine Wertebereichserweiterung ist in jedem Fall ungefährlich, weil etwa ein `long` einen größeren Wertebereich besitzt als ein `int` und somit alle Zahlen darstellen kann, die auch der kleinere Datentyp enthält. Dabei kommt es zu einem sogenannten ***Widening***, das folgende Kette bis zu dem gewünschten Typ durchläuft:

`byte` ⇒ `short` ⇒ `int` ⇒ `long` ⇒ `float` ⇒ `double`

Narrowing Was passiert aber, wenn man den Wertebereich verkleinert? Das stellt potenziell eine gefährliche Operation dar, weil eventuell Informationen verloren gehen, etwa für den Fall, dass man den Wert 1.000.000 einer Variablen vom Typ `short` zuweist, die maximal Werte bis 32767 darstellen kann, wie im folgenden Beispiel:

```
jshell> final short truncated = (short)1_000_000;
truncated ==> 16960
```

Typverkleinerungen (auch *Narrowing* genannt) bergen offensichtlich die Gefahr für einen Informationsverlust und eine falsche Berechnung. ***Daher sind die Casts explizit zu notieren.***

Restriktionen beim Casting Wir haben gerade das Narrowing-Casting gesehen, bei dem man als Entwickler bewusst einen möglichen Informationsverlust in Kauf nimmt, etwa wie im folgenden Beispiel das Beschneiden der Nachkommastellen:

```
double myDouble = 9.78;
int myInt = (int) myDouble;
```

Falls ein Cast jedoch nicht möglich ist, kommt es bei der Ausführung zu einer Exception (vgl. Kapitel 10):

```
jshell> (int) "ABC"
|  Error:
|  incompatible types: java.lang.String cannot be converted to int
|  (int) "ABC"
|        ^---^
```

Anhand der Fehlermeldung wird deutlich, dass man einen String mit Buchstaben nicht sinnvoll in ein `int` wandeln kann. Probieren wir es mit einem Text bestehend aus Ziffern – allerdings ist auch das erfolglos:

```
jshell> (int)"1234"
|  Error:
|  incompatible types: java.lang.String cannot be converted to int
|  (int)"1234"
|       ^----^
```

Strings lassen sich demnach nicht so einfach in `int` wandeln. Die dazu benötigten Methoden werden im Anschluss behandelt.

7.2.3 Konvertierung von Werten

Nachdem wir einiges an Wissen über primitive Datentypen erworben haben, wollen wir uns nun mit der Konvertierung von Werten beschäftigen, etwa um Strings in Wrapper-Instanzen und Wrapper-Instanzen in Werte primitiver Typen sowie auch andersherum umzuwandeln.

Konstruktion von Wrapper-Klassen

Wrapper-Objekte kann man durch einen Konstruktoraufruf mit einem String oder einem Wert eines primitiven Datentyps erzeugen – allerdings empfiehlt sich eher die Nutzung einer der überladenen `valueOf()`-Methoden, weil so unnötige Objektkonstruktionen verhindert werden können. Dieser Umstand führt auch dazu, dass die Konstruktoren seit Java 9 als deprecated und seit Java 17 zusätzlich noch zur Löschung (for removal) markiert sind:

```
// nicht empfohlene Variante
final Integer valueByLiteral = new Integer(7);
final Integer valueByString = new Integer("14");

// bevorzugter Weg
final Integer valueByLiteral2 = Integer.valueOf(7);
final Integer valueByString2 = Integer.valueOf("14");
```

Natürlich entspricht nicht jeder beliebige String einer Zahl. Daher lösen Fehler beim Konvertieren für Parameter vom Typ `String` eine `java.lang.NumberFormatException` aus.

Wrapper-Klassen und weitere Konvertierungen

Die Wrapper-Klassen unterstützen es, Werte primitiver Datentypen aus verschiedenen Repräsentationsformen (String, Typ-Literal) in Objekte umzuwandeln (***Boxing***). Aus einem solchen Wrapper-Objekt kann wieder ein primitiver Datentyp ermittelt werden (***Unboxing***). Dadurch können primitive Datentypen und Wrapper-Klassen nahezu ohne Unterschied verwendet werden. Sofern benötigt, findet eine Umwandlung automatisch statt. Man spricht daher auch von ***Auto-Boxing*** und ***Auto-Unboxing***.

```
final Integer autoBoxing = 7;                    // int -> Integer
final int autoUnboxing = new Integer(4711); // Integer -> int
```

Hierbei gibt es aber folgende Einschränkung: Es können keine Methoden auf primitiven Typen aufgerufen werden: Beispielsweise ist `5.intValue()` nicht möglich.

Abbildung 7–1 zeigt die Konvertierungen.

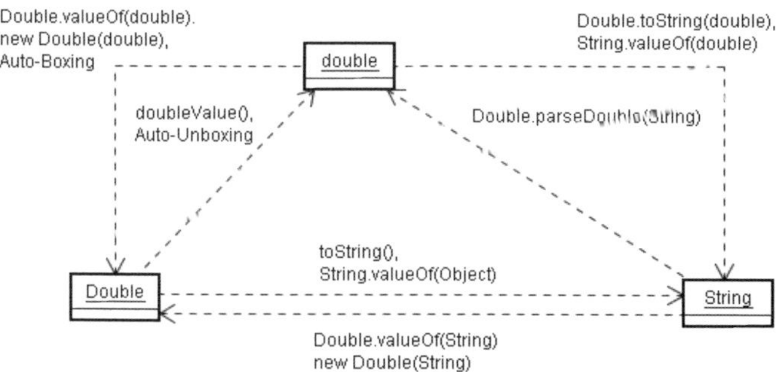

Abb. 7–1: Konvertierung von Wrappern, Strings und primitiven Werten

- **String ⇒ Wrapper** – Die Umwandlung eines Strings in einen Wrapper erfolgt durch statische `valueOf()`-Methoden der jeweiligen Wrapper-Klasse bzw. durch Übergabe eines Strings an deren Konstruktor.
- **Wrapper ⇒ primitiver Typ** – Objekte der Wrapper-Klassen kann man über deren Objektmethoden `xyzValue()`, etwa `integerObj.intValue()`, in Werte eines primitiven Typs umwandeln. `xyz` steht dabei für alle möglichen primitiven Typen, also `byte`, `short`, `int`, `long`, `float` oder `double`. Zusätzlich kann immer noch in andere primitive Zahlentypen umgewandelt werden, etwa `byte`, `short` oder `int`.

- **String ⇒ primitiver Typ** – Die statischen `parseXyz()`-Methoden der jeweiligen Wrapper-Klasse erlauben es, einen Zahlen repräsentierenden String direkt in einen Wert eines primitiven Typs umzuwandeln. `Xyz` steht dabei für alle möglichen primitiven Typen, also `byte`, `short`, `int`, `long`, `float` oder `double`, allerdings wird hier der erste Buchstabe großgeschrieben, also etwa `Integer.parseInt()`. Diese Methoden sind eine Abkürzung der Hintereinanderausführung der Methoden `valueOf()` und `xyzValue()`. Die bislang beschriebenen Methoden nehmen eine Dezimaldarstellung an. Wie geht man aber mit oktalen oder hexadezimalen Angaben um? Falls die Angabe im String nicht im Dezimalformat, sondern oktal oder hexadezimal vorliegt, kann man die Methode `decode()` der Klasse `Integer` bzw. `Long` nutzen.
- **Primitiver Typ ⇒ String** – Um einen primitiven Typ in einen String umzuwandeln, gibt es in der Klasse `String` überladene statische `valueOf()`-Methoden. Diese werden u. a. zur Umwandlung bei Ausgaben mit `toString()` eingesetzt.

Beispiel: Parsen von Zahlen

Möchte man prüfen, ob ein beliebiger Eingabestring eine gültige Ganzzahl darstellt, so kann man dafür beispielsweise die statische Methode `Integer.parseInt(String)` verwenden:

```
jshell> Integer.parseInt("1234567")
$7 ==> 1234567
```

Aufgrund des beschränkten Wertebereichs eines `Integers` ist diese jedoch nur für Eingabewerte bis etwas über 2 Milliarden geeignet. Für größere Wertebereiche lässt sich die statische Methode `Long.parseLong(String)` nutzen.

```
jshell> Integer.parseInt("12345678912345")
|  Exception java.lang.NumberFormatException: For input string: "
      12345678912345"
|        at NumberFormatException.forInputString (
      NumberFormatException.java:67)
|        at Integer.parseInt (Integer.java:668)
|        at Integer.parseInt (Integer.java:786)
|        at (#24:1)

jshell> Long.parseLong("123456789123456789")
$9 ==> 123456789123456789
```

Für Gleitkommazahlen bieten sich abhängig vom Wertebereich die statischen Methoden `parseFloat(String)` bzw. `parseDouble(String)` der Klassen `Float` bzw. `Double` an. Bedenken Sie bitte dabei Folgendes: ***Für Nachkommastellen wird nur die amerikanische Notation mit einem Punkt statt eines Kommas korrekt ausgewertet***.

Schauen wir uns zum Abschluss noch ein Beispiel für das eben Gesagte an:

```
jshell> Double.parseDouble("47.11")
$11 ==> 47.11

jshell> Double.parseDouble("47,11")
|  Exception java.lang.NumberFormatException: For input string: "
      47,11"
```

7.3 Ternary-Operator (?-Operator)

Manchmal ist eine Kombination aus `if` und `else` etwas umständlich und lang. Als Abhilfe gibt es eine Kurzform, die als Ternary-Operator oder ternärer Operator bekannt ist. Ternär, weil der Operator aus drei Teilen besteht, einem Ausdruck zur Selektion, dem Positiv- sowie dem Negativfall:

```
variable = (condition) ? expressionTrue : expressionFalse;
```

Damit lassen sich mehrere Zeilen einer `if`-/`else`-Konstruktion durch eine einzige Zeile ersetzen.

Beispiel

Das folgende Konstrukt aus `if` und `else`

```
int time = 20;
if (time < 18)
{
    System.out.println("Good day.");
}
else
{
    System.out.println("Good evening.");
}
```

kann wie folgt vereinfacht werden:

```
int time = 20;
String result = (time < 18) ? "Good day." : "Good evening.";
System.out.println(result);
```

Schauen wir uns ein weiteres Beispiel an:

```
jshell> int age = 49
age ==> 49

jshell> age >= 18 ? "old enough" : "too young"
$133 ==> "old enough"
```

Im Beispiel ist der Wert der Variablen `age` mit 49 größer gleich 18 und damit die Bedingung erfüllt, somit wird »`old enough`« ausgegeben. Wäre der Wert von `age` beispielsweise 7, dann würde die Bedingung zu false ausgewertet und »too young« ausgegeben.

?-Operator in der Praxis

Obwohl es verlockend ist, Platz zu sparen, bedenken Sie für eine gute Lesbarkeit und Verständlichkeit Folgendes: Sie sollten sich auf einfache Abfragen beschränken, sonst wird der ternäre Operator recht schnell unleserlich.

7.4 Aufzählungen mit enum

Für diverse Anwendungsfälle gibt es einige vordefinierte, zusammengehörende Werte, etwa Jahreszeiten (Frühling, Sommer, Herbst, Winter) oder T-Shirt-Größen (XS, S, M, L, XL).

Erste Idee: Arrays für fixe Werte

Überlegen wir, wie wir Derartiges mit unserem bisherigen Wissen implementieren würden? Eine naheliegende Idee besteht darin, dafür Arrays mit fixen Werten wie folgt zu definieren:

```
jshell> String[] jahreszeiten = { "Frühling", "Sommer",
   ...>                           "Herbst", "Winter" }
jahreszeiten ==> String[4] { "Frühling", "Sommer", "Herbst", "
      Winter" }

jshell> String[] tshirtSizes = { "XS", "S", "M", "L", "XL" }
tshirtSizes ==> String[5] { "XS", "S", "M", "L", "XL" }
```

Betrachten wir einen Einsatz:

```
jshell> System.out.println(jahreszeiten[0])
Frühling

jshell> System.out.println("Ich mag " + jahreszeiten[1])
Ich mag Sommer
```

Fallstricke Das Ganze wirkt etwas unhandlich, aber es birgt auch richtige Fallstricke – man kann nämlich unerwartet im Array der Werte ändern. Nachfolgend wird aus dem Wert »Sommer« plötzlich »Zürich«:

```
jshell> jahreszeiten[1] = "Zürich"
$116 ==> "Zürich"

jshell> System.out.println("Ich mag " + jahreszeiten[1])
Ich mag Zürich
```

Aufzählungen mit enum als Abhilfe

Für Aufzählungen kann man Arrays mit fixen Werten nutzen – mit den beschriebenen Nachteilen. Wünschenswert ist es, die Werte fix zu definieren und in Form eines Typs, genauer einer Aufzählung, bereitzustellen. Dazu dient das Schlüsselwort `enum` gefolgt von einem Namen. Danach werden die einzelnen Konstanten kommasepariert aufgeführt. Beachten Sie, dass die Konstanten per Konvention in Großbuchstaben geschrieben werden sollten:

```
jshell> enum Jahreszeiten
   ...> {
   ...>     FRÜHLING, SOMMER, HERBST, WINTER
   ...> }
|  created enum Jahreszeiten

jshell> enum Size
   ...> {
   ...>     XS, S, M, L, XL
   ...> }
|  created enum Size
```

Dadurch entstehen eigene Typen, hier namens `Jahreszeiten` und `Size`. Die dort vorgegebenen Werte können nicht modifiziert werden und es lassen sich auch keine Aufzählungswerte ergänzen oder umdefinieren. Eine Aufzählung ist somit eine geordnete Sammlung konstanter Werte.

Um eine solche Konstante zu verwenden, gibt man den Typnamen und den Konstantennamen an, etwa wie folgt:

```
jshell> var jahreszeit = Jahreszeiten.SOMMER
jahreszeit ==> SOMMER

jshell> Size tshirtSize = Size.XL
tshirtSize ==> XL
```

Zugriff auf alle Werte eines `enum` Aufzählungen bieten die Methode `values()`, die alle Enum-Konstanten so zurückgibt, dass diese mit einer for-each-Schleife durchlaufen werden können:

```
jshell> for (Size currentSize : Size.values())
   ...>     System.out.print(currentSize + " / ");
   ...> System.out.println()
XS / S / M / L / XL /
```

Besonderheit von `enum`: Werte für Konstanten

Manchmal ist es wünschenswert, nicht nur den Namen der Konstanten, sondern auch beschreibende Eigenschaften vorgeben zu können. Das gilt etwa für die Modellierung von Himmelsrichtungen, die uns in diversen Anwendungsfällen begegnen. Insbesondere im Kontext von zweidimensionalen Arrays ist es äußerst praktisch und trägt deutlich zur Lesbarkeit und Verständlichkeit bei, wenn man in der Aufzählung neben allen wesentlichen Himmelsrichtungen zudem Offsets in x- und y-Richtung definiert:

```
public enum Direction
{
    N(0,-1), NE(1,-1), E(1,0), SE(1,1),
    S(0,1), SW(-1,1), W(-1,0), NW(-1,-1);

    public final int dx;
    public final int dy;

    private Direction(final int dx, final int dy)
    {
        this.dx = dx;
        this.dy = dy;
    }
}
```

Eigene Methoden in `enum` Wir kennen bereits die in Java vordefinierte Methode `values()`, die alle Aufzählungskonstanten liefert. Um Funktionalität zu ergänzen, ist es möglich, innerhalb eines Enums eigene Methoden zu definieren. Denkbar wäre es, dass für gewisse Anwendungsfälle nur die vier Haupthimmelsrichtungen benötigt werden. Dazu könnte man etwa folgende statische Methode innerhalb des obigen Enums implementieren – bei Bedarf lassen sich ebenfalls normale Methoden definieren:

```
public static List<Direction> getMainDirections()
{
    return List.of(Direction.N, Direction.E,
                   Direction.S, Direction.W);
}
```

7.5 Fallunterscheidungen mit `switch`

Neben `if` gibt es noch eine weitere Möglichkeit zur Behandlung von Alternativen: die `switch`-Anweisung. Diese erlaubt es, abhängig von einem Ausdruck einen von vielen Blöcken auszuwählen, der ausgeführt wird. Die möglichen Alternativen werden durch `case` beschrieben. Der in diesem Fall auszuführende Sourcecode findet sich direkt darunter. Passt keiner der Fälle, so lässt sich eine Standardbehandlung mithilfe von `default` vorgeben. Zur Auswahl der Fälle bzw. Werte können nach `case` Zahlen, Enums oder Strings als Werte genutzt werden.

```
switch (Ausdruck)
{
  case x:
      // Block für Fall X
      break;
  case y:
      // Block für Fall Y
      break;
  default:
      // Block für alle anderen Fälle
}
```

Die Schlüsselwörter `break` und `default` sind optional: Mit `break` wird die Ausführung nach dem Block beendet und `default` erlaubt es uns bekanntermaßen, einen Fallback anzugeben, wenn kein `case` passt.

Was passiert dabei im Detail?

1. Der Ausdruck wird ausgewertet.
2. Der Wert des Ausdrucks wird mit den Werten der einzelnen `case`s verglichen.
3. Bei einer Übereinstimmung wird der zugehörige Block ausgeführt. ***Achten Sie hier unbedingt auf die Angabe von*** **`break`**, da die Ausführung ansonsten ungeprüft mit dem folgenden Block fortgesetzt wird. Später mehr zu diesem *Fall Through* genannten Verhalten.
4. Gibt es keine Übereinstimmung, so wird der Block von `default` ausgeführt.

Beispiel mit Zahlen

Bei der Auswertung verschiedener Fälle ist es weitverbreitet, dies basierend auf Zahlen vorzunehmen, hier für eine Glückszahl und die 13 als Unglückszahl gezeigt:

```
jshell> int number = 13;
   ...> switch (number)
   ...> {
   ...>     case 7:
   ...>         System.out.println("Good luck!");
   ...>         break;
   ...>     case 13:
   ...>         System.out.println("Unlucky you!");
   ...>         break;
   ...>     default:
   ...>         System.out.println("Something else");
   ...> }
number ==> 13
Unlucky you!
```

Beispiel mit Strings

Nachfolgend bilden wir ein Erfahrungslevel (Junior, Professional und Senior) auf die korrespondierenden Gehaltsstufen ab:

```
String skillLevel = "Senior";

int salaryRange;
switch (skillLevel)
{
    case "Junior":
        salaryRange = 1;
        break;
    case "Professional":
        salaryRange = 2;
        break;
    case "Senior":
        salaryRange = 3;
        break;
    default:
        throw new IllegalArgumentException("unsupported skill " +
                                           "level" + skillLevel);
}
```

Besonderheit `break` und Fall Through

Die Verarbeitung der Anweisungen der in den `case`s angegebenen Blöcke besitzt eine (unschöne) Besonderheit: Wie zuvor schon erwähnt, muss `break` als letzte Anweisung notiert werden, um die Abarbeitung des Blocks eines `case` zu stoppen. Macht man dies nicht, so werden die Anweisungen des folgenden `case` ausgeführt. Diese Besonderheit wird ***Fall Through*** genannt. Das kann zu ziemlichen Verwirrungen führen, wie es nachfolgend demonstriert wird. In dem Beispiel werden tatsächlich einfach alle Fälle abgearbeitet:

```
jshell> String light = "RED"
light ==> "RED"

jshell> switch (light)
   ...> {
   ...>     case "RED":
   ...>         System.out.println("Rote Ampel");
   ...>     case "GREEN":
   ...>         System.out.println("Freie Fahrt");
```

```
   ...>     default:
   ...>         System.out.println("WAR DAS GELB???");
   ...> }
Rote Ampel
Freie Fahrt
WAR DAS GELB???
```

7.6 Moderne Switch Expressions

Mit Switch Expressions und der leicht modifizierten Syntax für `switch` lassen sich Fallunterscheidungen eleganter als zuvor formulieren.

Was waren bisherige Schwachstellen beim `switch`?

Beginnen wir zur Demonstration mit der Implementierung der Abbildung von Wochentagen vom Typ `DayOfWeek` (vgl. Abschnitt 11.1.1) auf deren textuelle Länge mit der älteren Syntax:

```
// ACHTUNG: Alte Syntax
DayOfWeek day = DayOfWeek.FRIDAY;

int numOfLetters;
switch (day)
{
    case MONDAY:
    case FRIDAY:
    case SUNDAY:
        numOfLetters = 6;
        break;
    case TUESDAY:
        numOfLetters = 7;
        break;
    case THURSDAY:
    case SATURDAY:
        numOfLetters = 8;
        break;
    case WEDNESDAY:
        numOfLetters = 9;
        break;
    default:
        numOfLetters = -1;
}
```

Zunächst einmal wirkt das gezeigte Konstrukt nicht elegant und ist zudem ziemlich lang. Auch die Mehrfachangabe von Werten ist gewöhnungsbedürftig. Schlimmer noch: Es wird ein `break` benötigt, damit die Verarbeitung überraschungsfrei abläuft und es zu keinem Fall Through kommt. Zudem müssen wir die (künstliche) Hilfsvariable `numOfLetters` in jedem Zweig korrekt setzen. Insbesondere ist trotz der eigentlich vollständigen Abdeckung der Enum-Werte das `default` nötig, da der Compiler sonst moniert, dass die Variable `numOfLetters` möglicherweise nicht initialisiert ist – außer man hat dieser initial einen Wert zugewiesen.

Abhilfe durch Switch Expressions Mit den »Switch Expressions« lassen sich Fallunterscheidungen deutlich leichter und intuitiver formulieren:

```
DayOfWeek day = DayOfWeek.FRIDAY;

int numOfLetters = switch (day)
{
    case MONDAY, FRIDAY, SUNDAY -> 6;
    case TUESDAY                -> 7;
    case THURSDAY, SATURDAY     -> 8;
    case WEDNESDAY              -> 9;
};
```

An diesem Beispiel erkennen wir einige syntaktische Neuerungen: Neben dem offensichtlichen Pfeil statt des Doppelpunkts können nun auch mehrere Werte hinter dem `case` angegeben werden. Praktischerweise wird kein `break` mehr benötigt: Die hinter dem Pfeil notierten Anweisungen werden jeweils nur spezifisch für das `case` ausgeführt und es existiert bei dieser Syntax kein Fall Through. Außerdem kann das `switch` nun einen Wert zurückgeben, wodurch sich die Definition von Hilfsvariablen vermeiden lässt. Statt nach dem Pfeil lediglich einen Wert anzugeben, ist hier auch problemlos die Angabe von Ausdrücken wie Zuweisungen oder Methodenaufrufen möglich, selbstverständlich nach wie vor ohne die Notwendigkeit eines `break`s: Mehr noch, dies ist in der neuen Syntax nach dem Pfeil nicht mehr erlaubt.

Weitere Gründe für die Neuerung

Betrachten wir etwas ziemlich Ungeschicktes, nämlich das `default` mitten in den `cases` und ohne ein `break`:

```
// ACHTUNG: übler Fehler: default mitten zwischen den cases
Month month = Month.JULY;

String monthAsString;
switch (month)
{
    case JANUARY:
        monthAsString = "January";
        break;
    default:
         monthAsString = "N/A";  // hier auch noch Fall Through
    case FEBRUARY:
         monthAsString = "February";
         break;
    case MARCH:
         monthAsString = "March";
         break;
}
```

Die Eingabe `Month.FEBRUARY` führt erwartungskonform zum Wert »`February`«. Allerdings geschieht dies auch bei anderen Eingaben, wie `Month.JULY`, weil aufgrund des in den `cases` nicht aufgeführten Werts `JULY` der Defaultzweig angesprungen und wegen des fehlenden `breaks` auch (unerwartet) ein Fall Through ausgelöst wird. Dadurch wird der Code für `case FEBRUARY` ausgeführt, was ziemlich verwirrend sein kann.

Abhilfe durch Switch Expressions Mithilfe der neuen Syntax lässt sich das Ganze viel einfacher wie folgt schreiben:

```
static String monthToName(final Month month)
{
    return switch (month)
    {
        case JANUARY -> "January";
        default -> "N/A";  // hier KEIN Fall Through
        case FEBRUARY -> "February";
        case MARCH -> "March";
    };
}
```

Praktischerweise kann man direkt den vom `switch`-Konstrukt berechneten Wert zurückgeben. Außerdem kommt es nicht zum Fall Through. Dadurch liefert die Eingabe `Month.FEBRUARY` erwartungskonform »`February`«, und zudem ist das `default` inmitten der `case`s nicht ganz so dramatisch, allerdings sicher auch nicht schön. Anders als bei der alten Syntax kommt es durch die Eingabe `Month.JULY` eben nicht mehr zu einer unerwarteten Ausgabe »`February`«, sondern wie durch `default` spezifiziert zu »`N/A`«. Darüber hinaus gilt: Gäbe es ein `case JULY`, so würde dieses immer angesprungen werden, unabhängig von der Position des `default`s, also analog zum Verhalten der bisherigen `switch`-Anweisung.

7.7 Pattern Matching bei `switch` (Java 21)

Bereits mit Java 16 wurde Pattern Matching für `instanceof` eingeführt. Damit ist es möglich, ein sogenanntes Typmuster zu akzeptieren und einen Mustervergleich durchzuführen. Dadurch kann man sich lästige Casts sparen – das hatten wir bereits kurz in ähnlicher Form gesehen (vgl. Abschnitt 5.1.5):

```
if (obj instanceof String str)
    System.out.println("length: " + str.length)
```

Seit Java 21 ist Pattern Matching final für `switch` verfügbar und erlaubt eine Vereinfachung und das Ersetzen aufwendiger `if-else-if`-Aufrufe durch ein verständliches `switch`.

7.7.1 Einführendes Beispiel

Nehmen wir an, wir müssten eine generische Methode zum Formatieren von Werten schreiben. Sofern wir Java 16 nutzen, lässt sich dies mithilfe von Pattern Matching und `instanceof` einigermaßen lesbar wie folgt schreiben – ohne diese Syntax wäre das Ganze deutlich aufwendiger, da wir für jeden Typ noch eine Zeile mit einem Cast ergänzen müssten:

```
String formatterJdk16instanceof(Object obj) {
    String formatted = "unknown";
    if (obj instanceof Integer i) {
        formatted = String.format("int %d", i);
    } else if (obj instanceof Long l) {
        formatted = String.format("long %d", l);
    } else if (obj instanceof Double d) {
        formatted = String.format("double %f", d);
    } else if (obj instanceof String s) {
        formatted = String.format("String %s", s);
    }
    return formatted;
}
```

Syntaxneuerung mit Java 21

Mit der Syntaxneuerung Pattern Matching bei `switch` können wir das Ganze folgendermaßen vereinfachen:

```
String formatterJava21PatternSwitch(Object obj) {
    return switch (obj) {
        case Integer i -> String.format("int %d", i);
        case Long l    -> String.format("long %d", l);
        case Double d  -> String.format("double %f", d);
        case String s  -> String.format("String %s", s);
        default        -> "unknown";
    };
}
```

Das rufen wir exemplarisch für zwei Werte auf:

```
jshell> formatterJava21PatternSwitch(42.195)
$8 ==> "double 42.195000"

jshell> formatterJava21PatternSwitch("Charming 21")
$9 ==> "String Charming 21"
```

Hinweis Die hier genutzten nachfolgenden Beispiele sind stark an diejenigen aus JEP 406 (JEP – Java Enhancement Proposal, `https://openjdk.java.net/jeps/406`) angelehnt.

7.7.2 Spezialitäten

Unterstützung von null in case

Bislang war es nicht möglich, in den cases eines switch den Wert null zu behandeln, sondern dazu war vorab eine Spezialbehandlung nötig. Mit Java 21 können wir auch null-Werte angeben:

```
static void switchSupportingNull(String str)
{
    switch (str)
    {
        case null -> System.out.println("null is allowed");
        case "Java", "Python" -> System.out.println("cool");
        default -> System.out.println("everything else");
    }
}
```

Das rufen wir exemplarisch für zwei Werte auf:

```
jshell> switchSupportingNull(null)
null is allowed

jshell> switchSupportingNull("Python")
cool
```

Unterstützung von Abfragen

Analog zu instanceof unterstützt case die Angabe von Bedingungen für Abfragen, allerdings wird zur Verknüpfung nicht &&, sondern das neue Schlüsselwort when verwendet.

```
static void processData(Object obj) {
    switch (obj) {
        case String str when str.startsWith("V1") ->
            System.out.println("Processing V1");
        case String str when str.startsWith("V2") ->
            System.out.println("Processing V2");
        case Integer i when i > 10 && i < 100 ->
            System.out.println("Processing ints");
        default -> throw new IllegalArgumentException("invalid " +
                                                      "input");
    }
}
```

Probieren wir das aus:

```
jshell> processData("V1 Data")
Processing V1

jshell> processData("V2 Data")
Processing V2

jshell> processData(42)
Processing ints

jshell> processData(7271)
|  Exception java.lang.IllegalArgumentException: invalid input
|        at processData (#8:6)
|        at (#12:1)
```

7.8 break und continue in Schleifen

In diesem Abschnitt beschäftigen wir uns mit `break` und `continue` als zwei Besonderheiten – allerdings besitzen diese einen Hang zum schlechten Stil. Zunächst lernen wir deren Funktionsweise und kleinere Problemchen kennen. Danach schauen wir uns an, wie man es besser und geschickter implementieren kann.

7.8.1 Funktion von break und continue in Schleifen

break in for

Im Kontext der alten Syntax von `switch` hatten wir `break` kennengelernt, um ein Fall Through zu verhindern. Die `break`-Anweisung dient auch dazu, die Abarbeitung einer Schleife beim Eintreten einer bestimmten Bedingung abzubrechen.

Schauen wir uns als Beispiel folgende `for`-Schleife von 0 bis 10 an. Durch das `if` und das anschließende `break` springt man aus der Schleife (diese wird nicht weiter durchlaufen), wenn die Variable `i` den Wert 4 erreicht:

```
for (int i = 0; i < 10; i++)
{
    if (i == 4)
        break;

    System.out.println(i);
}
```

Dadurch kommt es zu folgenden Ausgaben:

```
0
1
2
3
```

`continue` in `for`

Mit `continue` bricht man die aktuelle Iteration (einen Durchlauf) der Schleife ab. Das geschieht oftmals in Kombination mit `if`, also wenn eine bestimmte Bedingung eintritt. Alle Anweisungen des Schleifenrumpfes nach `continue` werden übersprungen (nicht mehr ausgeführt) und die Schleife wird mit der nächsten Iteration fortgesetzt.

Nachfolgend werden in der `for`-Schleife von 0 bis 10 durch das `if` und das `continue` die Werte 4, 6 und 8 nicht ausgegeben:

```
for (int i = 0; i < 10; i++)
{
    if (i == 4 || i == 6 || i == 8)
        continue;

    System.out.println(i);
}
```

Dadurch kommt es zu folgenden Ausgaben:

```
0
1
2
3
5
7
9
```

break und continue in while

Konsistenterweise kann man break und continue auch in while-Schleifen verwenden. Während break analog wie bei for-Schleifen arbeitet, gibt es bei continue einen kleinen Unterschied, den wir am Beispiel kennenlernen werden.

Beginnen wir wieder mit dem break für den Wert 4:

```
int i = 0;
while (i < 10)
{
    System.out.println(i);
    i++;

    if (i == 4)
        break;
}
```

Es kommt erwartungskonform zu folgenden Ausgaben:

```
0
1
2
3
```

Besonderheit: Endlosschleife Als Besonderheit existiert die Endlosschleife while (true). Weil diese Bedingung niemals zu false ausgewertet wird, läuft sie für immer – in diesem Fall stellt break ein geeignetes Mittel dar, die Schleife zu beenden.[2]

```
while (true)
{
    # Anweisungen
    if (condition)
        break;
}
```

Diese Form der Schleife ist hilfreich, wenn man vorab keine geeignete Bedingung formulieren kann oder sich diese dynamisch ergibt, etwa basierend auf Benutzereingaben.

[2] Das kann man auch durch Auslösen einer Exception erreichen (vgl. Kapitel 10).

Man könnte beispielsweise ein kleines Programm zum Verdoppeln von Zahlen schreiben, wobei ein Abbruch erfolgen soll, wenn der Benutzer die 0 eingibt:

```
jshell> var scanner = new Scanner(System.in)
scanner ==> java.util.Scanner[delimiters=\p{javaWhitespace}+] ... \
      E][infinity string=\Q?\E]

jshell> while (true)
   ...> {
   ...>     System.out.println("Verdoppele, Ende mit 0");
   ...>     var value = scanner.nextInt();
   ...>     if (value == 0)
   ...>         break;
   ...>     System.out.println("Doppelt: " + value * 2);
   ...> }
```

Nachfolgend ist eine mögliche Abfolge gezeigt:

```
Verdoppele, Ende mit 0
2
Doppelt: 4
Verdoppele, Ende mit 0
7
Doppelt: 14
Verdoppele, Ende mit 0
0
```

Was passiert bei `continue`? Wir nutzen wieder eine Schleife von 0 bis 10. Durch das `if` und das `continue` erfolgt keine Ausgabe für die Werte 4, 6 und 8:

```
int i = 0;
while (i < 10)
{
    if (i == 4 || i == 6 || i == 8)
    {
        i++;
        continue;
    }
    System.out.println(i);
    i++;
}
```

Dadurch kommt es wie erwartet zu folgenden Ausgaben:

```
0
1
2
3
5
7
9
```

Wie angedeutet, gibt es bei `continue` und `while` eine Besonderheit: Es wird zwar der aktuelle Schleifendurchlauf abgebrochen, jedoch erfolgt im Gegensatz zur `for`-Schleife nicht automatisch das Inkrementieren oder Dekrementieren der Schleifenvariablen, man muss es explizit ausführen – wie oben geschehen.

Mitunter wird als Implementierungsfehler die Veränderung der Schleifenvariable vergessen – hier ist zur Verdeutlichung die Veränderung des Schleifenzählers noch als Kommentar verblieben:

```
int i = 0;
while (i < 10)
{
    if (i == 4 || i == 6 || i == 8)
    {
        // i++;
        continue;
    }
    System.out.println(i);
    i++;
}
```

Doch danach verharrt Java in einer Endlosschleife, weil die Variable `i` für ewig beim Wert 4 verweilt. Es hilft nur noch ein Programmabbruch.

Daher kommt es dann zu folgender Ausgabe:

```
0
1
2
3
```

7.8.2 Wie macht man es besser?

Wenn man sich die Konstrukte anschaut, bergen diese ein gewisses Potenzial für Missverständnisse. Für das `break` und das `continue` kann man zumindest für die `while`-Schleife eine deutliche Vereinfachung erzielen. Schauen wir uns das Vorgehen an.

Beim `break`

Beim `break` wird die Schleife abgebrochen. Falls es sich um eine einfache Abfrage handelt, bietet es sich an, die obere Grenze der Schleife anzupassen, also die Schleifenabbruchbedingung passend zu korrigieren.

Diese Ausgangsbasis

```
int i = 0;
while (i < 10)
{
    System.out.println(i);
    i++;
    if (i == 4)
        break;
}
```

wird dann folgendermaßen transformiert:

```
int i = 0;
while (i < 4)
{
    System.out.println(i);
    i++;
}
```

`for`-Schleife Für die `for`-Schleife gilt dies analog.

Beim `continue`

Ebenso kann man im Fall von `continue` die Prüfung invertieren und damit auf das `continue` verzichten. Bedenken Sie, dass beim Invertieren aus OR (||) dann AND (&&) und natürlich aus == dann != wird. Das folgt den Regeln von De Morgan (https://de.wikipedia.org/wiki/De-morgansche_Gesetze).

Es gilt etwa Folgendes:

$$a\,||\,b \;\Leftrightarrow\; !a\,\&\&\,!b$$

Die ursprüngliche Prüfung lautete:

```
int i = 0;
while (i < 10)
{
    i++;
    if (i == 2 || i == 4 || i == 6 || i == 8  || i == 10)
        continue;

    System.out.println(i);
}
```

Die Bedingung ändert sich der Argumentation oben zufolge dann zu:

```
if (i != 2 && i != 4 && i != 6 && i != 8 && i != 10)
```

Wir setzen dies in die ursprüngliche Schleife ein und entfernen auch das `continue` wie folgt:

```
int i = 0;
while (i < 10)
{
    i++;
    if (i != 2 && i != 4 && i != 6 && i != 8 && i != 10)
        System.out.println(i);
}
```

Die Implementierung gewinnt leicht an Klarheit. Zudem kommt es beide Mal erwartungsgemäß zu den korrekten Ausgaben:

```
1
3
5
7
9
```

`for`-Schleife Für die Kombination von `for` und `continue` lässt sich kein Gewinn durch eine Umformung erzielen.

7.9 Rekursion

Rekursion ist ein Vorgehen, bei der eine Funktion sich selbst aufruft. Das klingt zunächst etwas ungewöhnlich, bietet aber eine Möglichkeit, komplizierte Probleme in einfachere Teilprobleme zu zerlegen, die leichter zu lösen sind.

Rekursion ist möglicherweise ein wenig schwierig zu verstehen. Der beste Weg dazu ist, damit zu experimentieren.

Einführendes Beispiel: Fakultät

Die Berechnung der Fakultät ist ein Beispiel für eine einfache rekursive Definition. Mathematisch ist die ***Fakultät*** für eine positive Zahl n als das Produkt (also die Multiplikation) aller natürlichen Zahlen von 1 bis einschließlich n definiert. Zur Notation wird das Ausrufezeichen der entsprechenden Zahl nachgestellt. Beispielsweise steht 5! für die Fakultät der Zahl 5:

$$5! = 5 * 4 * 3 * 2 * 1 = 120$$

Dies lässt sich wie folgt verallgemeinern:

$$n! = n * (n-1) * (n-2) * ... * 2 * 1$$

Basierend darauf ergibt sich die rekursive Definition:

$$n! = \begin{cases} 1, & n = 0, n = 1 \\ n \cdot (n-1)!, & \forall n > 1 \end{cases}$$

Dabei steht das umgedrehte »A« ($\forall$) für »für alle« .

Diese Formel lässt sich ziemlich direkt in Java übertragen:

```
jshell> int fac(int n)
   ...> {
   ...>     if (n == 0 || n == 1) // rekursiver Abbruch
   ...>         return 1;
   ...>
   ...>     System.out.println("calling fac(" + (n-1) + ")");
   ...>     return n * fac(n-1); // rekursiver Aufruf
   ...> }
|  created method fac(int)
```

Rufen wir diese Methode für den Wert 5 auf und vollziehen die Selbstaufrufe anhand der Konsolenausgaben nach:

```
jshell> fac(5)
calling fac(4)
calling fac(3)
calling fac(2)
calling fac(1)
$154 ==> 120
```

Was passiert unter der Motorhaube? Wenn `fac()` aufgerufen wird, dann wird der aktuelle Wert mit der Fakultät für den um eins verringerten Wert multipliziert. Damit ergeben sich etwa folgende Schritte:

```
5 * fac(4)
5 * 4 * fac(3)
...
5 * 4 * 3 * 2 * fac(1)
5 * 4 * 3 * 2 * 1
```

Weiterführendes Beispiel: Fibonacci-Zahlen

Auch die ***Fibonacci-Zahlen*** lassen sich hervorragend rekursiv definieren, wobei die Formel schon ein klein wenig komplexer ist:

$$fib(n) = \begin{cases} 1, & n = 1 \\ 1, & n = 2 \\ fib(n-1) + fib(n-2), & \forall n > 2 \end{cases}$$

Es ergibt sich folgender Werteverlauf für die ersten n:

n	1	2	3	4	5	6	7	8
fib(n)	1	1	2	3	5	8	13	21

Wenn man sich die Berechnungsvorschrift grafisch verdeutlicht, dann wird schnell klar, wie weit sich die Hierarchie der Selbstaufrufe potenziell aufspannt – für größere n wäre das Ganze viel ausladender, wie es durch die gestrichelten Pfeile angedeutet ist:

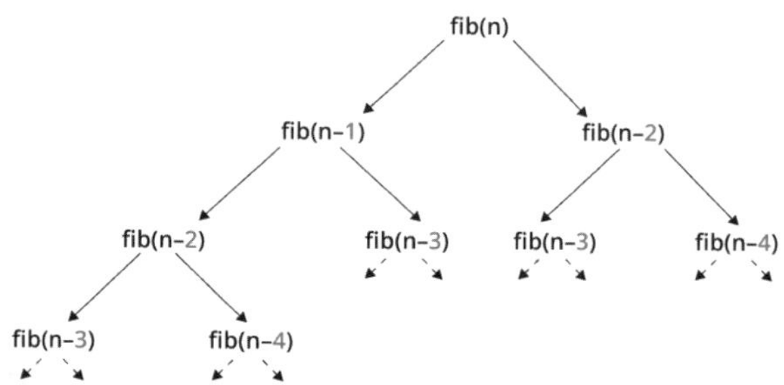

Abb. 7–2: Fibonacci rekursiv

Selbst bei diesem exemplarischen Aufruf erkennt man, dass diverse Aufrufe mehrmals erfolgen, etwa für $fib(n-4)$ und $fib(n-2)$, aber insbesondere dreimal für $fib(n-3)$. Das führt sehr schnell zu aufwendigen und langwierigen Berechnungen. Wie sich das optimieren lässt, erfahren Sie in meinen Büchern »Der Weg zum Java-Profi« [1] sowie »Java Challenge« [2]. Letzteres Buch behandelt die Thematik »Rekursion« sowie Optimierungen etwa mit Memoization sehr detailliert und zeigt neben einführenden Beispielen auch richtig vertrackte Problemstellungen und wie man diese mit Rekursion lösen kann.

Abweichende Definition mit null als Startwert

Es sei noch angemerkt, dass es eine Abwandlung gibt, die beim Wert 0 startet. Dann gilt $fib(0) = 0$ und $fib(1) = 1$ und danach gemäß der rekursiven Definition $fib(n) = fib(n-1) + fib(n-2)$. Dies produziert die gleiche Zahlenfolge wie die obige Definition, nur um den Wert für die 0 ergänzt.

II Aufstieg

8 Lambdas und Streams

Dieses Kapitel stellt sowohl Lambda-Ausdrücke (kurz ***Lambdas***) als auch das damit eng verbundene Stream-API einführend vor. Beides in Kombination ermöglicht es, Lösungen oftmals elegant zu formulieren.

8.1 Einstieg in Lambdas

Das Sprachkonstrukt Lambda kommt aus der ***funktionalen Programmierung***. Vereinfacht gesprochen ist ein ***Lambda*** ein Behälter für Sourcecode, der vielfältig eingesetzt werden kann.

8.1.1 Syntax von Lambdas

Lambdas ähneln Methoden, besitzen im Gegensatz dazu jedoch keinen Namen. Zudem findet sich keine explizite Angabe eines Rückgabetyps oder potenziell ausgelöster Exceptions. Damit ergibt sich eine ziemlich kurze, auf das Wesentliche reduzierte Schreibweise mit folgender Syntax:

```
(Parameterliste) -> { Ausdruck oder Anweisungen }
```

Ein paar einfache Beispiele für Lambdas sind die Addition von zwei Zahlen vom Typ `int`, die Multiplikation eines `long`-Werts mit dem Faktor 2 oder eine parameterlose Funktion zur Ausgabe eines Textes auf der Konsole. Diese Aktionen kann man als Lambdas wie folgt schreiben:

```
(int x, int y) -> { return x + y; }
(long x) -> { return x * 2; }
() -> { String msg = "Jim"; System.out.println("Hello " + msg); }
```

Tatsächlich sehen diese Anweisungen recht unspektakulär aus, und insbesondere wird klar, dass ein Lambda lediglich ein Stück ausführbarer Sourcecode ist, der

- keinen Namen besitzt, sondern lediglich Funktionalität, und dabei
- keine explizite Angabe eines Rückgabetyps und
- keine Deklaration von Exceptions erfordert und erlaubt.[1]

Lambdas im Java-Typsystem

Wir haben bisher gesehen, dass sich einfache Berechnungen mithilfe von Lambdas ausdrücken lassen. Wie können wir diese aber nutzen und aufrufen? Versuchen wir zunächst, einen Lambda einer `java.lang.Object`-Referenz zuzuweisen, so wie es mit jedem anderen Objekt in Java möglich ist:

```
// incompatible types: Object is not a functional interface
Object greeter = () -> { System.out.println("Hello Lambda"); };
```

Die gezeigte Zuweisung wird nicht unterstützt und führt zu einem Kompilierfehler. Die Fehlermeldung gibt einen Hinweis auf inkompatible Typen und verweist darauf, dass `Object` kein Functional Interface ist. Aber was ist ein Functional Interface?

Besonderheit: Lambdas im Java-Typsystem

Bis JDK 8 konnte in Java jede Referenz auf den Basistyp `Object` abgebildet werden. Mit Lambdas existiert nun ein Sprachelement, das nicht direkt dem Basistyp `Object` zugewiesen werden kann, sondern nur an Functional Interfaces.

[1] Das gilt für sogenannte Checked Exceptions (vgl. Abschnitt 10.1.1). Solche vom Basistyp `RuntimeException` sind erlaubt.

8.1.2 Functional Interfaces und SAM-Typen

Ein ***Functional Interface*** repräsentiert ein Interface mit genau einer abstrakten Methode. Ein solches wird auch ***SAM-Typ*** genannt, wobei SAM für Single Abstract Method steht. Diese Art von Interfaces existierten bereits vor Java 8 im JDK, wobei es früher für sie aber keine Bezeichnung gab. Vertreter der SAM-Typen und Functional Interfaces sind etwa `Runnable`, `FileFilter`, `FilenameFilter`, `ActionListener`, `EventHandler` usw.

```
@FunctionalInterface
public interface Runnable
{
    public abstract void run();
}
```

Das Listing zeigt die Annotation[2] `@FunctionalInterface` aus dem Package `java.lang`. Damit wird ein Interface explizit als Functional Interface gekennzeichnet. Die Angabe der Annotation ist optional: Jedes Interface mit genau nur einer abstrakten Methode (SAM-Typ) stellt auch ohne explizite Kennzeichnung ein Functional Interface dar. Wenn die Annotation angegeben wird, kann der Compiler eine Fehlermeldung produzieren, falls es (versehentlich) mehrere abstrakte Methoden gibt.

Implementierung von Functional Interfaces

Ein SAM-Typ bzw. Functional Interface lässt sich durch eine anonyme innere Klasse implementieren. Seit JDK 8 sind Lambdas zu bevorzugen. Voraussetzung dafür ist, dass mit dem Lambda die abstrakte Methode des Functional Interface erfüllt werden kann, d. h., dass die Anzahl der Parameter übereinstimmt sowie deren Typen und der Rückgabetyp kompatibel sind.

[2] Nochmals zur Erinnerung: Annotations sind mit dem Zeichen '`@`' beginnende Markierungen im Sourcecode, die Metainformationen zu einem damit gekennzeichneten Element (Klasse, Methode usw.) beschreiben.

Betrachten wir zur Verdeutlichung zunächst ein allgemeines, etwas abstraktes Modell zur Transformation von bisherigen Realisierungen eines SAM-Typs mithilfe einer anonymen inneren Klasse in einen Lambda-Ausdruck:

```
// SAM-Typ als anonyme innere Klasse
new SAMTypeAnonymousClass()
{
    public void samTypeMethod(METHOD-PARAMETERS)
    {
        METHOD-BODY
    }
}

// SAM-Typ als Lambda
(METHOD-PARAMETERS) -> { METHOD-BODY }
```

Bei kurzen Methodenimplementierungen, wie sie für SAM-Typen häufig vorkommen, ist das Verhältnis von Nutzcode zu Boilerplate-Code (auch Noise genannt) bislang recht schlecht. Wenn man für derartige Realisierungen Lambdas einsetzt, so kann man mit einer Zeile das ausdrücken, was sonst fünf oder mehr Zeilen benötigt. Nachfolgend wird dies für das Interface `Comparator<T>` verdeutlicht.

Beispiel: `Comparator<T>` Die Vorteile von Lambdas lassen sich für den Typ `Comparator<T>` gut demonstrieren. Mit einem `Comparator<T>` wird ein Vergleich von zwei Instanzen vom Typ `T` realisiert, indem man die abstrakte Methode `int compare(T, T)` passend implementiert. Der Rückgabewert bestimmt die Reihenfolge der Werte. Wollte man zwei Strings nach deren Länge sortieren, so entsteht herkömmlicherweise einiges an Sourcecode:

```
Comparator<String> byLength = new Comparator<>()
{
    public int compare(final String str1, final String str2)
    {
        return Integer.compare(str1.length(), str2.length());
    }
};
```

Wenn man Lambdas nutzt, lässt sich der Komparator knackig wie folgt schreiben:

```
Comparator<String> byLength = (String str1, String str2) ->
{
    return Integer.compare(str1.length(), str2.length());
};
```

Type Inference und Kurzformen der Syntax

Die Syntax von Lambdas besitzt einige Besonderheiten, um den Sourcecode prägnant formulieren zu können. Durch die sogenannte ***Type Inference*** ermittelt der Compiler die passenden Typen aus dem Einsatzkontext und es ist dadurch möglich, auf die Angabe der Typen für die Parameter im Sourcecode zu verzichten. Den vorherigen Komparator schreibt man ohne Typangabe bei den Parametern des Lambdas wie folgt:

```
Comparator<String> byLength = (str1, str2) ->
{
    return Integer.compare(str1.length(), str2.length());
};
```

Eine weitere Verkürzung in der Schreibweise eines Lambdas erreicht man durch folgende Regeln: Falls das auszuführende Stück Sourcecode ein Ausdruck ist, können die geschweiften Klammern um die Anweisungen entfallen. Ebenfalls kann dann das Schlüsselwort `return` weggelassen werden und der Rückgabewert entspricht dem Ergebnis des Ausdrucks. Außerdem gilt: Existiert lediglich ein Eingabeparameter, so sind die runden Klammern um den Parameter optional. Damit ergibt sich für die Ausdrücke

```
(int x, int y) -> { return x + y; }
(long x) -> { return x * 2; }
```

folgende Kurzschreibweise:

```
(x, y) -> x + y
x -> x * 2
```

Neben dem offensichtlichen Vorteil einer kompakten Schreibweise ist etwas anderes viel entscheidender: Lambdas können flexibler als streng typisierte Methoden genutzt werden. Für die gezeigten Berechnungen ist ein Einsatz überall dort möglich, wo für die Parameter die Operatoren + bzw. * definiert sind, also für die Typen `int`, `float`, `double` usw. Anders formuliert: ***Alles, was hergeleitet werden kann (und soll), darf in der Syntax weggelassen werden***. Als Beispiel betrachten wir folgende `ActionListener`-Implementierung, die schrittweise vereinfacht wird:

```
// Alter Stil
button.addActionListener(new ActionListener()
{
    public void actionPerformed(final ActionEvent e)
    {
        System.out.println("btn click (old way)");
    }
});
```

Diese herkömmliche Realisierung mithilfe einer anonymen inneren Klasse lässt sich als Lambda und mit Type Inference deutlich kürzer schreiben:

```
// Lambda-Variante mit Type Inference
button.addActionListener((ActionEvent e) ->
                          { System.out.println("btn click"); });
```

Nutzt man zusätzlich die Regeln zur Schreibweisenabkürzung, so entsteht Folgendes:

```
// Lambda-Kurzschreibweise
button.addActionListener(event -> System.out.println("btn click"));
```

Lambdas als Parameter und als Rückgabewerte

Wir haben mittlerweile ein wenig Gespür für Lambdas entwickelt und wissen, dass man Lambdas anstelle einer anonymen inneren Klasse zur Realisierung eines SAM-Typs nutzen kann. Ebenso lassen sich Lambdas als Methodenparameter und als Rückgabe einer Methode verwenden, um Aufrufe lesbar zu gestalten.

Als Beispiel schauen wir uns das Sortieren einer Liste von Namen gemäß deren Länge an. Das können wir mit folgenden zwei Varianten eines Lambdas für das Interface `Comparator<T>` schreiben:

```
public static void main(final String[] args)
{
    var names = Arrays.asList("Andy", "Michael", "Max", "Stefan");

    // Lambda als Methodenparameter
    names.sort((str1, str2) -> Integer.compare(str1.length(),
                                               str2.length()));
    System.out.println(names);

    // Lambda als Rückgabe einer Methode und andere Sortierung
    names.sort(byLength().reversed());
    System.out.println(names);
}

public static Comparator<String> byLength()
{
    return (str1, str2) -> Integer.compare(str1.length(),
                                           str2.length());
}
```

Das Programm sortiert die Namen aufsteigend und absteigend nach Länge und produziert diese Ausgabe:

```
[Max, Andy, Stefan, Michael]
[Michael, Stefan, Andy, Max]
```

8.1.3 Das Interface Predicate<T>

Das funktionale Interface `java.util.function.Predicate<T>` erlaubt es, sogenannte ***Prädikate*** zu formulieren. Das sind boolesche Bedingungen, die durch Aufruf der im Interface definierten Methode `boolean test(T)` ausgewertet werden. Das Interface `Predicate<T>` ist wie folgt definiert (gekürzt):

```
@FunctionalInterface
public interface Predicate<T>
{
    boolean test(T t);

    // ...
}
```

Im folgenden Listing sind mithilfe von Lambdas und Methodenreferenzen (vgl. Abschnitt 8.2) einfache Prüfungen auf den Wert `null`, einen Leerstring oder eine Mindestlänge von 5 Zeichen kurz und knackig formuliert:

```
Predicate<String> isNull = str -> str == null
Predicate<String> isEmpty = String::isEmpty
Predicate<String> fiveOrMoreChars = str -> str.length() >= 5
```

Probieren wir das Ganze aus und lernen dabei gleich mit `negate()` und `not()` zwei Varianten der Negation kennen:

```
jshell> String name = "Moin"
name ==> "Moin"

jshell> isNull.test(name)
$283 ==> false

jshell> isEmpty.test(name)
$284 ==> false

jshell> fiveOrMoreChars.negate().test(name)
$286 ==> true

jshell> Predicate.not(fiveOrMoreChars).test(name)
$287 ==> true
```

Die Aufrufe mit `test()` wirken noch etwas ungelenk. Tatsächlich sollte man die Methoden aus dem Functional Interface wohl eher selten selbst aufrufen. Im Kontext des Stream-APIs muss man dies nicht, sondern es geschieht versteckt im Framework. Dann ergibt sich deutlich lesbarer Sourcecode.

Beispiel: `Predicate<T>` in Aktion

Ein Beispiel für den sinnvollen Einsatz von `Predicate<T>` ist die bereits in Abschnitt 6.1.1 verwendete Methode `removeIf()`, mit der man in Listen entsprechende Elemente löschen kann.

```
public static void main(final String[] args)
{
    var cities = List.of("Kiel", "Aachen", "Bern", "Bremen",
                         "Hamburg", "Köln", "Lübeck", "Zürich") ;

    var mutableCities = new ArrayList<>(cities);

    Predicate<String> fiveOrMoreChars = str -> str.length() >= 5;
    mutableCities.removeIf(Predicate.not(fiveOrMoreChars));

    System.out.println(mutableCities);
}
```

Im Listing kommt die Methode `removeIf(Predicate<E>)` zum Einsatz, die Elemente aus einer Collection entfernt, die der übergebenen Bedingung entsprechen. Hier werden alle Städte mit weniger als 5 Zeichen aus der Liste gelöscht und es kommt zu folgender Ausgabe:

```
[Aachen, Bremen, Hamburg, Lübeck, Zürich]
```

8.2 Methodenreferenzen

Neben Lambdas kann der Einsatz von Methodenreferenzen dazu beitragen, die Lesbarkeit des Sourcecodes zu erhöhen. Das Sprachfeature der Methodenreferenzen besitzt die Syntax `Klasse::Methodenname` und verweist auf

- eine Methode – `System.out::println`, `Person::getName`, ... oder
- einen Konstruktor – `ArrayList::new`, `Person[]::new`, ...

Das wirkt recht unspektakulär. Eine Methodenreferenz lässt sich aber zur Vereinfachung der Schreibweise anstelle eines Lambdas nutzen.

Betrachten wir folgendes Beispiel einer Konsolenausgabe:

```
jshell> List<String> names = List.of("Max", "Andy", "Michael")
names ==> [Max, Andy, Michael]

jshell> names.forEach(it -> System.out.println(it)) // Lambda
Max
Andy
Michael

jshell> names.forEach(System.out::println) // Methodenreferenz
Max
Andy
Michael
```

Wie man sieht, verbessert sich die Lesbarkeit durch den Einsatz der Methodenreferenz. Allerdings könnte man sich noch folgende Fragen zu der Ersetzung stellen: Methoden erhalten oftmals Parameter – wie auch im Listing. Wie werden diese für Methodenreferenzen übergeben? Wie ist die Reihenfolge bei mehreren? Die Antwort darauf ist, dass diese Informationen vom Compiler ermittelt und automatisch beim jeweiligen Methodenaufruf übergeben werden.

8.3 Streams im Überblick

Für ***Streams*** spielt das Interface `java.util.stream.Stream<T>` eine Schlüsselrolle. Streams sind eine Abstraktion für ***Folgen von Verarbeitungsschritten auf Daten***. Darüber hinaus ähneln Streams sowohl Collections als auch Iteratoren, wobei Streams keine Speicherung der Daten vornehmen und nur einmal traversiert werden können. Als weitere Analogie kann man die Abarbeitung als Fließband heranziehen. Dabei unterscheidet man zwischen drei Typen von Operationen: ***Create*** (Erzeugung), ***Intermediate*** (Berechnung) und ***Terminal*** (Ergebnisermittlung). Nachfolgend ist dies schematisch dargestellt:

$$\underbrace{Quelle \rightarrow STREAM}_{Create} \rightarrow \underbrace{OP_1 \Rightarrow \ldots \Rightarrow OP_{n-1}}_{Intermediate} \Rightarrow \underbrace{OP_n \Rightarrow Ergebnis}_{Terminal}$$

Einführendes Beispiel

Das folgende Listing zeigt die Operationen, ohne auf Details einzugehen. Hier geht es zunächst nur darum, einen ersten Eindruck für Streams und die Verarbeitung damit zu bekommen. Dazu betrachten wir eine Liste von Personen, die auf alle Erwachsenen gefiltert und als `List<Person>` zurückgegeben wird:

```
var adults = persons.stream().                    // Create
                     filter(Person::isAdult).     // Intermediate
                     collect(Collectors.toList()); // Terminal
```

Neben all diesen (noch unbekannten) Implementierungsneuerungen erkennt man gut, dass sich Konzepte und das »Was« viel klarer erkennen lassen und nicht das »Wie« (die Details der Implementierung der Funktionalität) im Vordergrund steht.

8.3.1 Streams erzeugen – Create Operations

Nach dem ersten Beispiel zu Streams wollen wir unsere Kenntnisse vertiefen. In den folgenden Abschnitten stelle ich einige Varianten zur Erzeugung von Streams vor.

Streams für Arrays und Collections – `stream()`

Für Arrays oder Collections erzeugt die Methode `stream()` ein `Stream`-Objekt:

```
String[] namesData = { "Karl", "Ralph", "Andi", "Andy", "Mike" };
List<String> names = Arrays.asList(namesData);

Stream<String> streamFromArray = Arrays.stream(namesData);
Stream<String> streamFromList = names.stream();
```

Als Besonderheit können Collections eine sequenzielle sowie eine parallele Variante eines Streams liefern. Das ist ein fortgeschrittenes Thema und wird daher hier nicht behandelt. Weitere Details finden Sie in meinem Buch »Der Weg zum Java-Profi« [1].

Streams für vordefinierte Wertebereiche – `of()`, `range()` und `chars()`

Teilweise soll über Streams ein fixer, vordefinierter Wertebereich abgebildet und bearbeitet werden. Dazu gibt es spezielle Methoden, etwa `of()`, `range()` und `chars()`:

```
Stream<String> names = Stream.of("Tim", "Andy");           // String
Stream<Integer> integers = Stream.of(1, 4, 7, 7, 9, 2); // Integer

IntStream values = IntStream.range(0, 100);              // int
IntStream chars = "This is a test".chars();              // int
```

Im Listing kommt neben dem generischen Interface `Stream<T>` auch das für den primitiven Datentyp `int` spezifische Interface `java.util.stream.IntStream` zum Einsatz. Die Verarbeitung erfolgt in dieser Art von Streams mit Werten primitiver Typen und nicht wie bei `Stream<Integer>` mit `Integer`-Objekten. Zudem gibt es zur Verarbeitung der primitiven Typen `long` und `double` die Klassen `LongStream` und `DoubleStream` aus dem Package `java.util.stream`.

8.3.2 Intermediate und Terminal Operations im Überblick

Gebräuchliche Anwendungsfälle für den Einsatz von Streams sind etwa das Filtern, das Transformieren und das Sortieren von Werten. Dazu nutzt man sogenannte ***Intermediate Operations***. Diese beschreiben ***Verarbeitungsschritte***, die sich einfach hintereinanderschalten lassen. Das Besondere daran ist, dass zunächst keine Berechnungen erfolgen, sondern lediglich die Abläufe beschrieben werden. Dabei unterscheidet man zudem zwischen ***zustandslosen*** und ***zustandsbehafteten*** Varianten. Filtern ist eine zustandslose Aktion. Damit ist gemeint, dass für jedes Element des Streams unabhängig von den anderen diese Aktion ausführbar ist. Dadurch lassen sich zustandslose Operationen auch hervorragend parallelisieren. Sortieren ist dagegen eine zustandsbehaftete Aktion, die die Kenntnis der anderen Elemente im Stream (oder zumindest eines Teils davon) erfordert. Da Streams keine (oder für zustandsbehaftete Operationen meistens nur eine Untermenge der) Daten zwischenspeichern, verbrauchen Streams im Gegensatz zu Collections in der Regel deutlich weniger Speicher. Somit hat die Konstruktion von Streams oftmals wenig Einfluss auf Speicherbedarf und Ausführungszeit.

Irgendwann sollen die ***Bearbeitungsergebnisse*** zusammengefasst, auf der Konsole ausgegeben oder anderweitig verarbeitet werden. Dazu dienen ***Terminal Operations***. Erst durch eine Terminal Operation werden auch die durch die Intermediate Operations beschriebenen Verarbeitungsschritte ausgeführt.

8.3.3 Zustandslose Intermediate Operations

In diesem Abschnitt betrachten wir zustandslose Intermediate Operations, insbesondere die Filterung von Werten und danach die Extraktion bzw. das Mapping von Werten.

Modellklasse

Um eine praxisnähere Besprechung der Thematik zu ermöglichen, nutzen wir eine Modellierung einer Person in Form eines `record` (vgl. Abschnitt 5.2.8). Dabei lernen wir kennen, dass man eigene Methoden in Records definieren kann, aber auch eigene Konstruktoren, die weniger oder andere Parameter als diejenigen durch die Parameterliste vorgegebenen besitzen:

```
record Person(String name, int age, String city, Gender gender)
{
    Person(String name, int age, String city)
    {
        this(name, age, city, Gender.MALE);
    }

    boolean isAdult()
    {
        return age() >= 18;
    }

    boolean livesIn(String city)
    {
        return this.city.equals(city);
    }
}
```

Die Geschlechtsangabe modellieren wir als `enum` folgendermaßen:

```
public enum Gender
{
    MALE, FEMALE
}
```

Filterung – filter()

Das Filtern ist eine gebräuchliche Funktionalität, die leider nicht in Collections, aber in Streams bereitgestellt wird.

Betrachten wir dazu als Beispiel eine Liste von Person-Objekten. Daraus wollen wir mithilfe von filter() diejenigen ermitteln, die erwachsen sind, indem wir die Methodenreferenz Person::isAdult nutzen:

```
jshell> var persons = List.of(new Person("John", 44, "Zürich"),
   ...>                       new Person("Janne", 41, "Kiel",
   ...>                                  Gender.FEMALE),
   ...>                       new Person("James", 5, "Hamburg"));
persons ==> [Person[name=John, age=44, city=Zürich, gender=MA ...
     ity=Hamburg, gender=MALE]]

jshell> Stream<Person> adults = persons.stream().
   ...>                                filter(Person::isAdult)
adults ==> java.util.stream.ReferencePipeline$2@136432db
```

Für die Bedingung isAdult empfiehlt sich die lesbare Methodenreferenz, die auf die Methode isAdult() des Records Person verweist. Damit erhalten wir folgende Ausgaben:

```
jshell> adults.forEach(System.out::println)
Person[name=John, age=44, city=Zürich, gender=MALE]
Person[name=Janne, age=41, city=Kiel, gender=FEMALE]
```

Mehrstufige Filterung In der Praxis soll oftmals eine mehrstufige Filterung nach verschiedenen Kriterien erfolgen. Mit der Pipeline- oder Fließbandanalogie im Hinterkopf kann man dazu mehrere Filter hintereinanderschalten, wie dies folgendes Listing für drei Filterbedingungen zeigt:

```
jshell> var allAdultJohns = persons.stream().
   ...>                             filter(Person::isAdult).
   ...>                             filter(adult ->
   ...>                               adult.name().equals("John")).
   ...>                             filter(john ->
   ...>                                    john.livesIn("Zürich")).
   ...>                             toList()
allAdultJohns ==> [Person[name=John, age=44, city=Zürich, gender=
     MALE]]
```

Auf diese Weise ermitteln wir zunächst alle Erwachsenen und dann all diejenigen, deren Name »John« ist. Bezogen auf diese Ergebnismenge werden wiederum nur diejenigen beibehalten, die wohnhaft in Zürich sind. In diesem Fall genau ein Eintrag.

Meinung: Namensgebung von Lambda-Parametern

Wie Sie vielleicht bemerkt haben, verwende ich für die Parameter in Lambdas bevorzugt sprechende Namen oder aber Standards wie `it`. Meiner Meinung nach gilt auch hier, dass man so lesbar wie möglich programmieren sollte. Nur weil man funktional programmiert, heißt das nicht, dass man wieder auf Namensverkümmerungen wie `a`, `p`, `x` zurückgreifen muss. Natürlich gibt es Fälle, in denen Kürzel mit einem Buchstaben ihren Wert haben. Das gilt immer dann, wenn im Lambda eine beliebige Berechnung erfolgt, etwa `x -> x + 1`. Dabei trägt der Parameter keine oder nur wenig semantische Bedeutung – meistens, weil eine »echte« mathematische Funktion beschrieben wird.

Mapping und Extraktion von Werten – `map()`

Neben der Filterung ist die Konvertierung oder Extraktion von Werten eine typische Intermediate Operation. Hierbei soll eine Menge von Eingabedaten in ein anderes Format überführt oder abgebildet werden. So könnte etwa aus einer Liste von Personen jeweils das Attribut Name, Wohnort oder Alter extrahiert werden. Dabei findet eine Abbildung oder ein Mapping von einem Typ auf einen anderen statt: Im Beispiel wird aus dem Typ `Person` ein Attribut herausgelesen und auf denjenigen Typ des gewünschten Attributs, z. B. `String`, abgebildet. Dazu kann man Spezialisierungen des Interface `Function<T,R>` nutzen und dort die Methode `apply(T)` entsprechend implementieren. Das Interface `Function<T,R>` ist wie folgt definiert:

```
interface Function<T,R>
{
    R apply(T t);
}
```

Nehmen wir an, es wäre der Name aus einem Person-Objekt zu extrahieren. Dies implementieren wir mithilfe eines Lambdas wie folgt:

```
Function<Person, String> nameExtractor = person -> person.name();
```

Mit diesem Vorwissen machen wir uns daran, die Extraktion des Namens bzw. des Alters für eine Liste von Personen folgendermaßen auszuprogrammieren.

Beginnen wir mit der Definition des Ausgangsdatenbestands:

```
var persons = List.of(new Person("John", 44, "Zürich"),
                      new Person("Janne", 41, "Kiel",
                                 Gender.FEMALE),
                      new Person("James", 5, "Hamburg"));
```

Basierend darauf implementieren wir das Mapping wie folgt:

```
var adultsStream = persons.stream().filter(Person::isAdult)

// Mapping auf Name mit Lambda
var namesStream = adultsStream.map(person -> person.name())

// Mapping auf Alter mit Methodenreferenz
var agesStream = persons.stream().map(Person::age).
                                  filter(age -> age >= 18)
```

Schauen wir uns die Ergebnisse an:

```
jshell> namesStream.forEach(System.out::println)
John
Janne

jshell> agesStream.forEach(System.out::println)
44
41
```

Die Methoden takeWhile() und dropWhile()

Nachfolgend stelle ich folgende zwei Methoden vor:

- takeWhile(Predicate<T>) – Verarbeitet Elemente des Streams, solange die als Predicate<T> übergebene Bedingung erfüllt ist.
- dropWhile(Predicate<T>) – Überspringt Elemente des Streams, solange die als Predicate<T> übergebene Bedingung erfüllt ist.

Zur Demonstration der beiden Methoden nutzen wir jeweils einen Stream von Namen, startend mit einigen, die mit dem Buchstaben T beginnen, gefolgt von anderen Namen sowie schließlich wieder mit einem Namen, der mit T anfängt. Hier nutzen wir die Möglichkeit, einen Stream mit vordefinierten Werten durch einen Aufruf von of() zu erzeugen:

```
jshell> Stream.of("Tim", "Tom", "Mike", "Marius", "Tim").
   ...>         takeWhile(str -> str.startsWith("T")).
   ...>         forEach(System.out::println)
Tim
Tom

jshell> Stream.of("Tim", "Tom", "Mike", "Marius", "Tim").
   ...>         dropWhile(str -> str.startsWith("T")).
   ...>         forEach(System.out::println)
Mike
Marius
Tim
```

Die Ausgabe des Namens »Tim« nach dem Überspringen am Anfang verdeutlicht, dass bei Aufrufen von dropWhile() nur zu Beginn die Einhaltung der Bedingung überprüft wird. Gilt diese einmal, so erfolgt danach keine weitere Prüfung mehr und es werden im Anschluss möglicherweise Elemente konsumiert, die gegen die angegebene Bedingung verstoßen.

Beide Methoden in Kombination Insbesondere lässt sich die Kombination beider Methoden sinnvoll einsetzen. Das gilt immer dann, wenn zunächst Informationen so lange auszusortieren sind, bis diese einem gewissen Gütekriterium oder Wert entsprechen, und im Anschluss so lange gelesen werden sollen, bis eine Abbruchbedingung erfüllt ist.

Das folgende Beispiel zeigt, wie man die Informationen, die zwischen den Markierungen `<START>` und `<END>` liegen, aus einem `Stream<String>` extrahieren kann:

```
jshell> var words = Stream.of("ab", "bla", "<START>",
   ...>                       "Text", "zwischen", "Start- ",
   ...>                       "und", "Ende-Begrenzern",
   ...>                       "<END>", "saas", "bla")
words ==> java.util.stream.ReferencePipeline\textdollar
      Head@6e8cf4c6

jshell> var extracted = words.dropWhile(word ->
   ...>                            !word.equals("<START>")).
   ...>                       skip(1) .
   ...>                       takeWhile(word ->
   ...>                            !word.equals("<END>"))
extracted ==> java.util.stream.WhileOps 1@312b1dae
```

Das `skip(1)` ist nötig, um den Begrenzer `<START>` nicht mit in die Ergebnisliste aufzunehmen. Auf ähnliche Weise könnte man übrigens die Header- oder Body-Informationen eines HTML-Dokuments extrahieren.

Die Ausgaben des Programms zeigen die Extraktion:

```
jshell> extracted.forEach(System.out::println)
Text
zwischen
Start-
und
Ende-Begrenzern
```

8.3.4 Zustandsbehaftete Intermediate Operations

Nachfolgend lernen wir verschiedene zustandsbehaftete Intermediate Operations kennen: Das Sortieren und Herausfiltern doppelter Einträge zeige ich zuerst. Danach gehe ich auf das Beschränken der Ausgabe auf eine gewisse Anzahl von Elementen ein. Dabei kann sowohl der Startwert als auch die Anzahl der gewünschten, im Stream zu verbleibenden Elemente festgelegt werden.

Duplikate entfernen und Ausgaben sortieren – `distinct()` und `sorted()`

Bevor wir mit der Implementierung der Funktionalität loslegen, schreiben wir eine Methode, um die gleichen Ausgangsdaten mehrfach als Stream bereitstellen zu können:

```
jshell> Stream<Integer> createIntStream()
   ...> {
   ...>     return Stream.of(7, 1, 4, 3, 7, 2, 6, 5, 7, 9, 8);
   ...> }
|  created method createIntStream()
```

Das Herausfiltern doppelter Einträge und das Sortieren von Einträgen ist im folgenden Listing durch Aufrufe der Methoden `distinct()` und `sorted()` realisiert. Dabei betrachten wir zunächst die Ausführung jeder Methode für sich und danach in Kombination. Führt man die Zeilen aus, indem man die Terminal Operation `toList()` aufruft, so werden doppelte Elemente entfernt und die Zahlen sortiert. Man erhält die erwartete Ausgabe:

```
jshell> var distinct = createIntStream().distinct().toList()
distinct ==> [7, 1, 4, 3, 2, 6, 5, 9, 8]

jshell> var sorted = createIntStream().sorted().toList()
sorted ==> [1, 2, 3, 4, 5, 6, 7, 7, 7, 8, 9]

jshell> var sortedAndDistinct = createIntStream().sorted().
   ...>                                          distinct().
   ...>                                          toList()
sortedAndDistinct ==> [1, 2, 3, 4, 5, 6, 7, 8, 9]
```

Ausgaben beschränken – `limit()` und `skip()`

Die bereits gezeigte Filterung mit `filter(Predicate<T>)` erlaubt es, einen Datenbestand einzuschränken. Eine Variante davon ist es, die Ergebnismenge auf n Elemente zu begrenzen.

Dazu nutzt man einen Aufruf von `limit(long)`. In Kombination mit `skip(long)` zum Überspringen von n Datensätzen kann man sogenanntes ***Paging*** realisieren – eine Aufbereitung von n Ergebnissen auf einer Seite, wie man dies etwa von der Präsentation von Suchergebnissen im Internet kennt. Folgendermaßen lässt sich die Ausgabe auf 25 Sucheinträge ab dem 75. Eintrag beschränken:

```
searchResults.skip(75).limit(25);
```

Es gibt aber noch weitere Anwendungsfälle für `limit(long)` und `skip(long)`, nämlich im Zusammenhang mit unendlichen Streams, etwa für eine Folge von `int`-Werten:

```
jshell> var someValues = IntStream.iterate(0, n -> n + 1).
   ...>                              skip(50).limit(12)
someValues ==> java.util.stream.SliceOps$2@67205a84

jshell> someValues.forEach(System.out::println)
50
51
52
53
54
55
56
57
58
59
60
61
```

Im Beispiel sehen wir die Begrenzung des unendlichen Streams auf bestimmte Datensätze – hier die 12 Einträge, die auf die ersten 50 Einträge folgen.

8.3.5 Terminal Operations

Bisher haben wir mithilfe von Streams verschiedene Berechnungen ausgeführt und dabei bereits die Terminal Operation `forEach(Consumer<T>)` genutzt, um Konsolenausgaben zu produzieren. Erinnern wir uns nochmals daran, dass Terminal

Operations zur Abarbeitung der Pipeline führen und dadurch ein Ergebnis produzieren.

Elemente im Stream zählen – `count()`

Beginnen wir mit der einfachsten Terminal Operation, nämlich dem Zählen der in einem Stream enthaltenen Elemente durch Aufruf von `count()`:

```
jshell> var count = Stream.of(1, 2, 3, 4, 5, 6).count()
count ==> 6
```

Streams in Collections übertragen – `collect()`

Mithilfe von `forEach(Consumer<T>)` kann man bekanntermaßen über die Berechnungsergebnisse iterieren, z. B. um diese auszugeben. Für diverse Anwendungsfälle ist es erforderlich, die Daten aus einem `Stream<E>` in einer `Collection<E>` zu speichern. Mithilfe von `java.util.stream.Collector`-Instanzen lassen sich die Daten auslesen und z. B. in eine Liste übertragen. Die Utility-Klasse `java.util.stream.Collectors` bietet praktischerweise schon verschiedene vordefinierte Methoden, die passende `Collector`-Instanzen zurückliefern. Dadurch reduziert sich die Komplexität der `Collector`-Bereitstellung stark, wie dies nachfolgend gezeigt ist:

```
var ages = agesStream.collect(Collectors.toList());
var names = namesStream.collect(Collectors.
                                toCollection(ArrayList::new));
```

Im Listing sehen wir den für viele Anwendungsfälle praktischen Aufruf von `toList()`. Benötigt man mehr Kontrolle über den Typ der Ergebnisdatenstruktur, so kann man die Methode `toCollection()` aufrufen, der man die Referenz auf den Konstruktor der gewünschten Collection übergibt, wie dies im zweiten Aufruf dargestellt ist.

Streams in Liste übertragen – `toList()`

Seit Java 16 gibt es eine sehr praktische Methode, um einen Stream in eine Liste zu konvertieren. Man kann somit den Aufruf von `collect(Collectors.toList())` kürzer als `toList()` schreiben.

```
jshell> var names = List.of("Tim", "Tom", "Mike", "Michael")
names ==> [Tim, Tom, Mike, Michael]

jshell> names.stream().filter(str -> str.startsWith("M")).
   ...>                 toList()
$123 ==> [Mike, Michael]
```

Die Methoden `joining()`, `groupingBy()` und `counting()`

Neben der Ausgabe auf der Konsole oder der Umwandlung der Daten eines Streams in eine Collection sind weitere Transformationen wünschenswert, etwa das Verknüpfen von Strings sowie die Gruppierung oder Partitionierung von Daten. Dazu bietet die Utility-Klasse `Collectors` verschiedene Hilfsmethoden, die man gewinnbringend in Kombination mit der Methode `collect()` nutzen kann:

- `joining()` – Fasst Einträge als Typ `String` mit Trennzeichen zusammen.
- `groupingBy()` – Gruppiert Elemente anhand eines Kriteriums.
- `counting()` – Zählt die Vorkommen in Kombination mit `groupingBy()`.

Beispiele

Die obigen Methoden im Einsatz zeigen die folgenden Listings, wobei hier zur besseren Lesbarkeit der Berechnungen statische Imports genutzt werden. Als Beispieldaten verwenden wir verschiedene Namen:

```
jshell> import static java.util.stream.Collectors.*

jshell> List<String> names = List.of("Stefan", "Ralph", "Andi",
   ...>                              "Mike", "Florian", "Michael",
   ...>                              "Sebastian")
```

`joining()` Wir bereiten eine kommaseparierte Repräsentation wie folgt auf:

```
jshell> String joined = names.stream().
   ...>                        sorted().collect(joining((", "))
joined ==> "Andi, Florian, Michael, Mike, Ralph, Sebastian, Stefan"
```

`groupingBy()` Nun wollen wir die Namen nach deren Länge gruppieren:

```
jshell> Map<Integer, List<String>> grouped =
   ...>                            names.stream().
   ...>                                  collect(
   ...>                                  groupingBy(String::length)
        )
grouped ==> {4=[Andi, Mike], 5=[Ralph], 6=[Stefan], 7=[Florian,
      Michael], 9=[Sebastian]}
```

`groupingBy()` mit Zählung durch `counting()` Wir gehen noch einen Schritt weiter und ergänzen eine Zählung wie folgt:

```
jshell> Map<Integer, Long> groupedAndCount =
   ...>                    names.stream().
   ...>                          collect(groupingBy(String::length,
   ...>                                             counting()))
groupedAndCount ==> {4=2, 5=1, 6=1, 7=2, 9=1}
```

9 Verarbeitung von Dateien

Ein wichtiger Bestandteil vieler Anwendungen ist die Verarbeitung von Informationen aus Dateien, die das dauerhafte Speichern von Daten ermöglichen. Java bietet zur Ein- und Ausgabe in den Packages `java.io` und `java.nio` einen objektorientierten Zugang und mehrere Möglichkeiten zum Erstellen, Lesen, Aktualisieren und Löschen von Dateien. Dazu existiert die Klasse `java.io.File` seit Javas Anfangstagen. Zwischenzeitlich kam mit dem Interface `java.nio.file.Path` eine leichter nutzbare Variante zur Interaktion mit dem Dateisystem hinzu. Ebenso wurden einige grundlegende Funktionalitäten in die Utility-Klasse `java.nio.file.Files` integriert. Nachfolgend betrachten wir die neueren und einfacher handhabbaren Varianten.

Bitte beachten Sie, dass es bei der Ein- und Ausgabe immer auch zu Fehlern oder zumindest Problemen kommen kann, etwa dass eine Datei nicht vorhanden ist oder nicht in sie geschrieben werden kann. Aus Gründen der Übersichtlichkeit und weil wir das Thema Fehlerbehandlung erst später in Kapitel 10 vertiefen, wird in den nachfolgenden Beispielen zur Ein- und Ausgabe auf eine ansonsten notwendige Fehlerbehandlung weitestgehend verzichtet.

9.1 Schnelleinstieg

Um verschiedene Dateiaktionen sinnvoll ausführen zu können, wollen wir die folgende Verzeichnisstruktur als Grundlage anlegen und dabei gleich die passenden Funktionalitäten kennenlernen.

```
files-examples-dir
|-- example-data.csv
|-- example-file.txt
|-- rename-dir
|-- subdir1
\-- subdir2
```

Pfadtrenner

Bevor es losgeht, möchte ich noch explizit auf eine Sache hinweisen. Ich verwende einen Mac, weshalb der Pfadtrenner ein / ist, bei Windows ist dies ein \.

9.1.1 Das Interface `Path` und die Utility-Klasse `Files`

Einen wichtigen Bestandteil zur Interaktion mit dem Dateisystem bildet das Interface `java.nio.file.Path`. Ein Objekt vom Typ `Path` erhält man durch Aufruf von `Path.of(String)` und der Angabe eines Dateinamens oder Pfads, etwa wie folgt:

```
jshell> Path.of("example-dir")
$1 ==> example-dir
```

Über das Interface `Path` wird ein Pfad im Dateisystem (also ein Verzeichnis inklusive übergeordneten Verzeichnissen) oder im Speziellen eine Datei repräsentiert, die verarbeitet werden soll. Für die eigentlichen Aktionen und Zugriffe ist die Utility-Klasse `java.nio.file.Files` zuständig, etwa um ein Verzeichnis mit `createDirectory()` anzulegen, dieses mit `list()` auszulesen oder mit `isDirectory()` zu bestimmen, ob ein `Path` ein Verzeichnis repräsentiert:

```
jshell> var parentDirPath = Path.of("parent-dir")
parentDirPath ==> parent-dir

jshell> Files.createDirectory(parentDirPath)
$6 ==> parent-dir

jshell> Files.createDirectory(Path.of("parent-dir/subdir1"))
$7 ==> parent-dir/subdir1

jshell> Files.createDirectory(Path.of("parent-dir/subdir2"))
$8 ==> parent-dir/subdir2

jshell> Files.list(parentDirPath).filter(Files::isDirectory).
   ...>                         forEach(System.out::println)
parent-dir/subdir2
parent-dir/subdir1
```

In der Utility-Klasse `Files` finden wir weitere Methoden wie `copy()` und `move()` zum Kopieren und Verschieben von Dateien. Später mehr dazu.

9.1.2 Anlegen von Dateien und Verzeichnissen

Genau wie für unser Beispiel zur Dateiverarbeitung müssen auch in der Praxis immer mal wieder Dateien oder Verzeichnisse angelegt werden. Gerade haben wir dies zum Einstieg schon kurz gesehen.

Erzeugen neuer Verzeichnisse – `createDirectory()`

Bekanntermaßen wird ein neues Verzeichnis mit der Methode `createDirectory()` erstellt. Als Parameter übergibt man den Pfad des neuen Verzeichnisses. Dabei kann entweder ein vollständiger Pfad angegeben werden oder aber nur ein Verzeichnis. Im letzteren Falle wird dieses im aktuellen Arbeitsverzeichnis erstellt.

Mit den folgenden Aufrufen legen wir das Hauptverzeichnis für das Beispiel an. Danach erstellen wir drei Unterverzeichnisse:

```
jshell> var baseDirName = "files-examples-dir"
baseDirName ==> "files-examples-dir"

jshell> Files.createDirectory(Path.of(baseDirName))
$20 ==> files-examples-dir

jshell> Files.createDirectory((Path.of(baseDirName, "rename-dir")))
$21 ==> files-examples-dir/rename-dir

jshell> Files.createDirectory((Path.of(baseDirName, "subdir1")))
$22 ==> files-examples-dir/subdir1

jshell> Files.createDirectory((Path.of(baseDirName, "subdir2")))
$23 ==> files-examples-dir/subdir2
```

Erzeugen neuer Dateien mit Pfadangabe – `createFile()`

Analog zu Verzeichnissen lassen sich Dateien mit der Methode `createFile()` erstellen.[1] Zur Komplettierung unseres Beispiels legen wir die beiden Dateien `example-data.csv` und `example-file.txt` inklusive Angabe des Verzeichnisses an:

```
jshell> var csvFilename = "files-examples-dir/example-data.csv"
csvFilename ==> "files-examples-dir/example-data.csv"

jshell> var csvFile = Files.createFile(Path.of(csvFilename))
csvFile ==> files-examples-dir/example-data.csv

jshell> var txtFilename = "files-examples-dir/example-file.txt"
txtFilename ==> "files-examples-dir/example-file.txt"

jshell> var txtFile = Files.createFile(Path.of(txtFilename))
txtFile ==> files-examples-dir/example-file.txt
```

[1] Dateien kann man nur in existierenden Verzeichnissen erstellen. Wenn etwa das Verzeichnis `dirXyz` nicht existiert, schlägt ein Aufruf von `createFile("dirXyz/abc.txt")` fehl.

9.1.3 Verzeichnisinhalte

Inhalt eines Verzeichnisses auflisten – list()

Um den Erfolg der gerade durchgeführten Modifikationen zu überprüfen, wollen wir das Verzeichnis ausgeben. Die Methode list(Path) der Klasse Files liefert den Inhalt eines Verzeichnisses als Stream<Path> (vgl. Abschnitt 8.3). Dadurch kann man Filterungen oder andere Aktionen ausführen. Hier nutzen wir einen Aufruf von toList(), um die Daten aus dem Stream als Liste zu erhalten. Basierend auf diesem Wissen erstellen wir eine Methode listDirectory(), um die Funktionalität des Verzeichnisauflistens später erneut einsetzen zu können:

```
jshell> List<Path> listDirectory(Path dir) throws IOException
   ...> {
   ...>     try (Stream<Path> content = Files.list(dir))
   ...>     {
   ...>         return content.toList();
   ...>     }
   ...> }
|  created method listDirectory(Path)
```

Bei dieser Implementierung greifen wir zum Ressourcenmanagement auf das praktische Automatic Resource Management (ARM) mit try und runden Klammern zurück (vgl. Abschnitt 10.1.5).

Probieren wir die Methode listDirectory() für das zuvor erstellte Verzeichnis einmal aus:

```
jshell> var pathToDir = Path.of("files-examples-dir")
pathToDir ==> files-examples-dir

jshell> listDirectory(pathToDir).forEach(System.out::println)
files-examples-dir/example-file.txt
files-examples-dir/rename-dir
files-examples-dir/subdir2
files-examples-dir/example-data.csv
files-examples-dir/subdir1
```

Datei oder Verzeichnis? – `isDirectory()` und `isRegularFile()`

An der von unserer Methode `listDirectory()` gelieferten Auflistung sehen wir nicht zweifelsfrei, ob es sich bei einem Pfadnamen um eine Datei oder um ein Verzeichnis handelt. Dabei können die Methoden `isDirectory()` und `isRegularFile()` aus der Utility-Klasse `Files` hilfreich sein – genauso wie einige weitere im Anschluss besprochene Methoden.

```
jshell> var dirPath = Path.of("files-examples-dir")
dirPath ==> files-examples-dir

jshell> for (var path : listDirectory(dirPath))
   ...> {
   ...>     if (Files.isDirectory(path))
   ...>     {
   ...>         System.out.println(path + " is a directory");
   ...>     }
   ...>     if (Files.isRegularFile(path))
   ...>     {
   ...>         System.out.println(path + " is a file");
   ...>     }
   ...> }
files-examples-dir/example-file.txt is a file
files-examples-dir/rename-dir is a directory
files-examples-dir/subdir2 is a directory
files-examples-dir/example-data.csv is a file
files-examples-dir/subdir1 is a directory
```

9.1.4 Dateiaktionen und die Utility-Klasse `Files`

Die Utility-Klasse `Files` bietet diverse statische Methoden. Viele dieser Methoden geben Objekte vom Interface `Path` zurück oder operieren darauf. Stellvertretend betrachten wir kurz folgende Hilfsmethoden:

- `createTempFile(String, String)` – Erstellt eine neue temporäre Datei mit den angegebenen Informationen zu Name und Endung.

- `write(Path, Iterable<CharSequence>, OpenOption...)` – Schreibt die übergebenen Textzeilen in die durch den `Path`-Parameter referenzierte Datei. Der Schreibmodus wird durch die angegebene(n) `OpenOption`(s) bestimmt, etwa `CREATE`, `APPEND` oder `TRUNCATE_EXISTING` zum Erzeugen, Anhängen oder Überschreiben. Erinnern wir uns: Die drei Punkte in der Methodensignatur nennen sich Var Args und erlauben eine Mehrfachangabe. Dadurch lassen sich kommasepararariert mehrere Optionen spezifizieren.
- `readAllLines(Path)` – Liest eine Datei zeilenweise ein und gibt die Zeilen als `List<String>` zurück.
- `lines(Path)` – Diese Methode stellt eine Datei zeilenweise als `Stream<String>` (vgl. Abschnitt 8.3) bereit.

Beispiel für das Zusammenspiel der Methoden

Die obigen Methoden sind besonders nützlich, was ich anhand eines Beispiels verdeutlichen möchte. Hierbei erzeugen und befüllen wir eine temporäre Textdatei namens `WriteText.txt` mit ein wenig Inhalt und nutzen dazu die Methode `write()`, der wir eine Liste mit zu schreibenden Strings übergeben. Schließlich lesen wir die in die Datei geschriebenen Informationen mit den zwei vorgestellten Methoden aus:

```
import java.io.IOException;
import java.nio.file.Files;
import java.nio.file.Path;
import java.nio.file.StandardOpenOption;
import java.util.List;
import java.util.stream.Stream;

public class FilesExample
{
    public static void main(final String[] args) throws IOException
    {
        var destFile = Files.createTempFile("WriteText", ".txt");
        var content = List.of("This", "is", "the", "content");

        var resultFile = Files.write(destFile, content,
                                     StandardOpenOption.CREATE,
                                     StandardOpenOption.APPEND);
```

```
        // Zeilen der Datei als Liste einlesen und ausgeben
        System.out.println(Files.readAllLines(resultFile));

        // Zeilen der Datei als Stream einlesen und ausgeben + ARM
        try (Stream<String> contentStream = Files.lines(resultFile))
        {
            contentStream.forEach(line -> System.out.println(line));
        }
    }
}
```

Die Ausgabe mit Streams verwendet in `forEach()` einen Lambda-Ausdruck (vgl. Abschnitt 8.1). Außerdem nutzen wir hier das Automatic Resource Management (ARM) mit `try` und runden Klammern (vgl. Abschnitt 10.1.5).

Nach dem Starten des Programms, z. B. mithilfe des folgenden Kommandos für die heruntergeladenen Sourcen,

```
$ java src/main/java/ch10_fileio/intro/FilesExample.java
```

erhält man diese Ausgabe:

```
[This, is, the, content]
This
is
the
content
```

Informationen schreiben und lesen – `writeString()` und `readString()`

Gerade haben wir die Methoden `write()` und `readAllLines()` zum Schreiben und Lesen von Informationen kennengelernt. Alternativ kann man dazu die Methoden `writeString()` und `readString()` aus der Utility-Klasse `Files` nutzen. Intuitiv geht man möglicherweise von einer zeilenweisen Verarbeitung aus. Aber etwas überraschend schreiben und lesen die Methoden ohne weitere Parametrierung jeweils die gesamte Datei. Zum besseren Verständnis betrachten wir ein Beispiel.

Beispiel Folgende Zeilen zeigen das zweimalige Schreiben bzw. Lesen von Strings, wobei standardmäßig von UTF-8 als Codierung ausgegangen wird. Der Zugriff auf eine Datei wird mithilfe von `Path.of()` bereitgestellt:

```
Path txtFile = Path.of("files-examples-dir/example-file.txt")

Files.writeString(txtFile, "1: This is a 'string to file' test\n");
Files.writeString(txtFile, "2: Second line");

final String line1 = Files.readString(txtFile);
final String line2 = Files.readString(txtFile);
System.out.println(line1);
System.out.println(line2);
```

Sofern man von einer zeilenweisen Verarbeitung ausgeht und das Programmfragment ausführt, erwartet man vermutlich die beiden zuvor geschriebenen Zeilen als Ausgabe, doch man erhält abweichend Folgendes:

```
2: Second line
2: Second line
```

Das liegt daran, dass beim Schreiben standardmäßig, wenn auch etwas überraschend, der Überschreibmodus und nicht der Modus des Anhängens genutzt wird. Folgende Modifikation behebt das:

```
Files.writeString(txtFile, "1: This is a 'string to file' test\n");
Files.writeString(txtFile, "2: Second line",
                  StandardOpenOption.APPEND);

final String line1 = Files.readString(txtFile);
final String line2 = Files.readString(txtFile);
```

Führen wir das Ganze nochmals aus, dann erhalten wir folgende wiederum möglicherweise etwas verwunderliche Ausgabe:

```
1: This is a 'string to file' test
2: Second line
1: This is a 'string to file' test
2: Second line
```

Wie schon eingangs angedeutet, wird die gesamte Datei als ein String eingelesen. In der Klasse `String` existiert praktischerweise die Methode `lines()`, die einen `Stream<String>` (vgl. Abschnitt 8.3) zurückliefert.

Damit nehmen wir schließlich folgende Korrektur vor:

```
Files.writeString(txtFile, "1: This is a 'string to file' test\n");
Files.writeString(txtFile, "2: Second line",
                  StandardOpenOption.APPEND);

String content = Files.readString(txtFile);

content.lines().forEach(System.out::println);
```

Im Listing kommt mit `System.out::println` eine Methodenreferenz (vgl. Abschnitt 8.2) zum Einsatz. Damit erhalten wir dann die erwartete Ausgabe:

```
1: This is a 'string to file' test
2: Second line
```

Alternative zum Einlesen – `readAllLines()`

Auch die schon kurz vorgestellte Methode `readAllLines()` ist sehr praktisch, um den Inhalt von Dateien in einem Rutsch zu verarbeiten und als `List<String>` bereitzustellen. Nachfolgend rufen wir diese Methode auf, um unsere zuvor geschriebene Datei mit den zwei Zeilen als Nutzinhalt einzulesen:

```
Path exampleFile = Path.of("files-examples-dir/example-file.txt");
List<String> lines = Files.readAllLines(exampleFile);

lines.forEach(System.out::println);
```

Als Ergebnis erhalten wir folgende Ausgabe:

```
1: This is a 'string to file' test
2: Second line
```

Weitere Fallstricke

Zuvor haben wir bereits gesehen, dass die beiden Methoden `writeString()` und `readString()` zwar das Verarbeiten von textuellen Informationen mit Dateien vereinfachen, man dabei aber auch ein paar Dinge beachten muss. Eine weitere Besonderheit besteht in der Angabe der Daten. Eben haben wir schon an passenden Stellen ein `\n` als Zeilentrenner angegeben.

Betrachten wir für eine Personenliste, was passiert, wenn wir das nicht tun würden:

```
Path txtFilePath = Path.of("files-examples-dir/personenListe.txt");

Files.writeString(txtFilePath, "PERSONEN");
Files.writeString(txtFilePath, "Person1: Michael",
                  StandardOpenOption.APPEND);
Files.writeString(txtFilePath, "Person2: Peter",
                  StandardOpenOption.APPEND);

String content = Files.readString(txtFilePath);
System.out.println(content);
```

Das Ergebnis sieht wie folgt aus:

```
PERSONENPerson1: MichaelPerson2: Peter
```

Eine derartige Repräsentation ist etwas unhandlich, um an die einzelnen Informationen bzw. Zeilen zu kommen! Wenn wir genau hinschauen, haben wir (hier bewusst) vergessen, jeweils ein Zeilenendezeichen zu schreiben.

9.1.5 Informationen zu Path-Objekten

Auf Existenz prüfen – exists()

Mitunter muss man ermitteln, ob eine Datei oder ein Verzeichnis existiert oder nicht. Dazu dient die Methode exists(). Damit prüfen wir die Existenz der Datei UnknownFile.txt, legen diese an und wiederholen die Prüfung:

```
jshell> Files.exists(Path.of("UnknownFile.txt"))
$51 ==> false

jshell> Files.createFile(Path.of("UnknownFile.txt"))
$52 ==> UnknownFile.txt

jshell> Files.exists(Path.of("UnknownFile.txt"))
$53 ==> true
```

Zugriff auf Namensbestandteile – toAbsolutePath() und getFileName()

Ein Path-Objekt repräsentiert bekanntermaßen eine Datei bzw. ein Verzeichnis im Dateisystem. Dazu besitzt das Path-Objekt auch die Informationen zu übergeordneten Verzeichnissen. Mithilfe der Methode toAbsolutePath() kann man die Position im Dateisystem in Erfahrung bringen:

```
jshell> Path absolute = Path.of(".").toAbsolutePath()
absolute ==> /Users/michaeli/.
```

Manchmal ist nur der konkrete Datei- bzw. Verzeichnisname von Interesse. Dazu existiert die Methode getFileName(), die ein Path-Objekt liefert. Oftmals möchte man jedoch einen String erhalten, weshalb man dann toString() aufruft – in der JShell wäre das nicht nötig, in einem normalen Java-Programm dagegen schon:

```
jshell> Path simpleFile = Path.of("SimpleFile.txt")
simpleFile ==> SimpleFile.txt

jshell> simpleFile.getFileName().toString()
fileName ==> "SimpleFile.txt"
```

Bei der zuvor gezeigten reinen Angabe des Dateinamens gilt der Path ausgehend vom aktuellen Verzeichnis. Für dieses existiert bekanntlich die Abkürzung '.'. Das haben wir zuvor schon zur Ermittlung des absoluten Pfads genutzt.

Dateigröße bestimmen – size()

Für einige Anwendungsfälle ist die Größe einer Datei oder eines Verzeichnisses im Dateisystem von Interesse. Diese Informationen liefert die Methode size(), sofern die Datei bzw. das Verzeichnis existiert. Allerdings ist das Ganze für Verzeichnisse komplizierter zu bestimmen. Zudem entsprechen die Informationen nicht immer zu 100 % der tatsächlichen Größe im Dateisystem (sondern sind eine Angabe in Bytes), weil Dateisysteme speziell aufgebaut sind und neben den eigentlichen Nutzdaten auch weitere (Meta-)Informationen speichern. Zudem kann die Angabe von Betriebssystem zu Betriebssystem abweichen:

```
jshell> var txtFile = Path.of("files-examples-dir/example-file.txt"
      )
txtFile ==> files-examples-dir/example-file.txt

jshell> long fileSize = Files.size(txtFile))
fileSize ==> 50

jshell> long currentDirSize = Files.size(Path.of("."))
currentDirSize ==> 928
```

Berechtigungen – isWritable() und isReadable()

Ab und zu muss man ermitteln, ob in die Datei geschrieben werden darf oder ob nur Lesezugriff erlaubt ist. Dabei helfen die Methoden isWritable() und isReadable().

```
jshell> var txtFile = Path.of("files-examples-dir/example-file.txt"
      )
txtFile ==> files-examples-dir/example-file.txt

jshell> var isWritable = Files.isWritable(txtFile)
isWritable ==> true

jshell> var isReadable = Files.isReadable(txtFile)
isReadable ==> true
```

9.1.6 Kopieren und Umbenennen

Für das Kopieren von Dateien nutzt man die Methode `copy()` unter Angabe von Quelle und Ziel.

Kopieren – copy()

Im folgenden Beispiel wollen wir die bereits angelegte Datei `example-file.txt` kopieren. Das erfordert zwei passend gewählte `Path`-Objekte und einen Aufruf von `Files.copy()`:

```
jshell> var pathName = "files-examples-dir"
pathName ==> files-examples-dir

jshell> Path sourcePath = Path.of(pathName, "example-file.txt")
sourcePath ==> files-examples-dir/example-file.txt

jshell> Path destPath = Path.of(pathName,
   ...>                         "copy-of-example-file. txt")
destPath ==> files-examples-dir/copy-of-example-file. txt

jshell> Path copiedFile = Files.copy(sourcePath, destPath);
copiedFile ==> files-examples-dir/copy-of-example-file.txt
```

Erneut ist die eingangs entwickelte Methode `listDirectory()` hilfreich, um den Erfolg der Aktionen nachzuvollziehen:

```
jshell> var pathToDir = Path.of(pathName)
pathToDir ==> files-examples-dir

jshell> listDirectory(pathToDir).forEach(System.out::println)
files-examples-dir/example-file.txt
files-examples-dir/rename-dir
files-examples-dir/subdir2
files-examples-dir/example-data.csv
files-examples-dir/subdir1
files-examples-dir/copy-of-example-file.txt
files-examples-dir/personenListe.txt
```

Kopieren zwischen Verzeichnissen

Wir wollen das Beispiel ausbauen und zwischen verschiedenen Verzeichnissen kopieren. In diesem Fall kopieren wir die Datei `example-file.txt` zweimal in das Unterverzeichnis `subdir2`:

```
jshell> var destPath1 = Path.of(pathName,
   ...>                         "subdir2/example-file-1.txt")
destPath1 ==> files-examples-dir/subdir2/example-file-1.txt

jshell> var destPath2 = Path.of(pathName,
   ...>                         "subdir2/example-file-2.txt")
destPath2 ==> files-examples-dir/subdir2/example-file-2.txt

jshell> Files.copy(sourcePath, destPath1);
$93 ==> files-examples-dir/subdir2/example-file-1.txt

jshell> Files.copy(sourcePath, destPath2);
$94 ==> files-examples-dir/subdir2/example-file-2.txt
```

Auch das prüfen wir kurz folgendermaßen nach:

```
jshell> var pathToSubDir = Path.of("files-examples-dir/subdir2")
pathToSubDir ==> files-examples-dir/subdir2

jshell> listDirectory(pathToSubDir).forEach(System.out::println)
files-examples-dir/subdir2/example-file-2.txt
files-examples-dir/subdir2/example-file-1.txt
```

Umbenennen – `move()`

Mithilfe der Methode `move()` lässt sich eine Datei oder ein Verzeichnis umbenennen. Dazu übergibt man den ursprünglichen Namen sowie den gewünschten Namen in Form von `Path`-Objekten als Parameter.

Nachfolgend nennen wir die Datei `to-be-renamed.txt` in `renamed.txt` um bzw. andersherum, je nach Existenz der Dateien. Wir beginnen mit dem initialen Anlegen der Datei:

```
jshell> var parentDir = "files-examples-dir/rename-dir"
parentDir ==> "files-examples-dir/rename-dir"

jshell> var filePath = Path.of(parentDir + "/to-be-renamed.txt")
filePath ==> files-examples-dir/rename-dir/to-be-renamed.txt

jshell> var initialFile = Files.createFile(filePath)
initialFile ==> files-examples-dir/rename-dir/to-be-renamed.txt

jshell> var dirContent = listDirectory(Path.of(parentDir))
dirContent ==> [files-examples-dir/rename-dir/to-be-renamed.txt]
```

Nun kann man das wechselseitige Umbenennen in folgender Methode definieren und danach aufrufen:

```
void renameBackAndForth(String parentDir) throws IOException
{
    Path sourcePath = Path.of(parentDir+"/to-be-renamed.txt");
    Path destPath = Path.of(parentDir+"/renamed.txt");

    if (Files.exists(sourcePath))
        Files.move(sourcePath, sourcePath);
    else if (Files.exists(sourcePath))
        Files.move((destPath, sourcePath);
}
```

Durch Aufrufe wechselt die Ausgabe hin und her:

```
jshell> renameBackAndForth(parentDir)

jshell> listDirectory(Path.of(parentDir))
$104 ==> [files-examples-dir/rename-dir/renamed.txt]

jshell> renameBackAndForth(parentDir)

jshell> listDirectory(Path.of(parentDir))
$106 ==> [files-examples-dir/rename-dir/to-be-renamed.txt]
```

9.1.7 Löschen

Wir beginnen die Besprechung des Löschens mit ein paar Vorarbeiten, nämlich dem initialen Anlegen eines im Anschluss zu entfernenden Verzeichnisses und ebensolcher zweier Dateien:

```
jshell> var dirName = "dir-to-be-deleted"
dirName ==> "dir-to-be-deleted"

jshell> Files.createDirectory(Path.of(dirName))
$17 ==> dir-to-be-deleted

jshell> Files.createFile(Path.of(dirName, "to-be-deleted-1.txt"))
$18 ==> dir-to-be-deleted/to-be-deleted-1.txt

jshell> Files.createFile(Path.of(dirName, "to-be-deleted-2.txt"))
$19 ==> dir-to-be-deleted/to-be-deleted-2.txt
```

Löschen einer Datei – `delete()`

Eine Datei kann mit der Methode `delete()` entfernt (tatsächlich gelöscht und nicht nur in den Papierkorb bewegt) werden. Im Listing sehen wir das Löschen der ersten Datei. Zudem betrachten wir den Verzeichnisinhalt, um das Löschen nachzuvollziehen:

```
jshell> Files.delete(Path.of(dirName, "to-be-deleted-1.txt"))

jshell> listDirectory(Path.of(dirName))
$20 ==> [dir-to-be-deleted/to-be-deleted-2.txt]
```

Löschen eines (leeren) Verzeichnisses – `delete()`

Mit der Methode `delete()` lassen sich nicht nur Dateien löschen, sondern auch leere Verzeichnisse. Besitzt ein solches dagegen Inhalt, resultiert das in einer `java.nio.file.DirectoryNotEmptyException`.

Beginnen wir mit dem Löschen eines leeren Verzeichnisses, das wir direkt vor dem Löschen anlegen:

```
jshell> Files.createDirectory(Path.of(dirName, "new_and_empty"))
$21 ==> dir-to-be-deleted/new_and_empty

jshell> listDirectory(Path.of(dirName))
$22 ==> [dir-to-be-deleted/to-be-deleted-2.txt, dir-to-be-deleted/
        new_and_empty]
```

Jetzt rufen wir das Löschen auf und überprüfen dies durch eine Auflistung des übergeordneten Verzeichnisses:

```
jshell> Files.delete(Path.of(dirName, "new_and_empty"))

jshell> listDirectory(Path.of(dirName))
$23 ==> [dir-to-be-deleted/to-be-deleted-2.txt]
```

Löschen eines nicht leeren Verzeichnisses

Wie gerade erwähnt und auch gezeigt, kann man mit `delete()` nur leere Verzeichnisse löschen. Das ist manchmal unpraktisch. Um Verzeichnisse trotz Inhalt sauber löschen zu können, bedarf es einer eigenen Implementierung, die für Verzeichnisse rekursiv deren Inhalt abarbeitet und sich dazu selbst aufruft. Schließlich ist am Ende der Methode sichergestellt, dass das jeweilige Verzeichnis leer ist, und dann wird das `Path`-Objekt gelöscht. Das funktioniert ebenfalls so für einzelne Dateien:

```
jshell> void deleteDir(Path toBeDeleted) throws IOException
   ...> {
   ...>     if (Files.isDirectory(toBeDeleted))
   ...>     {
   ...>         try (var content = Files.list(toBeDeleted))
   ...>         {
   ...>             for (var currentPath : content.toList())
   ...>             {
   ...>                 deleteDir(currentPath);
   ...>             }
   ...>         }
   ...>     }
   ...>     Files.delete(toBeDeleted);
   ...> }
|  created method deleteDir(Path)
```

Schauen wir uns an, wie wir diese Funktionalität einsetzen können. Unser Verzeichnis `dir-to-be-deleted` enthält noch Dateien und lässt sich mit der obigen Methode `deleteDir()` problemlos löschen:

```
jshell> deleteDir(Path.of("dir-to-be-deleted"))

jshell> listDirectory(Path.of("dir-to-be-deleted"))
|  Exception java.nio.file.NoSuchFileException: dir-to-be-deleted
```

Das würde ebenfalls gelten, wenn im Verzeichnis weitere Unterverzeichnisse, auch verschachtelt, existieren würden.

10 Fehlerbehandlung mit Exceptions

Jedes etwas komplexere Programm muss mit gewissen Fehlersituationen umgehen können. Es erfordert immer ein wenig an Mehrarbeit und zusätzliche Zeilen Sourcecode, um adäquat auf unerwartete Situationen reagieren oder Fehler abfangen zu können. Dieser Aufwand ist allerdings erforderlich, um für stabile und verlässliche Software zu sorgen.

Zur Behandlung von Fehlern oder außergewöhnlichen Situationen bieten moderne Programmiersprachen mit Exceptions die Möglichkeit zur Verarbeitung von Fehlerzuständen. Das sind spezielle Sprachkonstrukte, um den Nutzcode und die Verarbeitung von Fehlerzuständen besser voneinander zu trennen. Insbesondere ist es möglich, Exceptions an die aufrufende Methode weiterzureichen, falls man an der betreffenden Stelle nicht in der Lage ist, den Fehler angemessen zu behandeln.

10.1 Schnelleinstieg

Bei der Ausführung von Java-Programmcode können verschiedene Fehler auftreten, beispielsweise aufgrund falscher Eingaben, nicht existierender Dateien oder anderer unerwarteter Rahmenbedingungen.

Zur Signalisierung einer Fehlersituation kann eine Exception entweder durch Java intern oder durch den Programmierer ausgelöst werden. Dabei wird ein zum Fehler korrespondierendes `Exception`-Objekt (oftmals mit Namensendung `Exception`) erzeugt und diesem eine Fehlermeldung mitgegeben. Das ist nachfolgend für eine Umwandlung zweier Texte in eine Ganzzahl gezeigt:

```
jshell> Integer.valueOf("7271")
$16 ==> 7271

jshell> Integer.valueOf("ERROR")
|  Exception java.lang.NumberFormatException: For input string: "
     ERROR"
|        at NumberFormatException.forInputString (
     NumberFormatException.java:67)
|        at Integer.parseInt (Integer.java:660)
|        at Integer.valueOf (Integer.java:991)
|        at (#17:1)
```

Während die Umwandlung in eine Ganzzahl bei textuell angegebenen Ziffern problemlos möglich ist, führt der Aufruf für den Text `ERROR` (selbstverständlich) zu einem Problem. Das resultiert in einem Programmabbruch und produziert einen sogenannten ***Stacktrace***, eine Protokollierung der Aufrufe der beteiligten Methoden bis zur fehlerhaften Programmstelle. Dort sehen wir, dass es zu einer in Java vordefinierten `java.lang.NumberFormatException` kommt. Falls diese Ausführung nicht in der JShell, sondern in einem Java-Programm erfolgt, würden mögliche Programmzeilen nach dem fehlerhaften Umwandlungsversuch nicht mehr ausgeführt.

Tatsächlich sind Exceptions nichts anderes als normale Java-Objekte, die spezifische Informationen über Fehlerzustände bereitstellen. Die Idee ist, dass basierend darauf an anderer Stelle die Behandlung des Fehlers stattfinden kann.

Wichtige vordefinierte Exception-Typen

Bereits im Verlauf des Buchs und gerade eben haben wir gesehen, dass Java auf Fehlersituationen mit dem Auslösen von Exceptions reagiert. Dabei gibt es für verschiedene Arten von Problemen jeweils passende Typen von Exceptions. Fünf recht gebräuchliche vordefinierte Exception-Typen sind diese:

- `ArrayIndexOutOfBoundsException` – Eine fehlerhafte Positionsangabe beim Array-Zugriff löst dies Art von Exception aus.

- `IllegalArgumentException` – Damit können falsche Belegungen von Parametern ausgedrückt werden.
- `IllegalStateException` – Sind benötigte Daten nicht korrekt initialisiert, so kann dies über eine `IllegalStateException` kommuniziert werden.
- `NullPointerException` – Sind Eingabewerte `null`, so bietet es sich an, darauf mit einer `NullPointerException` zu reagieren.
- `UnsupportedOperationException` – Auf eine fehlende Implementierung lässt sich mittels dieses Typs von Exception hinweisen.

10.1.1 Fehlerbehandlung

Mitunter können Programme sinnvoll fortgeführt werden, obwohl eine Fehlersituation aufgetreten ist. Dazu bedarf es in der Regel einer dem Problem angepassten Fehlerbehandlung. Mit dem Exception Handling lässt sich potenziell ein Fehler auslösender Sourcecode von Fehler behandelndem Sourcecode trennen.

Fehlerbehandlung mit `try` und `catch`

Fehlersituationen lassen sich mit folgender strukturellen Aufteilung verarbeiten, wobei, wie angedeutet, mehrere `catch`-Blöcke möglich sind – Details folgen in Kürze.

```
try
{
    // Hier können Exceptions auftreten
}
catch (Exception-Typ1 ex1)
{
    // Hier können Fehlersituationen behandelt werden
}
catch (Exception-Typ2 ex2)
{
    // Hier können Fehlersituationen behandelt werden
}
```

Im `try`-Block stehen diejenigen Anweisungen, die potenziell Fehler verursachen, getreu dem Motto »Give it a try – Versuch mal, ob es funktioniert«. Wenn dann ein Fehler auftritt, kann dieser durch einen `catch`-Block behandelt werden. Dazu notiert man im `catch`-Block den Sourcecode, der zur Fehlerbehandlung ausgeführt werden soll. Wenn ein Fehler auftritt, dann wird die Programmausführung gestoppt und der passende `catch`-Block abgearbeitet. Welche Art von Problem zu behandeln ist und welcher `catch`-Block angesprungen werden soll, wird durch den Typ der Exception bestimmt. Weil Exceptions normale Objekte sind, können dort auch weitere Informationen zum Problem (textuelle Beschreibung/Fehlermeldung, Fehlerursache, ...) bereitgestellt und zur Auswertung verwendet werden.

Passender `catch`-Block Betrachten wir als Beispiel das Ermitteln eines Zahlenwerts aus einer textuellen Angabe. Wir beginnen mit dem Fall, dass alles so weit korrekt ist:

```
jshell> try
   ...> {
   ...>     int result = Integer.parseInt("7271");
   ...>     System.out.println("parsing returned " + result);
   ...> }
   ...> catch (NumberFormatException ex)
   ...> {
   ...>     System.out.println("can't parse to integer");
   ...> }
parsing returned 7271
```

Weil sich die textuelle Angabe von 7271 problemlos in die korrespondierende Zahl wandeln lässt, wird hier keine Exception ausgelöst und der `catch`-Block demzufolge nicht ausgeführt. Stattdessen werden alle Anweisungen des `try`-Blocks abgearbeitet.

Um die Fehlerbehandlung beim Ermitteln eines Zahlenwerts aus einer textuellen Angabe in Aktion zu erleben, wird hier bewusst erneut der unsinnige Wert `ERROR` übergeben:

```
jshell> try
   ...> {
   ...>     int result = Integer.parseInt("ERROR");
   ...>     System.out.println("parsing returned " + result);
   ...> }
   ...> catch (NumberFormatException ex)
   ...> {
   ...>     System.out.println("can't parse to integer");
   ...> }
can't parse to integer
```

Wie erwartet, kann der Wert `ERROR` nicht in eine Ganzzahl gewandelt werden, was eine `NumberFormatException` auslöst. Das wiederum stoppt die Ausführung der Anweisungen im `try`-Block und springt den passenden `catch`-Block an. Folglich wird nicht wie zuvor `parsing returned ...`, sondern die folgende Fehlermeldung ausgegeben:

```
can't parse to integer
```

Unpassender `catch`-Block Die gerade gezeigte Verarbeitung eines möglichen Umwandlungsfehlers war recht eingängig. Wir könnten uns fragen, was eigentlich geschieht, wenn kein passender `catch`-Block existiert, etwa wie folgt:

```
jshell> try
   ...> {
   ...>     Integer.valueOf("ERROR");
   ...> }
   ...> catch (IllegalStateException ex)
   ...> {
   ...>     System.out.print("Illegal state");
   ...> }
|  Ausnahme java.lang.NumberFormatException: For input string: "
      ERROR"
|        at NumberFormatException.forInputString (
      NumberFormatException.java:67)
|        at Integer.parseInt (Integer.java:661)
|        at Integer.valueOf (Integer.java:988)
|        at (#6:3)
```

Wenn obige Programmzeilen ausgeführt werden, kommt es also wie zuvor zu einer `NumberFormatException`. Jedoch existiert im Beispiel dafür kein passender `catch`-Block und somit kann keine korrekte Behandlung erfolgen. Dann wird die Fehlersituation wie im einleitenden Beispiel bis zum aufrufenden Programmteil weiterpropagiert und die Verarbeitung schließlich mit einem Stracktrace abgebrochen.

Rekapitulation Im gezeigten Beispiel wird erneut Folgendes deutlich: Tritt bei der Abarbeitung der Anweisungen des `try`-Blocks ein Fehler auf, der eine Exception auslöst, so stoppt die Verarbeitung der Anweisungen im `try`-Block. Es wird direkt ein auf die Exception ausgelegter `catch`-Block angesprungen – sofern ein solcher existiert.

Was wir hier nicht erkennen, aber uns vergegenwärtigen sollten, ist folgende Abarbeitung: Gibt es keinen auf den Typ der Exception passenden `catch`-Block, so wird die Exception so lange an die aufrufenden Methoden weitergegeben (propagiert), bis entweder ein passender `catch`-Block gefunden oder die `main()`-Methode bzw. die ausführende JShell erreicht wird und damit die Programmausführung stoppt

Auf mehrere Exceptions reagieren Wie schon kurz angedeutet, können mehrere `catch`-Blöcke existieren, die zu verschiedenen Fehlersituationen korrespondieren und jeweils andere Typen von Exceptions behandeln. Bei Auftreten eines Fehlers wird der Typ der ausgelösten Exception mit den Angaben in den `catch`-Blöcken abgeglichen und der Block gewählt, der mit dem Typ der Exception inklusive Basistypen (am besten) übereinstimmt. Dabei werden die Blöcke in der Reihenfolge ihrer Deklaration durchgegangen, also von oben nach unten, und der erste, der passt, gewinnt. Alle anderen Blöcke werden nicht ausgeführt.

Nachfolgend forcieren wir zunächst einige `NumberFormatExceptions` aufgrund der fehlschlagenden Umwandlung eines Strings in einen `int`. Schließlich kommt es dann zu zwei Fehlern beim indizierten Zugriff in Form von `ArrayIndexOutOfBoundsExceptions`, weil nur drei Werte existieren und es keine Einträge für die Position 3 und 4 (0-basiert) gibt und diese somit ungültig sind:

```
public static void main(final String[] args)
{
    var names = List.of("Tim", "Tom", "Mike");

    for (int i = 0; i < 5; i++)
    {
        try
        {
            int value = Integer.valueOf(names.get(i));
        }
        // Multi Catch
        catch (NumberFormatException | ArithmeticException ex)
        {
           System.out.println("can't parse to integer");
        }
        catch (ArrayIndexOutOfBoundsException aioobe)
        {
            System.out.println("wrong index");
        }
    }
}
```

Im Listing werden zwei Exception-Typen |-separiert angegeben. Dies wird ***Multi Catch*** genannt und erlaubt es, mehrere unterschiedliche Fehlersituationen gleich zu verarbeiten.

Bei der Ausführung erhalten wir folgende Ausgaben:

```
can't parse to integer
can't parse to integer
can't parse to integer
wrong index
wrong index
```

Benennung der Exception-Variablen in der Praxis

Oftmals verwendet man fu?r die Benennung der Exception-Variablen einfache Abkürzungen wie `e` oder `ex`. Es ist auch gebräuchlich, deren Namen aus den Anfangsbuchstaben der Teilworte zusammenzusetzen – oben `aioobe` für `ArrayIndexOutOfBoundsException`, manchmal auch kürzer `aiobe`. Ebenso findet man `ioe` für `IOExcpetion`.

Einschub: Typen von Exceptions

Einleitend erwähnte ich, dass Exceptions normale Java-Objekte sind. Was sie besonders macht, ist ihre Basisklasse `Exception` bzw. `RuntimeException`. Beide stellen spezifische Informationen über Fehlerzustände bereit, insbesondere den Stacktrace.

Warum gibt es zwei Basistypen und was unterscheidet diese? Für die nachfolgenden Abschnitte benötigen wir ein wenig Basiswissen zum besseren Verständnis. In Java unterscheidet man zur Behandlung von Fehlersituationen zwischen Checked Exceptions und Unchecked Exceptions.

- ***Checked Exceptions*** besitzen den Basistyp `Exception` und zeigen einem Aufrufer mit `throws` in der Methodensignatur an, dass Fehlersituationen zu erwarten und mit einem `catch`-Block zu behandeln sind.
- ***Unchecked Exceptions*** besitzen dem Basistyp `RuntimeException`. Eine Behandlung ist für diese nicht zwingend erforderlich – aber möglich, und man kann diese normal mit einem `catch`-Block behandeln.

Unchecked Exceptions Bislang haben wir uns mit Unchecked Exceptions, wie `ArrayIndexOutOfBoundsException`, `IllegalArgumentException` oder `NumberFormatException` beschäftigt, die oftmals dazu verwendet werden, schwerwiegende Programmierprobleme oder unerwartete Situationen auszudrücken, etwa zur Signalisierung ungültiger Parameterwerte in Form einer `IllegalArgumentException`. Daher ist das Verarbeiten mit einem `catch`-Block eher ungewöhnlich.

Für die vorherigen Beispiele war der Einsatz trotzdem hilfreich, um das prinzipielle Vorgehen verdeutlichen zu können.

Checked Exceptions Diese Typen von Exceptions müssen behandelt werden:

- Entweder mit einem passenden `catch`-Block, wenn eine derartige Fehlersituation potenziell in einem `try`-Block auftreten kann.

- Oder anstelle eines `catch`-Blocks ist es alternativ erlaubt, die Exception weiterzupropagieren, für den Fall, dass man innerhalb einer Methode nicht sinnvoll auf die Fehlersituation reagieren kann. Dann muss die Exception mit dem Schlüsselwort `throws` in der Methodensignatur angegeben werden. Das sichert ab, dass Aufrufer entweder selbst aktiv mit einem `catch`-Block darauf reagieren oder ansonsten automatisch eine Propagation an weitere aufrufende Methoden erfolgt mit einer Kennzeichnung mit `throws` in der Methodensignatur.

Schauen wir uns zwei Varianten an: Um auf eine Checked Exception zu reagieren, hier für `IOException` am Beispiel der Methode `Files.list(currentDir)` aus dem JDK gezeigt, sind eigentlich noch weitere Dinge, wie Ressourcenfreigaben, zu beachten (vgl. Abschnitt 10.1.5). Hier konzentrieren wir uns aber auf die Behandlung der `IOException`. Das geschieht entweder mithilfe eines `catch`-Blocks an Ort und Stelle

```
void printDir(Path currentDir)
{
    try
    {
       Stream<Path> dirContent = Files.list(currentDir)
       // ...
    }
    // Behandlung an Ort und Stelle
    catch (IOException ioe)
    {
        handleIOException(ioe);
    }
}
```

oder man überlässt die Behandlung einem möglichen Aufrufer, indem `throws` in der Methodensignatur aufgeführt wird:

```
void printDir(Path currentDir) throws IOException
{
    // Keine Behandlung => throws zur Propagation nutzen
    Stream<Path> dirContent = Files.list(currentDir)
    // ...
}
```

Unspezifisches Exception Handling

Es ist möglich, aber oftmals wenig hilfreich, ein allgemeines Exception Handling nur mit `catch (Exception ex)`, also mit Angabe des allgemeinsten Exception-Typs, wie folgt zu schreiben:

```
jshell> var names = List.of("Tim", "Tom", "Mike");
names ==> [Tim, Tom, Mike]

jshell> try
   ...> {
   ...>     System.out.println("INVALID INDEX: " + names.get(42));
   ...> }
   ...> catch (Exception ex)
   ...> {
   ...>     System.out.println("an unspecified error occurred");
   ...> }
an unspecified error occurred
```

Bitte beachten Sie, dass `RuntimeException` von `Exception` abgeleitet ist. Wenn eine Exception diesen spezifischeren Typ besitzt, ist sie automatisch eine Unchecked Exception. Somit behandelt ein `catch (Exception ex)` alle möglichen Exceptions.

Aber warum ist ein derartiges unspezifisches Exception Handling nicht empfehlenswert? Mit der gezeigten Art lassen sich Fehlersituationen nicht unterscheiden und somit kann man nicht adäquat auf unterschiedliche Probleme reagieren. Nur selten ist diese Form der Fehlerbehandlung daher sinnvoll.

Der letzte Wille – abschließende Aktionen und der `finally`-Block

Es verbleibt die Besprechung des `finally`-Blocks. Dieser ist optional und seine Anweisungen werden immer dann ausgeführt, wenn der `finally`-Block vorhanden ist – also egal, ob zuvor im `try`-Block ein Fehler aufgetreten ist oder nicht. Sinnvoll kann man den `finally`-Block nutzen, um auf jeden Fall benötigte Aufräumarbeiten durchzuführen – im Speziellen auch dann, wenn eine Exception ausgelöst wurde, für die kein passender `catch`-Block existiert. Schauen wir uns den Aufbau von `try`-`catch` und `finally` an:

```
try
{
   // Hier können Exceptions auftreten
}
catch (Exception ex)
{
   // Hier werden Exceptions abgearbeitet, sofern der catch-Block
   // vorhanden ist. Ansonsten muss die Exception in der Methoden-
   // signatur aufgeführt werden, falls es eine Checked Exception
         ist.
}
finally
{
   // Wird immer durchlaufen, ist allerdings optional
}
```

Betrachten wir ein konkretes, allerdings recht künstliches Beispiel:

```
jshell> var names = List.of("Tim", "Tom", "Mike");
names ==> [Tim, Tom, Mike]

jshell> try
   ...> {
   ...>     System.out.println("INVALID INDEX: " + names.get(42));
   ...> }
   ...> catch (ArrayIndexOutOfBoundsException aioobe)
   ...> {
   ...>     System.out.println("wrong index");
   ...> } finally {
   ...>     System.out.println("ALWAYS EXECUTED");
   ...> }
wrong index
ALWAYS EXECUTED
```

Besonderheit: Kein `catch` Sofern `finally` angegeben ist, muss das `catch` nicht unbedingt angegeben werden – eins von beiden ist aber immer erforderlich:

```
try
{
    // Hier können Exceptions auftreten
}
finally
{
    // Wird immer durchlaufen, ist ohne catch erforderlich
}
```

Wenn kein `catch`-Block existiert, wird zwar der `finally`-Block ausgeführt, allerdings fehlt das Exception Handling. Somit wird die Exception weitergereicht und das Programm gegebenenfalls abgebrochen – Abschnitt 10.1.4 behandelt das später detaillierter.

Schauen wir uns an, wie sich das auf das vorherige Beispiel auswirkt. Dazu wurde der `catch`-Block entfernt:

```
jshell> var names = List.of("Tim", "Tom", "Mike")
names ==> [Tim, Tom, Mike]

jshell> try
   ...> {
   ...>     System.out.println("INVALID INDEX: " + names.get(42));
   ...> }
   ...> finally
   ...> {
   ...>     System.out.println("ALWAYS EXECUTED");
   ...> }
ALWAYS EXECUTED
|  Ausnahme java.lang.ArrayIndexOutOfBoundsException: Index 42 out
      of bounds for length 3
|        at ImmutableCollections$ListN.get (ImmutableCollections.
      java:687)
|        at (#2:3)
```

Dabei kommt es zu obigen Ausgaben, die sowohl die Abarbeitung der Anweisung aus dem `finally`-Block und damit die Ausgabe von `ALWAYS EXECUTED` als auch nachfolgend die Protokollierung als Stacktrace und der `ArrayIndexOutOfBounds-Exception` sowie auch den Programmabbruch zeigen.

Besonderheit: Freigabe von Systemressourcen Bei Dateioperationen sollte man immer auch die Freigabe von Systemressourcen bedenken. Ein Beispiel ist das Schließen eines `BufferedReaders`, das ohne das hilfreiche und in Abschnitt 10.1.5 kurz besprochene Automatic Resource Management (ARM) nach folgendem Muster umgesetzt ist:

```
BufferedReader br = null;
try
{
    br = new BufferedReader(new FileReader(path));
    return br.readLine();
}
finally
{
    try
    {
        // unschönerweise kann close() eine Exception auslösen
        if (br != null)
            br.close();
    }
    catch (final IOException ioe)
    {
        // Für close() nicht sinnvoll behandelbar, ggf.
             Protokollierung
    }
}
```

Insbesondere wird durch den `finally`-Block sichergestellt, dass die Datei geschlossen und die damit belegten Systemressourcen wieder freigegeben werden.

10.1.2 Exceptions selbst auslösen – `throw`

Mittlerweile haben wir mehrmals gesehen, dass bei der Abarbeitung von Programmen in Fehlersituationen automatisch Exceptions ausgelöst werden. Gebräuchlich sind etwa die in Java vordefinierten Ausnahmetypen, wie `FileNotFoundException`, `ArrayIndexOutOfBoundsException` und `IllegalArgumentException`.

Aber auch wir als Programmierer können selbst Exceptions auslösen. Dazu dient das Schlüsselwort `throw` in Kombination mit einem Ausnahmetyp.

In der folgenden Methode prüfen wir die Gültigkeit des Parameters `value`. Falls der Wert kleiner oder größer als die Grenzwerte ist, lösen wir eine `IllegalArgumentException` aus – dabei könnte der Hinweis noch etwas informativer ausfallen:

```
jshell> void ensureValueInRange(int value, int lowerBound,
   ...>                                      int upperBound)
   ...> {
   ...>     if (value < lowerBound || value > upperBound)
   ...>         throw new IllegalArgumentException("out of bounds")
           ;
   ...> }
|  created method ensureValueInRange(int,int,int)
```

Experimentieren wir ein wenig. Der erste Aufruf ist erfolgreich, der zweite stellt jedoch einen Wertebereichsverstoß dar, der sich wie folgt auswirkt:

```
jshell> ensureValueInRange(5, 2, 7)

jshell> ensureValueInRange(7, 10, 100)
|  Exception java.lang.IllegalArgumentException: out of bounds
|        at ensureValueInRange (#21:4)
|        at (#23:1)
```

Im weiteren Verlauf lernen wir, wie wir eigene Typen von Exceptions definieren und mit Informationen zur Fehlerursache anreichern und wie das in der Praxis bei der Fehlersuche und -korrektur hilft.

Anmerkung

Hätten wir zur Signalisierung einer Fehlersituation eine Checked Exception, wie z. B. `IOException`, anstatt der hier verwendeten Unchecked Exception genutzt, so hätten wir das mit `throws` in der Methodensignatur aufführen müssen.

10.1.3 Eigene Exception-Typen definieren

In Java lassen sich eigene Typen von Exceptions, z. B. eine `CustomerNotFoundException`, definieren. Das ist immer dann nützlich, wenn man spezifischere Informationen zu möglichen Fehlersituationen bereitstellen möchte und die in Java vordefinierten Exceptions die Fehlersituation nicht adäquat beschreiben würden. Zur Definition eigener Exception-Typen kann man auf die Basistypen `Exception`, somit Checked Exception, und `RuntimeException`, damit Unchecked Exception, zurückgreifen.

Erste Variante einer eigenen Exception

Die `CustomerNotFoundException` basiert auf `Exception` und wird damit zu einer Checked Exception, die entsprechend in Methodensignaturen hinter `throws` aufgeführt oder aber passend mit `catch (CustomerNotFoundException cnfe)` behandelt werden muss.

```
public class CustomerNotFoundException extends Exception
{
    public CustomerNotFoundException(String message)
    {
        super(message);
    }

    public CustomerNotFoundException(String message, Throwable
            throwable)
    {
        super(message, throwable);
    }
}
```

Im Fehlerfall trägt diese Exception leider wenig zum Verständnis der Fehlersituation bei, natürlich einmal von dem sprechenden Namen abgesehen. Wie macht man es besser?

Verbesserte Variante einer eigenen Exception

Sinnvoller als eine derart pure Exception ohne eigene Attribute ist es, weitere Informationen in Form von Attributen bereitzustellen. In unserem Fall einer `CustomerNotFoundException` wären dies etwa die Id sowie der Name des Kunden. Diese Werte erhält man während der Konstruktion. Außerdem implementieren wir die `toString()`-Methode, um die Protokollierung des Fehlerzustands auf der Konsole lesbar zu gestalten:

```
public class CustomerNotFoundException extends Exception
{
    private final String customerId;
    private final String customerName;

    public CustomerNotFoundException(final String customerId,
                                     final String customerName)
    {
        this.customerId = customerId;
        this.customerName = customerName;
    }

    @Override
    public String toString()
    {
        return String.format("customer with id=%s and " +
                             "name=%s not found",
                             customerId, customerName);
    }
}
```

10.1.4 Exceptions propagieren – throws

Betrachten wir die Propagation von Exceptions. Wir wissen bereits Folgendes: Wird eine Exception ausgelöst und wird diese nicht durch ein passendes `catch` behandelt, so wird sie die Aufrufkette der Methoden entlang hochgereicht, bis sie entweder behandelt wird oder aber in der `main()`-Methode zu einem Programmabbruch führt. Schauen wir uns ein simples Beispiel an:

```
public class ExceptionPropagation
{
    public static void main(final String[] args)
    {
        func1();
    }

    static void func1()
    {
        func2();
    }

    static void func2()
    {
        throw new IllegalStateException("propagate me");
    }
}
```

Das produziert in etwa folgende Ausgaben, die die Aufrufkette rückwärts zeigen, also von der Fehlerstelle bis hin zur `main()`-Methode: Fehlerstelle in `func2()` → `func1()` → `main()`:

```
Exception in thread "main" java.lang.IllegalStateException:
      propagate me
    at ch11_exceptions.ExceptionPropagation.func2(
        ExceptionPropagation.java:16)
    at ch11_exceptions.ExceptionPropagation.func1(
        ExceptionPropagation.java:11)
    at ch11_exceptions.ExceptionPropagation.main(
        ExceptionPropagation.java:7)
```

Besonderheit bei Checked Exception Wenn die ausgelöste Exception eine Checked Exception ist, dann muss man die Möglichkeit des Auftretens in der Methodensignatur angeben:

```
public class ExceptionPropagation2
{
    static class OwnCheckException extends Exception
    {
    }

    public static void main(String[] args) throws OwnCheckException
    {
        func1();
    }

    static void func1() throws OwnCheckException
    {
        func2();
    }

    static void func2() throws OwnCheckException
    {
        throw new OwnCheckException();
    }
}
```

Das produziert in etwa folgende Ausgaben, die die Aufrufkette rückwärts zeigen, also von der Fehlerstelle bis hin zur `main()`-Methode: Fehlerstelle in `func2()` → `func1()` → `main()`:

```
Exception in thread "main" ch11_exceptions.
      ExceptionPropagation2$OwnCheckException
    at ch11_exceptions.ExceptionPropagation2.func2(
          ExceptionPropagation2.java:21)
    at ch11_exceptions.ExceptionPropagation2.func1(
          ExceptionPropagation2.java:16)
    at ch11_exceptions.ExceptionPropagation2.main(
          ExceptionPropagation2.java:11)
```

10.1.5 Automatic Resource Management (ARM)

Im Nachgang von I/O-Operationen sollten normalerweise Aufräumarbeiten erfolgen. Diese werden durch die dazu notwendigen `try-catch`-Blöcke oftmals recht umfangreich und unleserlich. Praktischerweise bietet Java für diese Aufgaben ein automatisches Ressourcenmanagement. Dieses entlastet den Entwickler von manuellen Aufräumarbeiten und hilft dabei, weniger Fehler zu machen.

Beispiel

Betrachten wir als Beispiel die Ausgabe eines Verzeichnisses. Dazu setzen wir die Utility-Klasse `Files` ein. Die Auflistung eines Verzeichnisinhalts mithilfe von `Files.list(currentDir)` belegt Systemressourcen, die per `close()` wieder geschlossen werden sollten. Herkömmlich ohne ARM schreibt man diese manuellen Aufräumarbeiten wie folgt:

```
// I/O ohne ARM
void printDirectory(Path currentDir, int level) throws IOException
{
    Stream<Path> dirContent = null;
    try
    {
        dirContent = Files.list(currentDir);
        for (Path path : dirContent.toList())
        {
            System.out.print("    ".repeat(level));
            System.out.println(path.getFileName());
            if (Files.isDirectory(path))
            {
                printDirectory(path, level + 1);
            }
        }
    }
    finally
    {
        // Manuelle Aufräumarbeiten werden durch ARM überflüssig
        if (dirContent != null)
            dirContent.close();
    }
}
```

Zur Aktivierung des ARM muss die Verarbeitung in einem speziellen `try`-Block mit runden Klammern und mit der Angabe der später freizugebenden Ressourcenvariablen erfolgen:

```
void printDirectory(Path currentDir, int level) throws IOException
{
    // Spezielle Angabe der Ressourcenvariablen
    try (Stream<Path> dirContent = Files.list(currentDir))
    {
        for (Path path : dirContent.toList())
        {
            System.out.print("    ".repeat(level));
            System.out.println(path.getFileName());
            if (Files.isDirectory(path))
            {
                printDirectory(path, level + 1);
            }
        }
    }
}
```

Für jede in den runden Klammern des `try`-Blocks angegebene Variable wird beim Verlassen des `try`-Blocks *automatisch* die Methode `close()` aufgerufen. Deshalb müssen die dort verwendeten Typen der Variablen das Interface `java.lang.AutoCloseable` erfüllen.

Die Themengebiete Fehlerbehandlung mit Exceptions und I/O können in diesem Buch nur überblicksartig vorgestellt werden. Für weitere Details konsultieren Sie bitte mein Buch »Der Weg zum Java-Profi« [1].

11 Datumsverarbeitung

In Java werden mittlerweile eine Vielzahl praktischer Funktionalitäten zur Datumsverarbeitung geboten. Darunter befindet sich die technisch motivierte, aber für Menschen wenig intuitive Maschinenzeit, die linear voranschreitet. Diese wird durch die Klasse `java.time.Instant` modelliert, die einen Zeitpunkt in Nanosekunden seit dem 1.1.1970 repräsentiert. Besser zur menschlichen Denkweise passen beispielsweise die Klassen `LocalDate`, `LocalTime` und `LocalDateTime`, die Datumswerte ohne Zeitzonen in Form eines Datums, einer Zeit sowie einer Kombination daraus repräsentieren.

11.1 Schnelleinstieg

Zum Zugriff auf die eingebauten Klassen zur Datumsverarbeitung müssen wir das Package `java.time` importieren. Dort finden sich diverse Datums- und Zeitklassen, z. B. `LocalDate`. Beginnen wollen wir mit den zwei grundlegenden Aufzählungen `DayOfWeek` und `Month`.

11.1.1 Die Aufzählungen `DayOfWeek` und `Month`

Der Einsatz von Aufzählungen sorgt in der Regel für gute Lesbarkeit und vermeidet Fehler, weil man typsichere Konstanten anstelle von Magic Numbers verwenden kann, also beispielsweise den Monat Februar nicht als Zahlenwert 2, sondern als `Month.February` repräsentiert. Darüber hinaus sind Berechnungen mit den Aufzählungstypen möglich. Nachfolgend demonstriere ich dies, indem ich durch Aufruf von `plus()` zu einem Sonntag 5 Tage hinzuaddiere und zum Februar 13 Monate. Wie erwartet, landet man an einem Freitag bzw. im März:

```
jshell> import java.time.*

jshell> DayOfWeek sunday = DayOfWeek.SUNDAY
sunday ==> SUNDAY

jshell> Month february = Month.FEBRUARY
february ==> FEBRUARY

jshell> sunday.plus(5)
$75 ==> FRIDAY

jshell> february.plus(13)
$76 ==> MARCH
```

Monatslänge – `length()`

Ab und an muss man die Anzahl der Tage eines Monats ermitteln. Dazu existiert die Methode `length()` im Enum `Month`, der man über einen booleschen Parameter mitgeben muss, ob es sich um ein Schaltjahr handelt. Wie wir das ermitteln, schauen wir uns gleich nach dem Beispiel an:

```
jshell> Month.FEBRUARY.length(false)
$227 ==> 28

jshell> Month.FEBRUARY.length(true)
$228 ==> 29

jshell> Month.MARCH.length(false)
$229 ==> 31

jshell> Month.MARCH.length(true)
$230 ==> 31
```

Wie erwartet, ändert sich die Länge des Februars von 28 auf 29 Tage abhängig davon, ob ein Jahr ein Schaltjahr ist. Die Länge vom März und den anderen Monaten bleibt erwartungskonform gleich.

Länge eines Jahrs – length()

Ebenso wie die Monatslänge kann die Länge des Jahrs von Interesse sein. Dabei hilft die Klasse `Year` und ihre Methode `length()`:

```
jshell> Year.of(2000).length()
$238 ==> 366

jshell> Year.of(2021).length()
$239 ==> 365
```

Schaltjahr – isLeap() und getValue()

Mitunter möchte man wissen, ob ein Jahr ein Schaltjahr ist. Auch dabei hilft die Klasse `Year`, die eine vordefinierte Prüfung in Form der Methode `isLeap()` auf Schaltjahre bietet:

```
jshell> Year.of(2000).isLeap()
$231 ==> true

jshell> Year.of(2021).isLeap()
$232 ==> false
```

Falls man die durch ein `Year` repräsentierte Jahreszahl wieder als Ganzzahl benötigt, lässt sich diese mit `getValue()` ermitteln:

```
jshell> Year.of(2023).getValue()
$14 ==> 2023
```

11.1.2 Die Klasse LocalDate

Wie eingangs erwähnt, hat die Darstellung von Zeitangaben in Millisekunden, die zwar hilfreich für die Verarbeitung mit Computern ist, nur sehr wenig mit der menschlichen Denkweise und der Orientierung im Zeitsystem zu tun. Menschen denken bevorzugt in Zeitabschnitten oder wiederkehrenden Datumsangaben, etwa 24.12. für Heiligabend, 31.12. für Silvester usw., also Datumsangaben ohne Uhrzeit und Jahr. Manchmal benötigt man »unvollständige Zeitangaben«, wie Uhrzeiten ohne Bezug zu einem Datum, etwa 18:00 Uhr Feierabend, oder als Kombination: dienstags und donnerstags 19 Uhr Karate-Training.

Die Klasse `LocalDate` repräsentiert eine Datumsangabe, bestehend aus Jahr, Monat und Tag ohne Zeitinformationen, etwa 23.11.2020. Die Klasse `LocalTime` modelliert eine Zeitangabe ohne Datumsangabe, z. B. 18:00 Uhr. Die Klasse `LocalDateTime` ist eine Kombination aus `LocalDate` und `LocalTime`. Auf die beiden gehe ich in Abschnitt 11.1.3 ein.

Aktuelles Datum / Werte abfragen – `now()` und `getDayOfWeek()`

Um das aktuelle Datum anzuzeigen, importieren Sie die Klasse `LocalDate` und verwenden ihre `now()`-Methode. Oftmals hilfreich ist die Ermittlung des Wochentags mit `getDayOfWeek()`:

```
jshell> import java.time.LocalDate

jshell> LocalDate now = LocalDate.now()
now ==> 2023-09-15

jshell> now.getDayOfWeek()
$71 ==> FRIDAY

jshell> now.getDayOfMonth()
$77 ==> 5

jshell> now.getDayOfYear()
$78 ==> 36
```

Datum als `LocalDate` – `of()` und `parse()`

Wichtiger als der aktuelle Zeitpunkt ist vielfach ein konkretes Datum. Dieses lässt sich entweder basierend auf den einzelnen Bestandteilen eines Datums in der Reihenfolge Jahr, Monat und Tag kommasepariert als Parameter von `of()` oder aber auf Basis einer textuellen Information (Jahr-Monat-Tag) wie folgt ermitteln – denken Sie an die Imports, am einfachsten `import java.time.*`:

```
jshell> LocalDate michasBirthday = LocalDate.of(1971,
   ...>                                          Month.FEBRUARY, 7)
michasBirthday ==> 1971-02-07

jshell> LocalDate sophiesBirthday = LocalDate.parse("2020-11-23")
sophiesBirthday ==> 2020-11-23
```

Wochentag und Tag – getDayOfWeek(), getDayOfMonth() und getDayOfYear()

Für ein als `LocalDate` gegebenes Datum kann man unter anderem den zugehörigen Wochentag sowie den Tag im Monat bzw. Jahr bestimmen. Dabei helfen die Methoden `getDayOfWeek()`, `getDayOfMonth()` und `getDayOfYear()`:

```
jshell> LocalDate sophiesBirthday = LocalDate.parse("2020-11-23")
sophiesBirthday ==> 2020-11-23

jshell> sophiesBirthday.getDayOfWeek()
$244 ==> MONDAY

jshell> sophiesBirthday.getDayOfMonth()
$245 ==> 23

jshell> sophiesBirthday.getDayOfYear()
$246 ==> 328
```

Monatslänge und Länge des Jahrs – lengthOfMonth() und lengthOfYear()

Zuvor hatten wir schon kennengelernt, wie wir die Länge eines Monats und eines Jahrs bestimmen. Das ist auch über spezielle Methoden in `LocalDate` möglich. Hierbei kann auf die zuvor benötigte Angabe der Schaltjahreigenschaft verzichtet werden, weil dies durch die Jahresinformation im `LocalDate` automatisch verfügbar ist.

```
jshell> LocalDate.now().lengthOfMonth()
$67 ==> 31

jshell> LocalDate.now().lengthOfYear()
$68 ==> 365
```

Einfache Datumsarithmetik – `plusYears()`, `plusMonths()` und `plusDays()`

Basierend auf einem `LocalDate` lässt sich einfache Datumsarithmetik mithilfe von `plusXyz()`- sowie `minusXyz()`-Methoden ausführen, beispielsweise `plusMonth()` zum Addieren von Monaten bzw. `minusDays()` zur Subtraktion von Tagen. Nachfolgend führen wir verschiedene Berechnungen aus. Zuerst springen wir 49 Jahren in die Zukunft, danach dann noch 10 Monate und schließlich springen wir 14 Tage zurück:

```
jshell> LocalDate michasBirthday = LocalDate.of(1971,
   ...>                                         Month.FEBRUARY, 7)
michasBirthday ==> 1971-02-07

jshell> michasBirthday.plusYears(49)
$39 ==> 2020-02-07

jshell> michasBirthday.plusYears(49).plusMonths(10)
$40 ==> 2020-12-07

jshell> michasBirthday.plusYears(49).plusMonths(10).minusDays(14)
$41 ==> 2020-11-23
```

Aufrufe kombinieren Wir können die Datumsarithmetik mit anderen Aufrufen kombinieren, um zu schauen, auf welchen Wochentag der Geburtstag des Autors nach 18 bzw. 50 Jahren fiel:

```
jshell> michasBirthday.plusYears(18).getDayOfWeek()
$187 ==> TUESDAY

jshell> michasBirthday.plusYears(50).getDayOfWeek()
$190 ==> SUNDAY
```

Ermittlung von Zeitdifferenzen – `until()`

Immer mal wieder benötigt man Informationen etwa über die Anzahl der Tage bis zum Quartalsende oder bis zum Jahresende. Dabei ist die Methode `until()` eine große Hilfe. Wir definieren den 10. Februar und den 31. März des Jahres 2023 sowie den 31.12.2023 als `LocalDate` und berechnen dann durch Aufruf von `until()` einige Zeitspannen:

```
jshell> LocalDate feb10th = LocalDate.parse("2023-02-10")
feb10th ==> 2023-02-10

jshell> LocalDate endOf1stQuarter = LocalDate.parse("2023-03-31")
endOf1stQuarter ==> 2023-03-31

jshell> Period timeDiffQuarter = feb10th.until(endOf1stQuarter)
timeDiffQuarter ==> P1M21D

jshell> LocalDate silvester23 = LocalDate.of(2023, 12, 31)
silvester23 ==> 2023-12-31

jshell> Period timeDiffSilvester = feb10th.until(silvester23)
timeDiffSilvester ==> P10M21D
```

Die Klasse `Period` In diesem Beispiel lernen wir eine weitere Klasse kennen, nämlich `Period`. Diese Klasse modelliert einen Zeitabschnitt größerer Dauer, beispielsweise »2 Monate« oder »3 Wochen«.

Das Beispiel und dessen Ausgaben verdeutlichen einiges über die Klasse `Period`: Zunächst ist da die etwas kryptische Stringrepräsentation, die der ISO 8601 folgt. Dabei ist `P` das Startkürzel (für Period) und dann stehen `Y` für Jahre, `M` für Monate und `D` für Tage. Als Besonderheit sind auch negative Offsets erlaubt, etwa `P-2M4D`.

Eine `Period` kann man nicht nur durch `until()` erhalten, sondern auch selbst erzeugen. Dazu bietet `Period` verschiedene `ofXyz()`-Methoden, etwa `ofMonths()`. Einer so erzeugten `Period` kann man dann mit `withXyz()` Zeitdauern anhängen, nachfolgend für zwei Monate und sieben Tage gezeigt:

```
jshell> Period twoMonthsSevenDays = Period.ofMonths(2).withDays(7)
twoMonthsSevenDays ==> P2M7D

jshell> feb10th.plus(twoMonthsSevenDays)
$251 ==> 2021-04-17
```

Zeitsprünge – plus(), minus() und with()

Für diverse Anwendungsfälle ist es wünschenswert, virtuelle Zeitsprünge ausführen zu können. Dabei hilft die Klasse `Period`, um Zeitdauern zu einem Datum hinzuzufügen oder davon abzuziehen. Nachfolgend sind diese Berechnungen für den 10. Februar 2023 und eine Zeitspanne von zwei Monaten und sieben Tagen gezeigt:

```
jshell> LocalDate feb10th = LocalDate.parse("2023-02-10")
feb10th ==> 2023-02-10

jshell> Period twoMonthsSevenDays = Period.ofMonths(2).withDays(7)
twoMonthsSevenDays ==> P2M7D

jshell> feb10th.plus(twoMonthsSevenDays)
$9 ==> 2023-04-17

jshell> feb10th.minus(twoMonthsSevenDays)
$10 ==> 2022-12-03
```

Gebräuchlicher ist es vermutlich, auf fixe Tage zu springen, also etwa vom aktuellen Tag auf den Anfang oder das Ende des Monats. Dabei hilft uns die Klasse `TemporalAdjusters` mit diversen Methoden. Exemplarisch schauen wir uns zunächst den Sprung an den Anfang und das Ende eines Monats an – bitte beachten Sie den statischen Import von `TemporalAdjusters`:

```
jshell> import static java.time.temporal.TemporalAdjusters.*

jshell> var michasBirthday = LocalDate.of(1971, Month.FEBRUARY, 7)
michasBirthday ==> 1971-02-07

jshell> LocalDate firstDayInFebruary =
   ...>           michasBirthday.with(firstDayOfMonth())
firstDayInFebruary ==> 1971-02-01

jshell> LocalDate lastDayInFebruary =
   ...>           michasBirthday.with(lastDayOfMonth())
lastDayInFebruary ==> 1971-02-28
```

Integration von LocalDate und Stream-API – datesUntil()

Die Klasse LocalDate bietet die Methode datesUntil(). Diese erzeugt einen Stream<LocalDate> zwischen zwei LocalDate-Instanzen – optional lässt sich eine Schrittweite vorgeben. Das klingt zunächst nicht weiter spektakulär, erlaubt es uns aber, verschiedene Berechnungen recht elegant zu formulieren, insbesondere weil wir die Möglichkeiten des Stream-APIs nutzen können. Eine Kurzeinführung bietet Abschnitt 8.3.[1]

Im nachfolgenden Beispiel verwenden wir den Geburtstag des Autors und den Heiligabend desselben Jahres zur Demonstration von Berechnungen mit der Methode datesUntil():

```
public static void main(final String[] args)
{
    var myBirthday = LocalDate.of(1971, Month.FEBRUARY, 7);
    var christmas = LocalDate.of(1971, Month.DECEMBER, 24);

    System.out.println("Day-Stream");
    Stream<LocalDate> daysUntil = myBirthday.datesUntil(christmas);
    daysUntil.skip(150).limit(4).forEach(System.out::println);

    System.out.println("\n3-Month-Stream");
    var monthsUntil = myBirthday.datesUntil(christmas,
                                            Period.ofMonths(3));
    monthsUntil.limit(3).forEach(System.out::println);
}
```

Führen wir das Programm aus, so wird ausgehend vom 7. Februar 1971 zunächst 150 Tage in die Zukunft gesprungen, wodurch man am 7. Juli 1971 landet. Dann werden vier Werte eines Streams von Tagen ausgegeben:

```
Day-Stream
1971-07-07
1971-07-08
1971-07-09
1971-07-10
```

[1] Für eine ausführliche Besprechung des mächtigen Stream-APIs möchte ich Sie an mein Buch »Der Weg zum Java-Profi« [1] verweisen.

Zudem zeigen die zweiten Ausgaben die Vorgabe einer Schrittweite, hier drei Monate. Ausgehend vom 7. Februar 1971 werden zusätzlich zu diesem Datum noch zwei Daten in die Zukunft aufgelistet:

```
3-Month-Stream
1971-02-07
1971-05-07
1971-08-07
```

11.1.3 Die Klassen `LocalTime` und `LocalDateTime`

Bereits zuvor hatte ich kurz angesprochen, dass mit der Klasse `LocalTime` eine Zeitangabe ohne Datumsangabe modelliert wird, z. B. 18:00 Uhr. Auch die Klasse `LocalDateTime` wurde als Kombination aus `LocalDate` und `LocalTime` erwähnt. Nun wollen wir ein paar Möglichkeiten kennenlernen.

Aktuelle Zeit (auch mit Datum) – `now()`

Um die aktuelle Uhrzeit (Stunde, Minute, Sekunde und Nanosekunde) anzuzeigen, importieren Sie die Klasse `LocalTime` und verwenden Sie deren Methode `now()`:

```
jshell> import java.time.*

jshell> LocalTime now = LocalTime.now()
now ==> 17:13:43.547120

jshell> LocalDateTime now = LocalDateTime.now()
now ==> 2023-09-15T17:13:50.846563

jshell> LocalTime fiveInTheAfternoon = LocalTime.parse("17:30:15")
fiveInTheAfternoon ==> 17:30:15

jshell> LocalTime atTen = LocalTime.of(10, 00, 00)
atTen ==> 10:00

jshell> LocalTime tenFifteen = atTen.plusMinutes(15)
tenFifteen ==> 10:15
```

```
jshell> LocalTime breakfastTime = tenFifteen.minusHours(2);
breakfastTime ==> 08:15
```

Ermittlung von Zeitdifferenzen – between()

Wenn man Informationen über die zeitliche Distanz zwischen zwei Zeitangaben benötigt, dann hilft die Methode `between()` aus der Klasse `java.time.Duration`. Ermitteln wir doch die Differenzen der drei Zeitpunkte vom Abschnitt zuvor. Dabei sehen wir, dass negative Zeitspannen durch ein Minuszeichen vor der jeweiligen Einheit korrekt abgebildet werden:

```
jshell> import java.time.Duration

jshell> Duration.between(atTen, tenFifteen)
$273 ==> PT15M

jshell> Duration.between(atTen, fiveInTheAfternoon)
$274 ==> PT7H30M15S

jshell> Duration.between(atTen, breakfastTime)
$275 ==> PT-1H-45M
```

Ergänzend erlaubt es die Klasse `Duration`, eine Zeitdauer in Nanosekunden festzulegen. Instanzen der Klasse `Duration` können durch Aufruf verschiedener Methoden konstruiert werden, z. B. aus Werten unterschiedlicher Zeiteinheiten:[2]

```
public static void main(final String[] args)
{
    // Erzeugung mit ofXyz()-Methoden
    System.out.println("From Nanos:    " + Duration.ofNanos(3));
    System.out.println("From Millis:   " + Duration.ofMillis(7));;
    System.out.println("From Seconds:  " + Duration.ofSeconds(15));
    System.out.println("From Minutes:  " + Duration.ofMinutes(30));
    System.out.println("From Hours:    " + Duration.ofHours(45));
    System.out.println("From Days:     " + Duration.ofDays(60));
}
```

[2] Zeiteinheiten mit variabler Länge, wie Monate, werden nicht unterstützt.

Führen wir das Programm aus, so kommt es zu den gezeigten Ausgaben, wobei im Speziellen folgende Dinge von Interesse sind: Zeitdifferenzen werden offenbar minimal in der Zeiteinheit Sekunden (allerdings mit Nachkommastellen) und maximal in der Zeiteinheit von Stunden abgebildet, wodurch für 60 Tage der Wert 1440 Stunden zustande kommt:

```
From Nanos:   PT0.000000003S
From Millis:  PT0.007S
From Secs:    PT15S
From Minutes: PT30M
From Hours:   PT45H
From Days:    PT1440H
```

Beim Betrachten dieser Ausgaben könnten wir durch die Stringrepräsentation von `Duration` irritiert sein. Diese mag zunächst etwas ungewöhnlich erscheinen. Sie folgt aber der Norm ISO 8601 und die Ausgabe startet immer mit dem Kürzel `PT`.[3] Danach folgen Sektionen für Stunden (`H`) und Minuten (`M`) sowie Sekunden (`S`). Sofern nötig, werden Millisekunden bzw. gar Nanosekunden als Dezimalzahl dargestellt.

Verarbeitung mit Zeitzonen

Neben der Klasse `LocalDateTime` zur Repräsentation von Datum und Uhrzeit ohne Zeitzonenbezug existiert eine Klasse `java.time.ZonedDateTime`. Dieser ist eine Zeitzone zugeordnet und bei Berechnungen werden nicht nur die Zeitzone, sondern auch die Auswirkungen von Sommer- und Winterzeit berücksichtigt.

Zeitzonen werden im JDK durch die Klasse `ZoneId` modelliert. Eine solche kann man basierend auf textuellen Zeitzonenkennungen durch Aufruf von `ZoneId.of(String)` ermitteln. Einen Überblick über alle Zeitzonen erhält man durch Aufruf von `ZoneId.getAvailableZoneIds()`. Für eine ausführliche Besprechung des mächtigen Datums-APIs möchte ich Sie an mein Buch »Der Weg zum Java-Profi« [1] verweisen.

[3] Laut `http://en.wikipedia.org/wiki/ISO_8601#Durations` ergibt sich dies aus der historischen Benennung Period, also `P`, und das `T` steht für Time.

12 Schlusswort

So, nun haben Sie es also bis zum Ende geschafft. Herzlichen Glückwunsch! Durch die Lektüre, vor allem aber das Nachvollziehen der Beispiele oder gar das Abwandeln, sollten Sie sich ein ziemlich gutes erstes Verständnis von Java erarbeitet haben. Sie sind mittlerweile vertraut mit vielen elementaren und wichtigen Programmkonstrukten wie Variablen, Bedingungen, Schleifen und einigem mehr. Mit dem gesammelten Wissen sollten sich erste Hobbyprojekte deutlich einfacher umsetzen lassen.

Je länger Sie mit Java entwickeln, desto mehr baut sich auch ein tieferes Verständnis auf. Wenn Sie dann Interesse haben, wie Sie das Programmieren auf das nächste Level heben können, oder an den Hintergründen und Zusammenhängen interessiert sind, lege ich Ihnen mein Buch »Der Weg zum Java-Profi« [1] wärmstens ans Herz. Es knüpft da an, wo dieses Buch nicht in die Tiefe gehen konnte, und stellt Ihnen eine Vielzahl weiterer Themengebiete rund um die Java-Entwicklung vor.

Haben Sie Freude am Programmieren mit Java gefunden und wollen sich an Aufgaben und Programmierrätseln versuchen, dann bietet mein Buch »Java Challenge« [2] ein reichhaltiges Angebot an unterhaltsamen Übungsaufgaben unterschiedlichster Schwierigkeitsstufen, die Ihre Java- und Programmierkenntnisse weiter ausbauen werden.

Hilfen im Internet

Wenn sich doch einmal eine Frage ergeben sollte, ist das Internet voll von Tutorials und Foren rund um die Java-Programmierung. Populär ist `https://stackoverflow.com/`. Viele Informationen bieten auch `https://www.baeldung.com/` und `http://tutorials.jenkov.com/`. Meistens bringt einen eine Google-Suche ein gutes Stück weiter, wenn man einmal ein Problem nicht selbst lösen kann.

Persönliche Bitte

Ein persönliches Anliegen habe ich noch zum Abschluss: Wenn Ihnen das Buch gefallen hat, dann machen Sie doch bitte ein wenig Werbung und sagen Sie es gerne weiter. Natürlich freue ich mich auch über eine positive Rezension bei Amazon.

Feedbacks, Verbesserungsvorschläge oder Erweiterungswünsche sind gerne gesehen. Senden Sie diese bitte per Mail an: `michael_inden@hotmail.com`.

Verbleibt nur noch eins: Haben Sie viel Freude mit dem Programmieren als wunderbarem Hobby. In dem Sinne: Happy Coding!

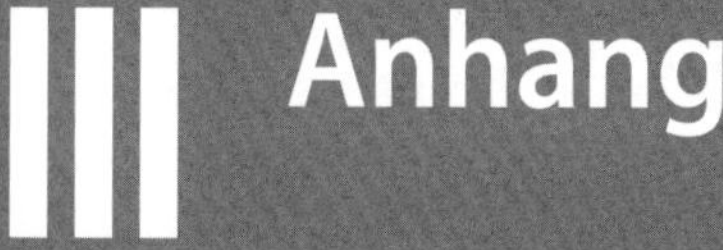
III Anhang

A Schlüsselwörter im Überblick

In Java existiert eine Reihe von Schlüsselwörtern, die reserviert sind und nicht als Bezeichner für Variablen, Methoden, Klassen oder anderes verwendet werden dürfen. Nachfolgend sind die Schlüsselwörter tabellarisch mitsamt einer kurzen Beschreibung aufgelistet.

Schlüsselwort	Beschreibung
`abstract`	Ein Zugriffsmodifier. Wird für Klassen und Methoden verwendet: Eine abstrakte Klasse dient zur Definition von allgemeinem Verhalten. Von einer abstrakten Klasse können keine Instanzen erstellt werden. Abstrakte Methoden geben Methoden vor, die in abgeleiteten Klassen implementiert werden müssen.
`assert`	Dient zum Aufstellen und Überprüfen von Behauptungen.
`boolean`	Datentyp für Wahrheitswerte
`break`	Beendet eine Schleife oder einen `case`-Block in einem `switch`.
`byte`	Datentyp für ganze Zahlen im Wertebereich von -128 bis +127
`case`	Repräsentiert einen Fall in einem `switch`.
`catch`	Dient zum Fangen von Exceptions.

Schlüsselwort	**Beschreibung**
`char`	Datentyp zum Speichern eines einzelnen Zeichens
`class`	Leitet die Definition einer Klasse ein.
`continue`	Überspringt die restlichen Anweisungen und führt die nächste Iteration (den Durchlauf) einer Schleife aus.
`default`	Definiert den Standardfall für `switch`. Ermöglicht in Interfaces die Bereitstellung einer Defaultmethode.
`do`	Bildet in Kombination mit `while` die do-while-Schleife.
`double`	Datentyp, der Gleitkommazahlen von 4,9e-324 bis 1,8e+308 modelliert.
`else`	Beschreibt den Alternativfall bei einem `if`, also in einer bedingten Anweisung.
`enum`	Definiert einen Aufzählungstyp.
`exports`	Exportiert ein Package aus einem Modul (siehe `module`).
`extends`	Drückt Vererbung aus.
`final`	Zugriffsmodifier, der für Klassen, Methoden, Attribute und Variablen verwendet wird, um sie unveränderlich zu machen (kein Vererben oder Überschreiben mehr möglich).
`finally`	Erlaubt es beim Behandeln von Exceptions, einen Codeblock zu definieren, der in jedem Fall ausgeführt wird, unabhängig davon, ob es zu einer Exception kam oder nicht.
`float`	Datentyp für Gleitkommazahlen von 1,4e-45 bis 3,4e+38
`for`	Erzeugt eine `for`-Schleife.

Schlüsselwort	Beschreibung
`goto`	*unbenutzt*
`if`	Erzeugt eine bedingte Anweisung.
`implements`	Gibt an, dass eine Klasse ein Interface implementiert.
`import`	Wird verwendet, um ein Package, eine Klasse oder ein Interface zu importieren.
`instanceof`	Prüft, ob ein Objekt eine Instanz einer bestimmten Klasse oder eines Interface ist.
`int`	Datentyp für Ganzzahlen im Wertebereich von -2147483648 bis +2147483647
`interface`	Dient zur Definition von Schnittstellen. Das sind Sammlungen von Methoden ohne Implementierung.
`long`	Datentyp für Ganzzahlen im Wertebereich von -9223372036854775808 bis 9223372036854775808
`module`	Deklariert ein Modul. Darunter versteht man eine in sich abgeschlossene Einheit von Klassen und Interfaces.
`native`	Erlaubt es, Methoden in anderen Programmiersprachen zu implementieren und in Java einzubinden.
`new`	Erzeugt neue Objekte.
`package`	Deklariert ein Package als Namensraum und zur Strukturierung für zusammengehörende Klassen und Interfaces.
`private`	Zugriffsmodifier, um Attribute und Methoden sowie Konstruktoren nur innerhalb der deklarierten Klasse zugreifbar zu machen.

Schlüsselwort	Beschreibung
`protected`	Zugriffsmodifier, um Attribute und Methoden sowie Konstruktoren nur im gleichen Package und in abgeleiteten Klassen zugreifbar zu machen.
`public`	Zugriffsmodifier, um Attribute und Methoden sowie Konstruktoren für alle Packages und Klassen zugreifbar zu machen.
`record`	Dient zur Definition einer einfachen Datenbehälterklasse.
`requires`	Spezifiziert benötigte Module innerhalb eines Moduls (siehe `module`).
`return`	Beendet die Ausführung einer Methode und liefert einen Rückgabewert.
`short`	Datentyp für Ganzzahlen im Wertebereich -32768 bis +32767
`static`	Zugriffsmodifier, der für Methoden und Attribute verwendet wird. Auf statische Methoden und Attribute kann zugegriffen werden, ohne ein Objekt einer Klasse erzeugen zu müssen.
`strictfp`	Sorgt dafür, dass die Genauigkeit und Rundung von Gleitkommaberechnungen bei der Ausführung von Java-Programmen auch auf unterschiedlichen Betriebssystemen gleich ablaufen.
`super`	Verweist auf Objekte der Oberklasse.
`switch`	Dient zur Implementierung von Fallunterscheidungen, die durch `case` spezifiziert sind.
`synchronized`	Zugriffsmodifier im Kontext von Multithreading, um gleichzeitige Zugriffe auszuschließen.

Schlüsselwort	Beschreibung
`this`	Verweist auf das aktuelle Objekt in einer Methode oder einem Konstruktor. Angabe ist wichtig, falls Parameter und Attribute gleich heißen, um diese auseinanderhalten zu können.
`throw`	Löst eine Exception aus.
`throws`	Gibt an, welche Exceptions potenziell von einer Methode und deren Anweisungen ausgelöst werden.
`transient`	Zugriffsmodifier, um Attribute von der Serialisierung auszuschließen.
`try`	Dient zum Absichern von Anweisungen und zum Formulieren eines `try`-`catch`-Blocks.
`void`	Gibt an, dass eine Methode keinen Rückgabewert haben soll.
`volatile`	Zugriffsmodifier im Kontext von Multithreading, der dazu führt, dass Daten nicht lokal zwischengespeichert, sondern immer mit dem Hauptspeicher abgeglichen werden.
`when`	Dient zur Angabe von Bedingungen in einem `case`.
`while`	Erzeugt eine `while`-Schleife.
`yield`	Rückgabe eines Werts aus einem `switch`-Block.

Reservierte Wörter

Es sei noch auf Folgendes hingewiesen: `true`, `false` und `null` sind keine Schlüsselwörter, sondern Literale und reservierte Wörter, die nicht als Bezeichner verwendet werden können. Das gilt auch für `var`.

B Schnelleinstieg JShell

In diesem Buch werden viele Beispiele direkt zum Mitmachen auf der Konsole präsentiert. Der Grund besteht vor allem darin, dass seit Java 9 die interaktive Kommandozeilenapplikation JShell als REPL (Read-Eval-Print-Loop) integriert ist, die wir in diesem Anhang kurz kennenlernen wollen.

Das Tool `jshell` erlaubt einen interaktiven Arbeitsstil und das Ausführen kleinerer Sourcecode-Schnipsel, wie man es bereits aus verschiedenen anderen Programmiersprachen in ähnlicher Form kennt. Man spricht dabei auch von REPL. Dadurch wird es möglich, etwas Java-Sourcecode zu schreiben und Dinge schnell auszuprobieren, ohne dafür die IDE starten und ein Projekt anlegen zu müssen.[1] Über das Ausmaß des Gewinns lässt sich sicherlich streiten. Überaus praktisch ist jedoch, dass die Angabe eines Semikolons bei Eingaben in der `jshell` vielfach optional ist. Für erste Experimente und ein Prototyping ist es von noch größerem Vorteil, dass man sich oftmals nicht um die Behandlung von Exceptions, nicht einmal Checked Exceptions, kümmern muss.[2] Das werden wir später noch sehen.

---

[1] Nahezu jeder (professionelle) Entwickler hat – zumindest während der Arbeit – seine IDE sowieso fast immer geöffnet und könnte durch eine `main()`-Methode Ähnliches erreichen, allerdings mit dem Vorteil von direktem Syntax-Check und Auto-Complete.

[2] Genauer: Beides gilt nur für die Kommandos in der `jshell`, nicht jedoch, wenn man dort Methoden oder Klassen definiert. Dann muss auch weiterhin ein Semikolon genutzt und Exceptions müssen behandelt werden.

Einführendes Beispiel

Starten wir die Kommandozeilenapplikation JShell mit dem Kommando `jshell` und probieren einige Aktionen und Berechnungen aus. Wir beginnen mit einer Konsolenausgabe:

```
> jshell
|  Welcome to JShell -- Version 17.0.8
|  For an introduction type: /help intro

jshell> System.out.println("Hello JShell")
Hello JShell
```

Danach addieren wir zwei Zahlen:

```
jshell> 2 + 2
$2 ==> 4
```

Anhand der Ausgabe sehen wir, dass die `jshell` das Berechnungsergebnis einer Shell-Variablen zuweist, die mit $ beginnt, hier $2.

Auch die Definition eigener Methoden ist wie folgt möglich:

```
jshell> int add(int a, int b) {
   ...>     return a + b;
   ...> }
|  created method add(int,int)
```

Praktischerweise erkennt die `jshell` beim Eingeben etwa der ersten Zeile, dass die Anweisungen nicht vollständig sind und noch weitere Eingaben in einer Folgezeile benötigt werden. Das wird durch die Zeichenfolge ...> angedeutet. Erst nach vollständiger Definition wird die gezeigte Meldung »`created method add(int,int)`« ausgegeben.

Danach kann man eine solche Methode dann wie erwartet aufrufen und als Besonderheit auch auf das zuvor berechnete und zwischengespeicherte erste Ergebnis folgendermaßen mit $2 zugreifen:

```
jshell> add(3, $2)
$4 ==> 7
```

Weitere Kommandos und Möglichkeiten

Das Kommando `/vars` listet die derzeit definierten Variablen auf:

```
jshell> /vars
|    int $2 = 4
|    int $4 = 7
```

Das Kommando `/methods` zeigt definierte Methoden, hier die gerade erstellte Methode `add()`:

```
jjshell> /methods
|    int add(int,int)
```

Außerdem bietet die `jshell` eine Historie der Befehle, was nützlich sein kann, um ein vorheriges Kommando wiederholt auszuführen. Mit `/!` lässt sich das letzte Kommando nochmals ausführen. Mit `/list` erhält man eine Übersicht, aus der mit /<nr> das <nr>te Kommando ausgeführt werden kann:

```
jshell> /list

   1 : System.out.println("Hello JShell")
   2 : 2 + 2
   3 : int add(int a, int b) {
           return a + b;
       }
   4 : add(3, $2)
```

Folgende Tastaturkürzel erleichtern in der `jshell` das Editieren und Navigieren:

- Ctrl + A / E – Springt an den Anfang / das Ende einer Zeile.
- ↑ / ↓ – Mit den Cursortasten kann man durch die Historie der Befehle navigieren.
- `/reset` – Löscht die Befehlshistorie.

Nicht immer ist uns jede mögliche Variante von Aufrufen geläufig, daher ist die Tab-Completion recht praktisch, die ähnlich wie in einer IDE eine Reihe möglicher Vervollständigungen präsentiert:

```
jshell> String.
CASE_INSENSITIVE_ORDER   class          copyValueOf(    format(
        join(          valueOf(

jshell> Class.
class        forName(
```

Syntaktische Besonderheiten und moderne Java-Features nutzen

Folgende Anweisung

```
jshell> Thread.sleep(500)
```

demonstriert gleich zwei Dinge: Zum einen erkennen wir, dass wie bisher auch hier auf die Angabe eines Semikolons für Anweisungen in der `jshell` verzichtet werden kann, und zum anderen muss die von `Thread.sleep()` ausgelöste `InterruptedException` nicht behandelt werden.

Ebenso ist die Definition von Listen, Mengen und Maps möglich und insbesondere mit den modernen Collection-Factory-Methoden sogar recht komfortabel:

```
jshell> List<Integer> numbers = List.of(1, 2, 3, 4, 5, 6, 7)
numbers ==> [1, 2, 3, 4, 5, 6, 7]

jshell> Set<String> names = Set.of("Tim", "Mike", "Max")
names ==> [Tim, Max, Mike]
```

Nach diesen Definitionen schauen wir uns nochmals die Variablen an:

```
jshell> /vars
|    int $2 = 4
|    int $4 = 7
|    List<Integer> numbers = [1, 2, 3, 4, 5, 6, 7]
|    Set<String> names = [Tim, Max, Mike]
```

Beenden der JShell

Schließlich lässt sich die `jshell` mit `/exit` beenden.

C Grundlagen zur JVM

C.1 Wissenswertes zur JVM

Java ist eine Programmiersprache, die in einer Laufzeitumgebung, in der ***Java Virtual Machine*** (***JVM***) ausgeführt wird. Im Gegensatz zu anderen Programmiersprachen, etwa C++, wird der Sourcecode beim Kompilieren mit dem Java-Compiler `javac` nicht in die Maschinensprache des jeweiligen Computers übersetzt, sondern in eine Zwischensprache, den plattformunabhängigen ***Bytecode***. Der Name rührt daher, dass die Instruktionen in Form von Bytes codiert sind. Dieser Bytecode wird allerdings nicht direkt vom Prozessor des Rechners ausgeführt. Stattdessen handelt es sich beim Bytecode um Befehle für einen speziellen virtuellen Computer, nämlich für die Java Virtual Machine. Diese stellt einen Computer im Computer dar und ermöglicht eine Abstraktion von der darunterliegenden Hardware. Die Plattformunabhängigkeit von Java wird dadurch erreicht, dass für jedes Betriebssystem eine eigenständige JVM existiert, die Befehle im Bytecode-Format ausführt. Abbildung C–1 deutet den prinzipiellen Ablauf an.

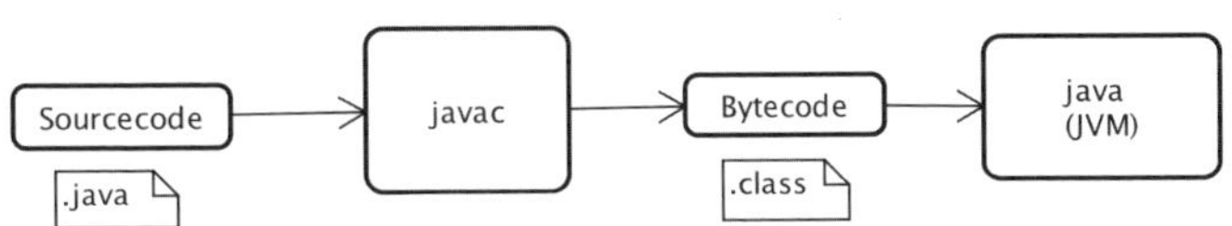

Abb. C–1: Kompilieren und Ausführen eines Java-Programms

C.1.1 Einführendes Beispiel

Erinnern wir uns: Java-Programme werden textuell verfasst und in korrespondierenden Dateien mit der Endung `.java` (dem Sourcecode) und Verzeichnissen des Computers abgelegt und organisiert.

Schauen wir zum Einstieg ein einfaches Java-Programm an. Beachten Sie bitte, dass der Dateiname (ohne Endung) und der Name der Klasse in der Schreibweise exakt übereinstimmen müssen.

```
public class MyFirstJavaClass
{
    public static void main(final String[] args)
    {
        System.out.println("Hello World");
    }
}
```

Wie schon zuvor angedeutet, muss ein Java-Programm für den Computer verständlich und ausführbar gemacht werden. Dazu ist zunächst die `.java`-Datei zu kompilieren und dabei in eine `.class`-Datei zu wandeln. Dazu dient der `javac`-Befehl gefolgt vom Dateinamen eines Java-Programms:

```
$ javac MyFirstJavaClass.java
```

Der Compiler legt los und sofern Sie keine Tippfehler gemacht haben, entsteht die korrespondierende `.class`-Datei, was Sie durch einen Blick ins Dateisystem mithilfe des Windows Explorers, macOS Finders oder gegebenenfalls sogar der Konsole mit dem Tool `tree` (auf Mac muss es separat installiert werden) prüfen können:

```
$ tree
.
|-- MyFirstJavaClass.class
`-- MyFirstJavaClass.java
```

Wie schon erwähnt, stellt die `.class`-Datei eine betriebssystemunabhängige Repräsentation eines Java-Programms dar und enthält den sogenannten Bytecode, der von der JVM ausgeführt werden kann. Dazu geben wir Folgendes zum Start der JVM und zur Ausführung unseres Programms ein:

```
$ java MyFirstJavaClass
```

Im Idealfall erhalten Sie folgenden Gruß:

```
Hello World
```

»Beliebte« Fallstricke

Falls es doch zu Problemen kommen sollte, überprüfen Sie bitte, ob Sie beim Kompilieren die Endung `.java` explizit angegeben und beim Ausführen die Endung `.class` weggelassen haben.

C.1.2 Ausführung eines Java-Programms

Für die Ausführung eines Java-Programms haben die JVMs in den Anfangstagen von Java den Bytecode Instruktion für Instruktion interpretiert und abgearbeitet. Aufgrund der effizienten Arbeitsweise des Bytecode-Interpreters konnte damit bereits eine brauchbare Ausführungsgeschwindigkeit erzielt werden, die jedoch deutlich unter der Geschwindigkeit kompilierter Programme lag. Als Folge davon haben die Ausführungszeiten dieser ersten JVMs lange Zeit das Gerücht genährt, Java-Programme würden (zu) langsam ablaufen. Kompilierte C++-Programme, die in die jeweilige Maschinensprache des Zielrechners übersetzt werden, sind natürlich performanter. In den letzten Jahren wurden aber immer leistungsfähigere JVMs entwickelt, sodass sich die Ausführungsgeschwindigkeit von Java-Programmen immer mehr derjenigen kompilierter C++-Programme angenähert hat.

Heutzutage sind JVMs extrem leistungsfähig. Das wird unter anderem dadurch erreicht, dass während bzw. parallel zur eigentlichen Programmausführung der Bytecode in Maschinensprache übersetzt wird. Man spricht von einem Just-in-Time-

Compiler (kurz JIT). Würde man diese Transformation jedoch für den gesamten Bytecode durchführen, so wäre das recht aufwendig und nicht besonders zielführend: Für selten durchlaufene Programmteile wiegt der erzielte Geschwindigkeitsgewinn bei der Ausführung der kompilierten Anweisungen nicht den zeitlichen Aufwand zur Transformation auf. Schlimmer noch: Diese Form der Optimierung ist manchmal sogar kontraproduktiv und langsamer als eine Ausführung per Interpreter. Aktuelle JVMs nutzen daher eine intelligentere Vorgehensweise bei der Programmausführung, nämlich das sogenannte Hotspot-Optimierungsverfahren. Hierbei werden die häufig durchlaufenen Programmteile (die Hotspots) erkannt und nur diese kompiliert und optimiert.

Speicherverwaltung

Um Java-Programme möglichst robust zu machen, wurden verschiedene Sicherheitsmechanismen in die Sprache integriert. Insbesondere wurde die Speicherverwaltung so gestaltet, dass man sich als Entwickler kaum darum kümmern muss: Der für Objekte angeforderte Speicher muss nicht explizit freigegeben werden. Das wird stattdessen automatisch durch eine Komponente der JVM, den ***Garbage Collector***, erledigt. Fehler durch zu früh oder mehrmals freigegebene Speicherbereiche sind damit ausgeschlossen. Allerdings verbleibt das Problem von nicht freigegebenem Speicher. Derartige ***Memory Leaks*** sind in Java im Vergleich zu Sprachen mit manuellem Speichermanagement eher selten, da die JVM diese automatisch sehr zuverlässig verhindert. Es gibt jedoch Spezialfälle, für die dies nicht gilt, nämlich genau dann, wenn nicht alle Referenzen auf Objekte korrekt freigegeben werden, etwa weil eine andere Programmkomponente eine Referenz weiterhin speichert.

Literaturverzeichnis

[1] Michael Inden. *Der Weg zum Java-Profi: Konzepte und Techniken für die professionelle Java-Entwicklung*. dpunkt.verlag, 5., überarbeitete und aktualisierte Auflage, 2020.

[2] Michael Inden. *Java Challenge: Fit für das Jobinterview und die Praxis – mit mehr als 100 Aufgaben und Musterlösungen*. dpunkt.verlag, 2020.

[3] Michael Inden. *Einfach Java*. dpunkt.verlag, 2021.

Index

T

Über den Autor

Dipl.-Inform. Michael Inden ist Java- und Python-Enthusiast mit über zwanzig Jahren Berufserfahrung. Nach seinem Studium in Oldenburg hat er bei diversen internationalen Firmen in verschiedenen Rollen etwa als Softwareentwickler, -architekt, Consultant, Teamleiter, CTO sowie Leiter Academy gearbeitet. Seit Anfang 2022 ist er als Head of Development in Zürich tätig.

Sein besonderes Interesse gilt dem Design qualitativ hochwertiger Applikationen sowie dem Coaching. Sein Wissen gibt er gerne als Trainer in internen sowie externen Schulungen und auf Konferenzen weiter, etwa bei der JAX/W-JAX, JAX London, Oracle Code One, ch.open sowie bei der Java User Group Switzerland. Zudem hält er Vorlesungen zum Thema Einstieg in Python im Rahmen eines CAS Machine Learning for Software Engineers.